在平常的教学中感悟教育，在平实的细节中寻找真谛，在平和的心态下追寻做教师的幸福。

——刘可钦

· 教育家成长丛书 ·

刘可钦
与主体教育

LIUKEQIN YU ZHUTI JIAOYU

中国教育报刊社 · 人民教育家研究院 组编
刘可钦 著

北京师范大学出版集团
BEIJING NORMAL UNIVERSITY PUBLISHING GROUP
北京师范大学出版社

图书在版编目（CIP）数据

刘可钦与主体教育/刘可钦著；中国教育报刊社人民教育家研究院组编. —北京：北京师范大学出版社，2015.10（2024.8重印）
（教育家成长丛书）
ISBN 978-7-303-19128-4

Ⅰ.①刘… Ⅱ.①刘… ②中… Ⅲ.①小学数学课－教学研究
Ⅳ.①G623.502

中国版本图书馆 CIP 数据核字（2015）第 134588 号

图 书 意 见 反 馈　　gaozhifk@bnupg.com　010-58805079
营 销 中 心 电 话　　010-58802135　　010-58802786
北师大出版社教师教育分社微信公众号　京师教师教育

出版发行：北京师范大学出版社　www.bnup.com
　　　　　北京市西城区新街口外大街 12-3 号
　　　　　邮政编码：100088
印　　刷：北京虎彩文化传播有限公司
经　　销：全国新华书店
开　　本：787 mm×1092 mm　1/16
印　　张：20.25
字　　数：350 千字
版　　次：2015 年 10 月第 1 版
印　　次：2024 年 8 月第 2 次印刷
定　　价：68.00 元

策划编辑：伊师孟　　　　责任编辑：鲍红玉
美术编辑：焦　丽　　　　装帧设计：焦　丽
责任校对：陈　民　　　　责任印制：马　洁

教育家成长丛书

编委会名单

总　序

　　教育是国家发展的基石，教师是基石的奠基者。古人云："国将兴，必贵师而重傅。"兴国必先强教，强教必先重师。党中央、国务院高度重视教师队伍建设。2013 年教师节，习近平总书记在给全国广大教师的慰问信中指出："百年大计，教育为本。教师是立教之本、兴教之源，承担着让每个孩子健康成长、办好人民满意教育的重任。"2014 年，在第 30 个教师节前夕，习总书记到北京师范大学视察并发表重要讲话，指出："一个人遇到好老师是人生的幸运，一个学校拥有好老师是学校的光荣，一个民族源源不断涌现出一批又一批好老师则是民族的希望。"《国家中长期教育改革和发展规划纲要（2010—2020 年）》也明确提出，"有好的教师，才有好的教育"，要"努力造就一支师德高尚、业务精湛、结构合理、充满活力的高素质专业化教师队伍"。"倡导教育家办学"，要创造有利条件，鼓励教师和校长在实践中大胆探索，创新教育思想、教育模式和教育方法，形成教学特色和办学风格，造就一批教育家。"两个一百年"奋斗目标的实现、中华民族伟大复兴中国梦的实现，归根结底要靠人才、靠教育，而支撑起教育光荣梦想的，是千百万的教师。

　　时代呼唤好老师。有一流的教师，才有一流的教育；有一流的教育，才有一流的国家。出名师、育英才、成伟业，是时代赋予我们教育战线的神圣使命。"所谓大学者，非谓有大楼之谓也，有大师之谓也。"好学校、好教育的最重要标准，就是要有好老师。一所学校、一个地区，乃至一个国家，如果教师有理想、有爱心、有学识、有高超的教育艺术，那么即使硬件设施有些简陋，家长、学生也会心向往之。教师是中国梦的奠基者。教师的重要使命，就是为每个孩子播种梦想、点燃梦想，并帮助他们实现梦想。每一间平凡的教室，每一节朴实的课，都不仅是知识的传递，而且是人类文明精神的接续、人生梦想的起航。正是有亿万个孩子梦想的放飞、绽放，中国梦才更加光彩夺目。如果说中国梦最坚实的土壤是学校，那么教师就是最伟大的"筑梦师"，他们用默默无闻、孜孜不倦的智慧劳动，让每一颗年轻的心灵都与中国梦激情相拥。

倡导教育家办学，造就一批好老师，首先要尊重、珍惜我们的本土智慧、本土创造。教育家不是凭空产生的，而是扎根于自己的民族文化土壤，同时吸收人类文明成果，从而创造出独特而生动的教育实践、教育智慧和教育文明。五千年源远流长的中华文明，不但形成了有我们民族特色的教育理论体系，而且涌现出了千千万万优秀的教育家，有被推崇为"大成至圣先师""万世师表"的孔子，有"匹夫而为百世师，一言而为天下法"的韩愈，有"捧着一颗心来，不带半根草去"的人民教育家陶行知，等等。改革开放40年来，随着教育改革的不断深入，教育战线涌现出了一大批杰出教师。他们痴情于教育事业，坚守理想信念和教育良知，在三尺讲台上默默耕耘、刻苦钻研，同时以敢为天下先的精神大胆创新，不断进取、不断超越，形成了各具特色的教育思想和教学风格。正是他们的成功探索和实践，创造了具有中国风格的教育经验，丰富了具有中国特色的教育理论宝库。原由教育部师范教育司组织编写，现由中国教育报刊社人民教育家研究院组织编写的"教育家成长丛书"，就是要向这些宝贵的本土创造性的教育经验致敬。

当前，教育领域综合改革正在深入推进，考试招生制度改革的大幕已经拉开，立德树人、培育和践行社会主义核心价值观成为大中小学教育的头等任务。可以预见，中国教育将发生深刻的变革，将从"中国制造"向"中国创造"转变。"没有革命的理论，就没有革命的运动。"没有适合中国土壤、具有中国智慧的教育理论，就不可能为未来的中国教育改革提供有效的指导。我们的教育要向"中国创造"飞跃，必然要首先创造属于我们自己的教育理论，而不是"言必称希腊"或者老是贩卖欧美的教育理论。170多年前，美国思想家、诗人爱默生发表了著名演说《美国学者》，号召美国知识界："我们依赖旁人的日子，我们师从他国的长期学徒期时代即将结束。在我们周围，有成百上千万的青年正在走向生活，他们不能老是依赖外国学识的残余来获得营养。"由此，美国迈入精神立国阶段。

如今，我们也面临与爱默生同样的情形。随着我国GDP已从世界第二向第一迈进，我们要自觉养成强烈的"中国意识"，独立的中国文化品格，并由此去环视世界，去改造本土实践，去创造属于我们自己的精神养料——这在教育界显得尤为紧迫。"教育家成长丛书"，旨在把我们本土教育实践中蕴含的中国智慧提炼出来，从而形成具有时代意义的中国特色的教育话语体系，再以此去观照、引领、改造中国的教育实践，为伟大的教育改革提供经验、理论支持，也为未来的教育家提供丰富、可资借鉴的精神养料。

让我们为中国教育的伟大未来一起努力吧！

2018年3月9日

前　言

　　见证着中国基础教育半个世纪的春华秋实，代表着中国基础教育教学成果的最高成就——"首届基础教育国家级教学成果奖"，闪耀着李吉林、窦桂梅、吴正宪、张思明、洪宗礼、唐江澎、邱学华、于永正、孙双金、薄俊生、龚春燕等一大批优秀教师的名字。而上述这些教师杰出代表恰恰都是《人民教育》"名师人生"栏目中最受读者喜爱的名师，都是"教育家成长丛书"的作者。

　　"教育家成长丛书"（以下简称"丛书"），是在第20个教师节前夕，为了研究、总结、宣传和推广我国众多优秀中小学教师的先进教育思想和鲜活宝贵的教育教学经验，培养造就一大批德才兼备的优秀教师和杰出的教育家，促进教师队伍整体素质的提高，根据教育部党组安排，由师范教育司组织编写的一套凝聚着一大批教育家成长智慧的大型教育丛书。

　　"丛书"自2006年问世以来，不但得到国务院和教育部领导同志的高度重视，而且先后印刷多次尚不能满足广大读者的需求。这其中的奥秘何在？

　　当你翻开"丛书"，每一部著作都讲述着一位教育家成长的故事。这些著作主要从"成长历程""思想概述""课堂实录"和"社会反响"等方面全景式反映其教育思想、教育智慧、专业精神和专业人格的形成过程与教学实践过程。这是教育家成长的基本素质所在。

　　当你沿着教育家成长的足迹走近他们的时候，你会融入这些带有"草根色彩"、扎根中华教育实践大地、充满田野芳香的真实感人的教育故事中。

当你从"丛书"中，从这些当年和自己一样的普通教师，成长为今天受人尊敬的教育家的成长过程中受到启迪，当你触摸着自己的心，把学生的成长和祖国的未来紧紧连在一起的时候，你会真切地感受到教育家离我们并不遥远。

当你用整个身心蘸着自己的生活积累去品味"丛书"中的每一部著作的"成长历程"时，在一位位名师不断学习、不断超越自我、不断超越学科教学的求索足迹中，你会读懂"教育是事业，其意义在于奉献"的丰富内涵。

当你研读"丛书"中的每一部著作的"思想概述"，和每一位名师展开心灵对话的时候，都会深深地感受到，一名教师对教育独立的理解与执着的追求有多么重要。从一名普通的教师成长为受人尊敬的教育家的过程中，你会读懂"教育是科学，其价值在于求真"的深刻含义。透过"丛书"，你会看到一代代教师用爱与智慧塑造民族未来的教育理想。

随着我们从"知识核心时代"走向"核心素养时代"，教师教育教学活动的视野已拓展到人的生存与发展的方方面面。教师要结合自己的教学实践去感悟"教育理念是指导教育行为的思想观念和精神追求"，应该把爱化为自己的教育行为，让爱充盈课堂，触摸到一个个灵动的生命，让爱产生智慧，让爱与智慧在学生心中留下岁月抹不去的美好回忆，让教育者和受教育者都感受到教育的幸福。这是"丛书"给我们的启示，也是每位教师应有的胸怀和视野。

时代呼唤教育家。为了进一步把我们本土教育实践中蕴含的中国智慧提炼出来，从而形成具有时代意义的中国特色的教育话语体系，以此去观照、引领、创新中国的教育实践并在更大范围加以推广，"丛书"将由中国教育报刊社人民教育家研究院继续组织编写，希望能够在更广大教师的心田中播种教育家成长的智慧，从而出更多的名师，育更多的英才，成就中华民族复兴的伟业。这是时代赋予广大教育工作者的神圣使命。如果广大教师能在每位教育家成长、探索教育智慧的过程中受到启迪，形成自己的教育智慧，则实现了我们编辑这套"丛书"的初衷。

"教育家成长丛书"
编委会
2018 年 3 月

目 录
CONTENTS
刘可钦与主体教育

[我追求的教学]

[我心中的教师]

[数学——我们的朋友]

[我看老师的课]

[我关注的话题]

[专家评说]

我，默默地行走着

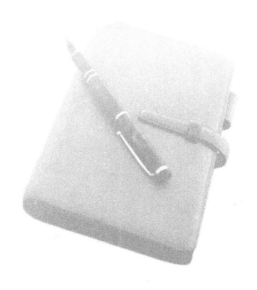

在北京，5月初的天气还不算热，但我的心中涌动着热浪，我坐在办公室里，敲击着键盘，每一个文字的出现，都是一种心与心的交流，这种无言的沟通，使我的思路涓涓涌来、泪眼婆娑。同时，没有哪一次的写作，让我如此艰难，在我的成长历程中，我要表达的感情太多，因为曾有太多太多的人帮助过我，我不知如何下手，我不愿舍弃每一个细节，因为有着太多太多人的期望和智慧。所有的这些，激励着我走近孩子，进驻他们的心灵！

一、没有假期的老师

1979 年我高中毕业，考入了师范，在当时，由于刚恢复高考，人们不像现在那么竞争激烈、心情紧张，依我的分数完全可以报考警校、卫校、财会学校等，这些在当时都是热门行业，而师范则是一个极冷门的专业，很多人是不想上的。填志愿时，我的父母和班主任都主张我填报安阳师范学校，说是小女孩，当老师挺好的，工作稳定，每年还有两个假期，我一想也是的，每年有近三个月的假期，可以自由自在的，加之当时的我确实也没什么远大理想，更缺乏一些人常有的那些幻想，所以，为了每年能有两个假期，我填报了师范，自然属于高分录取的学生。命运似乎就是如此，从我走上讲台至今，却始终没有过过一个完整的假期。

先是一直教毕业班，每年寒暑假都要补课，后来参加主体性教育实验，要学习、交流、研讨、写方案、论文等，这些对一个小学老师来说都是很陌生的工作，自然都得靠假期来完成。再后来做了校长，又参加国家课程标准的研制和新教材的编写工作，学校发展、教师培训、教材建设等又将我的整个假期撑得满满的。

两年的师范学习，最大的收获就是读了好多"解禁"的书，古今中外的一些名著，大多都是在那个时候读的，一部《红楼梦》，我读了横版，再读竖版，似乎觉得这样才有味儿，还向我的中学语文老师要了一个红楼家谱，模仿着把其中的主要人物又列了一个关系图，循着这个图，我又把主要章节看了一遍，然后再与同学交流，后来做了老师，也常常按捺不住地想与同事交流从教心得，分享课堂上的无奈和喜悦，每次交流，都是那样随意、自然，找到共鸣后，我们往往又是乐不思归，直到月亮升起，才意识到该回家了。今天很多专家都谈到

初为人师

的影响教师专业成长的几个重要因素之一就是"同伴交流",回头看,我的成长也正是得益于这种教师同伴间的相互交流。我想,做教师的一定要开放自我,只有在主动的交流中,才会不断获得新的信息,有些可能还是意想不到的启发。

到如今,与一些朋友谈起来,他们对我工作的繁忙度,始终不能理解,"为了两个假期,却享受不到假期,你一个小学老师,怎么就那么忙,有什么意思?"我只能淡淡一笑,谁让咱是做老师的呢。

是啊,学生一天天地长大、一拨拨地毕业,年复一年,日复一日,看似重复性很强的工作,却处处充满着挑战。当家长把孩子交到我们手上时,我们接过的却是一家人的希望和一个孩子对未来生活的美好憧憬,面对这种期待,我不敢有丝毫懈怠。一个孩子一个品性,同一个孩子不同时期又有着不同的需求,不同的学生会有不同的教法,同一个内容还有不同的教案,正是在这些相同与不同中,我体会着教育的甘苦,感悟着教育的真谛,"没有假期的老师"也就成了家人和朋友对我调侃的一个由头了。

二、初为人师

"刘可钦,你到校长办公室来一下。"这是我师范毕业前的一个下午,班主任老师对我说的一句话。惴惴不安中来到了指定地点,看到了一个似曾相识的人和校长正在谈笑风生。

"你是刘可钦,还记得我吗?"

"好像见过,但不记得了。"我尴尬地摇了摇头。

"这是你上小学时的校长——姚文俊,听说你读师范要毕业了,特意要你去他的学校工作。"校长和蔼地对我说。

"去人民大道小学工作,怎么样?我已经和教委的人说好了。"姚文俊校长笑呵呵地说。

人民大道小学!多少人梦想教书的地方,我心里乐开了花,不假思索地说:"行!"

这是 1981 年,我师范毕业,被"分到"河南省安阳市人民大道小学任教的经

1981 年 12 月拜师仪式

过。幸运的我，就这样，开始了我的教书生涯。

初为人师，由于学校人手少，刚刚毕业的我就被安排到毕业班任教，带两个班的数学。为了使我们这些"生"教师赶快长"熟"，学校实行师带徒的方式，让我们双向选择，我有幸拜付景星老师为师。付老师对待工作的一丝不苟和高效率、对小学数学知识的深度掌握、对学生的严格及热爱，使我刚踏上为师之路就上了一个紧箍咒，我不敢有丝毫懈怠。

人民大道小学是安阳市重点小学，社会对学校寄予厚望。为了尽快进入角色，保证教学质量，我的教学进度比付老师慢一节，听完他的课，再去我的班上"贩卖"，付老师毫无保留地把他的练习题、试卷、教案一一拿给我用，还冷不丁地抽查我学生的作业，由于他的严格要求、由于他的耐心指导、由于他的关心和期待，我带的第一个毕业班终于有了一个比较满意的结果。接下来我就被"钉"在了毕业班做所谓把关老师，一口气干了九年。一届一届的学生、一年一年的教学，我发现课堂上学生越来越安静了，听话的学生也越来越多了，改作业、批试卷用的时间渐渐地短了，教学工作逐渐变得从容了，我也渐渐地长"熟"了。

20 世纪 80 年代的中小学教学，应试倾向仍很严重，与其他老师一样，我也把提高学生分数当作教育的一大目标。为此，我揣摩历届的考试题目，钻研答题技巧，像其他老师一样猜题押题，加班加点给学生补课……功夫不负有心人，从1981年到1990年，我所带班级的数学课成绩在升学考试中总是名列前茅，特别是1990年，我教的班级数学课成绩优秀率达98％以上，升学率100％，54名同学有38名考上了一类重点中学，还有8名同学考上了其他重点学校（这一记录在当地至今无人打破）。这些成绩，曾让我激动不已。同时，作为一名教坛新秀，我也逐渐为人所知。加上所上公开课又都比较成功，我已经被视为一个小有名气的教师了。面对业务上的逐渐熟练，我却渐渐地失落了，再没有了刚参加工作时的那种冲动，反而觉得有点江郎才尽的感觉，对每天重复的教学、教材、学生，我越来越困惑。

难道当老师就是上上课、钻研钻研解题技巧、给差生补补课以便在考试中获得好成绩吗？自己的情绪为什么越来越低落呢？这样年复一年地干下去，究竟有什么意义呢？学生一天天长大，世界每时每刻都在改变，我迫切地感到自己也要"变"，也要"成长"，可怎么"成长"，要"长"成什么样，却没有头绪，一片茫然。

三、走进北师大

在许多许多教育人士心中，北京师范大学教育系，几乎就是一方"圣地"。

1990年9月，怀着虔敬的心情，我跨进了北京师范大学的大门。据说，我是第

1996年春与顾明远老师在大道小学

一个来北师大教育系进修的小学教师，心中的感动至今犹存。

关于我到北师大进修一事，还颇有戏剧性。我的父母看我这个享受不到假期的老师太辛苦，准备让我离开教师岗位，换一个工作。我也因工作的繁忙和重复逐渐产生倦怠，有了调换工作的愿望。为此，我父亲和姚校长争执起来："上一次公检法系统招干，我们想调她出去，你不同意也就罢了，这次调她，是因为有个机会去西安交大学习，让她学习，你再反对就不应该了吧？"没想到姚校长情急之中对我说："刘可钦你还是好好做老师吧！我觉得你是一个当老师的好料子，我送你到北师大进修。"姚校长的一席话，触动了我，那时我已经做了九年教师，还是有感情的，况且也不知道换个职业又会如何，校长的赏识，加上要去北师大进修，对我还是很有吸引力的，所以我决定静下心来到北师大进修。

后来我才知道，能不能送我到北师大，姚校长当时心里也没底，但一言既出驷马难追，于是姚校长四处打听，多方协商，找到了顾明远、陈孝彬等这样一些专家教授，以特殊的方式送我到北师大进修学习，就这样，我在大家的期望中来到了北师大。

一个崭新的世界，展现在我的眼前。北师大教育系是中国教育界的最高学府，人才济济，大批德高望重的教育专家在这里任教或做研究，全国各地的教育界青年才俊云集于此，学习或攻读教育硕士、博士学位。在这里，我幸运地遇到了专门从事小学数学教学研究的周玉仁教授。我非常珍惜这来之不易的学习机会，珍惜在这里的分分秒秒。白天，听专家们的讲课或讲座；晚上，到图书馆看书、查资料，作札记。

当时北师大给我的突出印象就是"大"，在每天上课的路上，我总比画着看哪一块地与人民大道小学差不多，最后算了算感觉有四十多个吧，高兴地告诉了家乡的亲人。图书馆也是大得出奇，里边有好多馆室，怎么会有那么多的藏书，而且没有想到的是，我们小学老师关注的"白兔多少只，白兔比黑兔多多少只"的问题竟然在大学的图书馆里也可以找到，我感到眼前豁然开朗，觉得是那样亲切。记得最清楚的就是邱学华老师的《小学常见错例分析》，就觉得它特别好，我花了34块钱把

刘可钦谈主体教育

它整本复印下来，当时我的月工资才四五十块钱。现在想想那就是把孩子每天错的题目汇总在一起，分析学生是怎么错的，病因是什么，而我更多的是凭感觉来分析学生的学习，看着每一个例题，我开始思考、开始体悟什么叫教学研究。

在和研究生、本科生一同听课的日子中，我的视野在逐步地扩大，中外教育史、教育心理学、教育哲学等课程，在我的为师之路上，打开了一扇大门。图书馆浓浓的书香，让我感受着教育的美妙，我的业余时间几乎全"泡"在了图书馆，我喜欢那里的宁静，喜欢那里的大桌子，我总是一下子取出十几本书，平摊在我面前，任我浏览、摘抄，《学记》《爱弥儿》《大教学论》《给教师的一百条建议》等古今中外的教育名著都是在这里读到的。在我感受北师大浓郁文化熏陶的同时，发现居然还有大学教授也在研究着我们小学教育中的问题，还有这样一大批人做着和我们不一样的日复一日、年复一年的有研究价值的工作，看来小学教育也挺有学问的，是我当时一个最突出的感觉。一年的时间不长，但对我影响深远，对教育、对教学、对教师职业都有了一种新的认识，这种新的认识，重新唤起我上课的冲动，我不时地幻想着再走上讲台时，我一定要这样、那样去做。

大学里的生活是宁静、充实而愉快的，但我还觉得缺了点什么。一天，我无意间到师大附近散步，忽然听到了孩子的喧闹声——那是师大幼儿园的孩子们在玩耍。啊，久违了！我猛然想起了自己的学生们，想起那一张张鲜活可爱的脸庞，一时间泪眼蒙眬。

那一刻，我知道，我，应该属于孩子们。

四、主体实验，一项跨世纪的研究

1992年，一个乍暖还寒的春日，北师大教育系英东楼里，一个会议正在召开。出席会议的除姚校长、郭艳和我外，其余的都是北师大教育系的专家、教授。

"姚校长，你这个课题提得好，我参加！"

一个貌不惊人的老人突然一拍桌子，大声说。他，就是北师大教育系已退休的教授、著名教育专家王策三先生。其他人也纷纷表示愿意加入这个课题的研究。

这就是现在已广为人知的"小学生主体性发展实验研究"。

相当长的一个时期内，中国教育是以教师、课本和知识为中心的，"自上而下的多，自下而上的少"，强调的是人对社会的服从而不是创造，致使学生的独立人格个性差异得不到足够的尊重，自主权利得不到应有的保障，兴趣爱好不能充分发挥。这样培养出来的学生像工厂流水线上生产的产品，千人一面，缺乏活力和创造性。改革开放以来，随着思想的逐步解放，人们的自我意识、个性意识逐渐苏醒，哲学、文学、艺术等领域掀起了"人的主体性"的讨论，逐渐波及全社会。教育界的有识之士，也敏锐地觉察到了这一思想观念的大转变，开始反思教育中存在的问题。1981年，顾明远先生明确提出"学生既是教育的客体，又是教育的主体"，引发了教育界关于"学生主体地位"的大讨论，知名学者黄济、王策三、王道俊等都先后参加进来。1992年，王道俊、郭文安正式提出了"主体教育"的概念。此时，经过十年的讨论，要不要"以学生为主体"的问题已基本解决了，"怎样以学生为主体"、怎样把理论应用于实践并接受检验成了当务之急。北师大的一批教育专家王策三、裴娣娜、周玉仁、刘秀英等人已开始酝酿开展以发展学生主体性为主要内容的教育实验。

此时此刻，在离北京千里之遥的家乡小城的安阳市人民大道小学素有开风气之先的传统，"敢为天下先"的校训影响着我们每一个"大道人"，这是"全国德育先进校"，也是新中国第一个举行升旗仪式的小学，校长姚文俊曾获得"全国劳动模范""全国优秀校长"等荣誉称号。可是，在德育实践中，姚校长也常常跟我们谈起他的许多困惑：为什么我们十分重视的德育工作收效不大？应当依靠老师自上而下的灌输还是激发学生的内在积极性？怎样才能把德育内化为学生主动的道德追求？我们隐隐约约感到，这类问题涉及更深层次的教育观念问题，教育观念不改变，德育以及所有学科的教育都难以取得大的进展。经过深入的思考和研究，我们逐步意识到，以前工作中的种种困惑均来自对学生的主体性认识不够，没有真正把学生当作一个独立自主的个体来看待！能不能开展一次系统的以发展小学生主体性为目标的教育实验？姚校长是一个干练果决、雷厉风行的人，马上将这一设想告知了裴娣娜教授。裴教授正苦于找不到一个理想的场所进行教育实验，不禁惊喜万分，两人一拍即合，立即着手筹备。1992 年春节刚过，两家就正式召开会议商讨相关事宜，于是就有了前面的一幕。

此时的我和郭艳，已在小学教师的岗位上摸爬滚打了十年，又都在北师大教育系进修了一年，还在省市级的教学比赛中获得过好几次大奖，被称为人民大道小学的"黄金搭档"，当专家们寻找实验一线教师时，不约而同地想起了我们，又一次的幸运降临到我的头上，感动的同时多了一份责任。当初送我们到北师大进修的时候，恐怕谁也没有想到会因此密切了与北师大教育系的联系，并促成了这项对中国基础教育产生深远影响的课题实验。

从此，我走上了一条充满磨难、又蕴藏着无数惊喜的创造之路。

五、别怕她，该我玩了

对我这个小学教师而言，做实验谈何容易，更何况这是一项为构建跨世纪的基础教育理论体系开辟通道的实验，一场前无古人的庞大工程。"摸着石头过河"是我们刚开始实验时的一句口头禅，其实现在想想，当时连石头在哪儿都不知道，只是跟着下河，不害怕罢了，凭的就是一份热情和冲动。是历史选择了我，我仍然抱着刚走上讲台时的那个简单的信念：既然做了，就尽最大努力做到最好。

从进入实验的那一天起，时间好像消失了。一份新的挑战重新激发了我的工作热情，而我面临的困难又远远超出我的想象。首先面对的第一个苦恼就是"我不会上课了"。原来一直熟练的教毕业班的我，一直被称为调控六年级"大"学生的"高

1994年与学生在一起

手"，面对一年级六七岁的学生时，竟让我不知所措，我发现我的"小孩儿话"竟如此贫乏，"好，好啦，请安静，注意听老师说"，"小手别动啦，抬起头来，眼睛望着老师"……每堂课几乎都要停下来好几次，他们似乎不愿意听我讲课，我不得不靠"纪律"维持，但孩子们对我的"指令"居然无动于衷，他们"任意"地闹着，根本不把我放在眼里，稍一严厉，他们又被吓得可怜巴巴地望着我，让我无话可说。为了激励学生，为了让他们感兴趣，我不时地给他们盖大苹果印章、发小红花，可日子一久，他们也就没有了当初的那种欣喜。面对这些小不点儿，我左右为难，当初新接班时的那种踌躇满志，当初在北师大进修时熏陶出来的种种美妙想法，竟被眼前的现实冲得一塌糊涂。

我和学生一起学习"轻重"时，为了帮助他们比较物体的轻重，我给他们自制了几个天平秤，因为做得很粗糙，所以用起来的时候不大方便，但是学生们却玩得很起劲。记得当时我设计了这样一个情境，让学生比较一个苹果和一个梨谁轻谁重，用掂一掂的方法无法比较了，那么我们就要用到秤。于是，我让学生用秤来称，结果淘气的孩子们乱作一团，我在一边急得手足无措，却不知道怎样让他们安静下来。

我走到教室中间，大声地喊叫着："先别乱动，听老师讲完你再动。""注意啊，老师要生气了"，结果孩子们根本都不理我，还在那里玩。我不停地说着，可能是孩子听得不耐烦了，居然有人说："别怕她，老师又不会批评我们，该我玩了。"

课在一塌糊涂中过去了，听课的老师善意地提醒我："以后你就别让他们分什么小组活动，他们说不清时，先听老师讲，让他们照着说。"而我却并不只满足于让孩子们安静地听我讲，况且实验的目标中也把"尊重学生的个性，鼓励学生的独特和标新立异、培养学生的创造性"等放在了一个突出的地位，我的追求、我的设想没有错，可事实上我的课上又缺少许多。

这件事给了我很大的震撼，过去的我在上课时更多的是考虑如何变着花样让学生做题目，怎样考一个高分，因为我会讲得清清楚楚，学生自然学得认认真真，一切都在既定的程序中进行着。今天，当把课堂放开后，我却难以真正领会实验的精髓——"严肃严格地进行基本训练，诚心诚意地让学生做主人"，更缺乏将其落实到课堂上的策略和方法，加之主体教育的课堂强调的沟通、对话、包容、质疑等教学情境过去从未经历过，我开始意识到，实现这些目标，没有谁能告诉你具体情境下该怎样做，需要自己不断实践、不断反思，在不断调整中寻找合适的途径，而这又将是一条漫长、寂静、未知的路途。

我只好静下心来，学习理论、钻研教材、改进教法，设法增加课堂的趣味性，耐心地倾听孩子的想法，以使自己能够尽可能地走近学生、了解学生。激动——迷茫——困惑——释然，不时地影响着我的情绪，使我欲罢不能。在这个过程当中，我真正开始了研究状态下的教师生活。

我想，教学的过程其实是和学生进行沟通和交流的过程，是师生之间心与心的交融。然而，通向实验目标的道路又是那样曲折反复，有些设想很好的课，却不能如愿以偿，我开始思考是什么因素影响着教学，除了教师、教案、学生之外，还有哪些？

一次，北师大的周玉仁教授来学校听我的课，我上了一节"除法的初步认识"。当时我查阅了很多资料来设计这节课，还把许多名家的精彩片断都搬到了这节课上，期望能得到周老师的赏识。

记得当时有这样一个问题情境：20支铅笔，平均分给5个小朋友，每个小朋友可以分几支？我给学生准备了很多的学具，每个小组还发了一张统计表，让学生填写分的过程。但是，我的话音没落，学生都在喊"分4支"，我一听就有点儿慌神儿了，因为当时教学中都毫无例外地说是要让学生一个一个地分，这样才能很好地理解除法的意义。"还没分呢，结果就喊出来了，下边的课怎么上呢？"赶快打断学生的思路，对孩子们说："别慌，咱们慢慢想，要认真地分析一下，谁上来给大家演示一下啊？"

课堂开始骚动，有的学生说："老师，你那样分，太麻烦了。我一看就知道是 4 支。"还有的学生说："我已经预习过了，我知道怎么样来计算，因为 $4×5＝20$，所以 $20÷5＝4$。"面对学生的七嘴八舌，我不知道该怎样调整教学，我不知道他们是否明白了，于是，学具成了学生手中的玩具，他们用小棒拼成了美丽的图案，以至于当我让学生说说除法的一套"术语"时，他们交流的是用小棒拼成了一个房子！

这一次的课堂体验，让我终生难忘！我的"四不像"的课让周玉仁教授彻夜未眠，生气而去，这里面装满了老师对我的期待，同时也有着期待中的失望！我的心里充满了愧疚，一种是对恩师的，一种是对学生的！

愧疚中我认真地反思我的课堂：在备课的时候，我更多的是研究教材，却忽略了学生的知识背景；在交流的时候，想得更多的是我的预设，却少了一双发现的眼睛；在思维上，更多的是一种模仿，缺少了一种创造。对于这些，我需要用心体悟，需要转换视角，需要走下讲台。除此之外，我也隐约感觉到教材的编排和一些经典的案例也存在着问题，他们忽略了学生的不同水平，学生对除法本质的理解并不只

上课

依赖于一个一个地分，只要每次分得一样多，只要最后的结果是均分，反而有利于学生理解除法以及乘除法之间的关系，这堂课的设计以及它所依赖的教材同样也存在着问题，当我大胆地提出来这些问题与专家们交流时，他们竟对我一个小学教师的异议表示认同，并鼓励我收集一些影响小学数学课堂的经典案例，从一个新的视角进行分析，还数学教育的本真面目，这些在后来的新课程的实施中都得到了改进与完善。

我欣喜，一节失败的课，给我带来了新的思考。

我欣慰，这是一节有价值的课。

我需要努力，让课堂焕发出生命的活力，让数学走进学生的生命！

六、让智慧亲临学生

就这样在理想与现实、传统与现代、西方与东方的教育观念的不断冲突和融合中，我走过了不同寻常的六年主体教育的实验之路。

当我又一次亲临一年级的课堂，我意识到这又是一轮教育生命的开始。这时候的我老练了许多，知道了什么时候该顺其自然，什么时候该保持沉默，何时介入，何时注意什么，也知道了有些时候最好的行动就是不采取行动等，可以自如地掌握课堂的进程，也逐步形成了自己的风格。每一次的课堂，我都会感激学生带给我的惊喜与快乐。

无独有偶，又一次上一节关于用除法分一分的课，这一次教学的情境是：有100块糖果，平均分配给8个小朋友，该怎样分？话音刚落，孩子们就开始在课桌上摆弄起圆片（代表小朋友）和小棒（代表糖果），叽叽喳喳地小声议论着，不一会儿，一只只小手举了起来。

有的说：我先每人5块5块地分，最后一看不够了，再一个一个地分，结果是每人12块，还剩4块。

有的说：我一看100块挺多的，先每人分10块，接下来剩20块，再每人2块2块地分。

有的说：我先每个人1块1块地分，分了一会儿觉得挺麻烦的，就每人5块5

块地分

......

　　我静静地倾听着学生的发言，感受着学生的智慧，欣赏着学生争先恐后地表达自己的想法，还有学生的质疑与辩论。我在必要时进行"煽风点火"，偶尔插上一句："真奇妙！你是怎么想的呢？""换一种办法行吗？""谁还有不同的想法？"逐步引领学生探究更深层的数学问题，让孩子们在开放、平实的课堂中享受着学习的快乐。在这种思维引领学生的课堂中，我对教育、对教学有了更多的感悟。

2002 年春天校园小憩

　　任何一项教育改革，最终都要发生在课堂上。所以，三尺讲台自然也成了我的实验台。我很难琢磨出一些奇妙的招法，也不会制作那些精美的课件，但是我知道，课堂上要给学生提供自主探索的空间，要让孩子们大胆地表达自己对数学的理解，要让孩子们之间相互欣赏，又能在彼此的质疑中共同改进。我越来越追求自然的、弥漫着生活气息的课堂情境，我称之为"朴实无华的教学"，千方百计地激发学生的创造性，鼓励学生进行"探究式"学习，鼓励同伴间合作交流，我越来越觉得一个好教师应该淡化自己"教"的角色，巧妙地把学生推向前台，智慧地让自己藏在幕后。

　　在学习"小括号"这一内容时，学生面对："每条小船限乘 9 人，班上有男生 29 人，女生 25 人，需要几条船？"列出"29＋25÷9"的算式时，凭生活经验他们知道应该先算加法，但这与前面学的运算规则"先乘除后加减"相矛盾。怎么办呢？学生有了认知的冲突，研究的问题就产生了，这正是引导学生进行"探究式"学习、拓展学生思维的好时机。

　　我首先鼓励学生自己想办法解决这个问题。于是，有的学生在"29＋25"下面画一条横线，有的在下面画一个三角，有的说用颜色把前两个数涂黑，有的用线条把两个数圈起来，有的干脆在旁边写上"注意：此题应先算加法"，也有加小括号、中括号、书名号或其他稀奇古怪的符号的。等大家都画完了，我让大家比较哪个更方便，同时告诉学生，为了交流的方便，人们约定这种情况都用小括号来表示。虽然最后仍然选定小括号，但在这个过程中，每个学生的积极性都被调动起来，创造性得到充分发挥，这个小括号，可以说是孩子们自己创造出来的，从本质上说，与科学家们的创造性劳动没有什么不同，而且整个教学过程气氛热烈，妙趣横生。

我想，解决这个问题，不同的教师，会选择不同的方法。直接把规则告诉学生：有小括号时，要先算小括号里面的，这样教学，并不影响学生单纯知识的获得。但我觉得少了点儿什么，课堂没有学生探索的空间，就不会有精彩的生成，课堂最有活力的地方莫过于学生研究问题后的顿悟，探索空间提供了一个平台，虽然学生的探究只有短短的几分钟，但这个过程的影响却远远超出了它的意义，这些正体现了教育教学观念的一个变化。

课堂是师生共同发展的地方，把课堂还给学生，不仅要求教师在课堂上充分发挥学生的自主性和创造性，还要把"管理权"交给学生，即把课堂交给学生管理，学会与学生对话、共同协商，师生共同构建充满活力的课堂生活。记得我因参加"小学生主体性发展实验"核心组会议，事先与学生商量，他们强烈期望能自己上几天课，让他们能"自治"三天。说实话，我还是有点儿不放心，让班主任老师负责"监视"。三天后回来，杨老师兴奋地对我说，在我走的三天里，"小老师"们讲得头头是道，孩子们听得聚精会神，讨论时气氛热烈，做作业秩序井然。更有趣的是，我回校的当天，两位"小老师"意犹未尽，一定要再上一节课，让我听听，于是我就坐下来当"学生"，提问时"小老师"直呼我名："请刘可钦同学来回答!"我高高兴兴地站起来回答。课后，两位"小老师"还与我探讨"为师"的经验，踌躇满志地表示："以后一定要学好数学，再当'小老师'时，要和刘老师讲得一样好!"

我和学生在一起创造着美妙的数学课堂，我们的课堂里，充满着奇思妙想，洋溢着欢声笑语，一向令人生畏的数学课，变得摇曳多姿，引人入胜。孩子们爱上了数学，甚至到了入迷的程度。他们统计全校学生的课余爱好，计算学校的师生比例，给自家的客厅画平面图，到银行调查存款利率……他们还积极参加"数学研究会"，互相出题，解答疑难，举行讲座、讨论……一本厚厚的《数学——我们的朋友》，全是孩子们编的，记载着他们学数学的经验和有趣的小故事……

这些个性的作业和自编图书，陈列在我的书架上，每次翻阅，总有一种别样的情愫，这些是学生智慧的结晶! 也是我生命中的宝贵财富!

七、努力走入孩子的心灵

记得最清楚的就是看过苏联的影片《乡村女教师》后，我特别爱模仿的一句台词就是：我的名字叫瓦尔瓦拉·华西里耶夫娜。吸引我的不只是那串长长的名字，更有剧中人的那种亲切的语气，那时我就惊讶外国人的民主，学生可以直呼老师的名字，这在当时的学校几乎不可想象，我们的老师在介绍自己时大多都是告诉学生自己的姓，至于叫什么名字，老师认为没必要告诉学生，更不许学生直呼其名，否则会认为学生不礼貌，教师没权威。而我却想告诉学生我叫什么，看看学生是否会"无法无天"。

每接一个新班，我都会和孩子们一起在黑板上写下自己的名字，我们互相认识，"刘可钦"三个字，"钦"字学生不认识，有的读成"欣"，有的读成"欠"，写的时候更是百花齐放：刘可软、刘可斩、刘可铁，能写成刘可欣就算是蛮不错的了，不时引起一阵哈哈大笑，在这种自然轻松的交流中，我和学生融合在了一起。

所以，我意识到，学生能否直呼教师的名字，并不重要，重要的是，我们是否把学生当成一个与教师平等的人。只有这样，我们才能真正从学生发展的角度思考

我们的教与学。

"爱学生"是无论哪一位老师都不会反对的，但怎样才算是"爱学生"？在实验中，我对此有了新的思考。

什么是爱学生？爱学生仅仅是笑脸相迎吗？仅仅是不批评孩子吗？仅仅是孩子头发脏了给他梳梳头吗？不是的。爱是尊重、信任、宽容、接纳。

我想，爱学生，首先要尊重他。就拿常见的课堂提问来说吧，如果学生叫起来不会，就有好几种不同的处理方式。"第一种：怎么不注意听呢，站一会儿，听别人怎么说。第二种：谁来帮帮他呀，这回会了吗，会了，坐下吧，以后要好好思考。第三种：如果不会，就对老师说，'对不起，我忘了'或'对不起，我还没想好'，坐下去就是了，也不用谁来帮。第四种：如果站起来说错了，老师抓住这个机会，引发课堂辩论，让这个同学和其他人充分发表意见，问题弄清之后，老师说，是谁引发了我们精彩的讨论呀，噢，是他，来，我们谢谢他。"试想，这个学生的心态将会发生怎样的变化！留给他的将是终身受用的习惯。

所以，在课堂上，学生无论说对说错，都是他对课堂的贡献，我们要尊重每个孩子，从小培养民主讨论的习惯。

我想教育不仅仅是一个词，而是像爱和友谊一样，存在于这种情感的亲身体验中——也就是说，在极其具体的真实的生活情境当中，包括静静地聆听、扬眉、鼓励地点头、拥抱、转身或面带深情凝望我们的学生，每一个动作可能都是出于教育学的意义这样做的。

教育学就存在于我们每天与孩子对话的情境中，教育学就存在于我们与孩子在一起的方式之中。

什么是教育？就是一个成人做了有利于孩子发展的正确的事情。

举左手的故事，很多杂志刊登过，但每次说起它，总给我很多触动。在数学课上，有一个孩子举了手，叫起来之后却又不会，只好说"对不起，刘老师，我忘了"，一次、两次，引起了我的注意。我发现，孩子每次坐下时，都满脸通红。于是我找了个机会和他单独谈话。孩子羞愧地说："刘老师，我对不起你。有时候我想好了，盼着你叫我，你却没叫。有时候我没想好也跟着人家举了手，以为你不会叫我，可你偏偏又叫我了。"我想了想，说："这不怪你，怪咱们师生之间还没有达成默契。知道什么叫默契吗？就是说刘老师的一个眼神，你的一个手势，双方都能明白。这样吧，咱们约好，当你还没想好又想举手时，你就举右手，刘老师不叫你；当你想好了，你就举左手，刘老师再叫你。"孩子听了，眼泪立刻就下来了。从此，这个孩子渐渐地举左手的次数越来越多了。在这个过程中，他学会了调整自己的行为。如果批评说："瞧你多虚伪呀，不会你举什么手！"会是什么结果？会有什么后果呢？我不敢想象。

爱是什么？爱就是要真正走入孩子的心灵。

我常想：当老师的，要信任孩子，相信他是一个想学好的孩子，相信他有积极调整自己行为的能力。与其他职业不同的是，做老师的一定要相信"人之初，性本善"。

当学生迟到的时候，我从不会批评他，而是说："你瞧，我们都在等你呢。""我们都在为你担心呢！"一句话就让孩子心里暖烘烘的，再也不愿意迟到了。检查学习效果时，我很少说："不明白的请举手！"而是让"听明白的点点头""完成任务的笑一笑"。人本来就是会点头微笑的，为什么不自然一点儿呢！

我用我的全部能量小心呵护着孩子们的自尊，遇到事情总是先从孩子的角度着想，深入地去理解孩子心里在想些什么，会有什么样的感受。备课时也总是尽可能地贴近学生实际，选用适合儿童的内容和表达方式，因而容易获得孩子们的共鸣。孔子说："不患人之不己知，患不知人也。"我以为，真正进入孩子们的心灵，凡事为孩子着想，以此为出发点开展教育教学，这应是教育成功的秘诀。

2001 年 11 月

　　每当我出差回来，被同学看到后，他们会边跑边向同伴报告我的行走路线：刘老师到一楼了；刘老师到二楼了……教室在四楼，我在孩子们的簇拥下走进教室，这种幸福真是不言而喻！

　　孩子们经常给我一些惊喜，有一年元旦前的一天下午，我像往常一样走进教室，全班同学"刷"地一下起立，向我微微笑着，一双双眼睛闪着亮光。纳闷中，班长说话了："刘老师，今天我们既要迎接新年的到来，也庆祝您的生日。""可我不是在这天出生的呀！""我们总打听您的生日是哪一天，您总是笑而不答，我们经过商量，就决定把每年的今天当作您的生日，我们一起祝亲爱的刘老师生日快乐！"话音一落，孩子们轻轻唱起了生日歌，五颜六色的生日卡片雪花一样落在讲台上，各种各样的小礼物摆了一大堆。一个孩子捧着一张特大号的贺卡，毕恭毕敬地送到我面前，上面密密麻麻地写满了孩子们的签名。看着这些，我的眼睛湿润了，一句话也说不出来，是啊，面对这样可爱的孩子，我能平静吗？

　　心与心总是相通的。孩子们特愿意向我敞开心扉。这是一件很幸福的事情，见了面，孩子们老远就喊我"刘老师"或"刘校长"，有的男孩伸着双手跑过来，在我平伸的双手上一按，一跳，什么也不说，又兴高采烈地跑开了。低年级的小学生喜欢围着我问这问那，小手在我身上抓来抓去，一天下来一身白衣裙布满了灰手印。有一年，六年级学生毕业时，送我一件礼物，打开一看——啊，一条雪白的裙子！他们说，刘老师，我们在你身上留下的手印太多啦！这时候，除了感动，我还能做些什么？

　　爱他人，是一种幸福；被人爱，也是一种幸福。我拥有这双倍的幸福！

　　许多孩子在日记中写道："我有两个妈妈，一个是家里的妈妈，一个是刘老师。"我经常收到孩子们的来信，跟我谈理想、谈苦恼、谈学习……向我诉说小秘密。许多孩子毕业后仍然经常给我写信，把我当作最知心的朋友。这些，是我做教师最幸福的时刻！

　　1995年，我们改变校园环境，使校园的墙壁会说话，强化校园环境育人功能，学校征集一句校园标语——"给孩子的话"。我和实验老师们讨论来讨论去，也没找到满意的。一天，孩子们依恋地拉着我的手，"你为什么要当老师呢？"我灵机一动，脱口而出："因为有了你，我才喜欢当老师。"老师们一怔之下，全都流下了眼泪。还有什么语言能如此透彻地表达实验老师们对孩子们的深深关爱之情呢？

如果没有几年来主体教育的实验，怎能说出这样动人的话呢？怎能对教育有这样的感悟呢？

八、我要成为最佳的我

"你是最棒的！"这是家长、老师经常鼓励孩子的一句话，我和同伴提出的口号却与此有所不同，在后面加了一个"我"字——"我要成为最佳的我"。

好像只是一字之差，含义却大不相同：前者仍然是鼓励学生们在一个方向上竞争——一班之中只有"我"是最优秀的；后者则是尊重差异的体现——每个人都可能成为最佳的。

小海上课时总是边看小人书边听讲，猛然提问却也难不住他。我意识到这可能是一个头脑反应很快、学有余力的孩子，于是专为小海设计了一套超前学习的方案，并把《数学的足迹》《生活中的数学》等书借给他看，很快将他的兴趣吸引到数学上来。为了发挥他的特长，我帮助他成立了"数学研究会"，吸引了20多名孩子参加。大家推选小海为会长，我为顾问。小海经常组织大家在课外研究一些著名的数学题，如"高斯算法""大鹏展翅"等，开阔了视野，增长了知识，逐渐成为我的得力"小助教"。

媛媛是一个学习非常困难的学生，专家曾就她的表现做了一系列的研究：典型的多动症，注意力不集中，理解困难，记得慢却忘得快，知识缺漏多，等等。就是这样一个小姑娘，我也没有放弃。我一再告诫自己，一定不能因自己的急躁使她失去自信。我找她的妈妈谈了话，使她认识到多动症是病态，不应歧视、打骂，以免加重孩子的心理创伤；为使孩子过多的精力发挥出来，我与班主任老师商量，让她参加合唱队，并加强注意力的培养；在知识的接受和运用方面，我为她制订更合理的学习目标，题量少一些，难度小一些，用的方法笨一些也没有关系。经过长期的指导，媛媛的多动症渐渐好转了，学习也有了起色，尤其是她那一天天增长的积极向上的热情令每一个熟悉她的人都感到惊讶。

我认为，不存在绝对意义上的"差生"，而只有"学习困难"的学生。"学习困难"是由一些先天或后天的因素造成的，正因为他们有困难，才需要教师来教，通过教育，使他们从"困难"到"不困难"，从低价值上升到高价值。数学评价应是调动学生学习热情的"泵"，数学教学应该追求发展而不是追求分数，应该追求卓越而不是追求完美，不应诱发学生的自卑、自弃的心理。

所以，无论是课堂测验还是期中期末考试，我坚持不在课堂上宣布学生分数，也从不为学生排名次。我想，教师应该有海纳百川的气度，要有足够的耐心去倾听学生心灵的声音，善于捕捉学生奇妙的想法，去发现学生思维中的亮点，正确地评价学生的想法。这些应该是教育的理想，要做好非常不易，但是我们应该努力去做。

当当是个调皮可爱的小男孩，每次的考试他总是差那么一点点得不了满分。一次他给我写了张小纸条：刘老师，我多么渴望一百分呀！这张纸条引起了我的思考。以往的考试，我们总是出一些设有陷阱的题目，故意难为学生，在批阅卷子的时候，告诫自己扣分要严格，这

2005 年元月

样学生下次就不会犯同样的错了。其实，考试的目的是检验学生对学过的知识掌握的程度，然后让学生把不会的题目会做了就行了，绝不是给学生排出个三六九等。

一次考试，看到当当沮丧的样子，他的情绪困扰着我，我灵机一动，对当当说："只要你一次把错题订正对了，我就给你 100 分。"于是，我和同伴就发明了"A100""B100"，考试时，如果学生一次全部答对了，可得"A100"；如果做错了，还有一次重做机会，若做对了，我会毫不犹豫地给他打个"B100"。

这种方法收到了非常好的效果，孩子们做错了非常愿意拿回去重做，培养了学生发现错误、改正错误、增强自我纠错的能力！我想，在一切教学行为中，教师要细心维护每一个孩子的自尊心，坚信每一个孩子都有他独特的地方。教师要时常听听学生的心声，站在学生的角度想想每件事情应该怎么做，这样会给我们的教师生涯添上亮丽的风采！

其实，学生就是教师的一面镜子，从镜子中，能看到我们教学的得与失，学生会用他们的智慧引领我们，让我们在得意的时候别忘了清醒，在失意的时候别忘了微笑。我们应该学会向学生学习，用一种平静的心态，平和地对待每个学生，教师

要做的，就是要挖掘出他们的闪光点，使之发扬光大。

小然是一个内向的小女孩，上课不发言，下课也很少与同学们玩耍，还经常拖交作业。但我发现，当我和别的同学在一起探讨问题或说笑时，坐在一旁的小然会时不时投来羡慕的眼光。于是我留心寻找激发其向上的契机。一天，我正在办公室批作业，小然突然跑进来，手里拿着一本书，兴冲冲地说："刘老师，我把你的书打扮了一下，你看好不好！"我定睛一看，自己的教科书上画满了各种各样的小动物、小人物，像一本小画书了！我用夸奖的语气说："真想不到，你能画这么精致的图画！颜色搭配得也很好！可见你是一个心灵手巧的小姑娘。只要用心，老师相信你一定会成为很出色的学生。"孩子喜滋滋地回去了。此后，她与我越来越亲近，人也变得积极、大胆了，同时，我还不失时机地在她作业本上加了些鼓励的话，期待她更大的进步。

现在，小然已经上了高中，还当上了团支书呢。去年夏天，我收到了小然写来的一封信，信中说：

"刘老师，我一直记着你在小学时告诉我们的一句话：'让生活忙碌而充实'，从前那个次次晚交作业的我已经变成不到放学就写完作业的班干部了。我常常还用一个同样让我难忘的句子提醒我：'我要成为最佳的我'。不管我能否做到最好，我都会尽我所能……我的成绩和收获竟会让旁人羡慕不已，让我充满信心！谁说我不行，我也行！"

看到一个孩子这样的转变，怎能不惊异教育的力量！

平凡的故事，感动着我的思维，启迪着我的智慧，每时每刻我都和学生进行着心灵的沟通，我们用心灵读懂心灵：当学生讲错的时候，轻轻地给一个微笑，他知道没有关系；当学生提出问题的时候，一个鼓励的眼神，他明白有人关注；当他不认同老师的观点时，一个微微翘起的大拇指，他体悟到不会受到批评。

聆听学生心灵的声音，你就听到了花开的声音，浓浓的师生情全包裹在即将绽放的花蕊中！

在和学生交往的过程中，我认识到了：每个学生都是独特的、不可重复的、无法替代的个体，这种差异和独特是每个人最宝贵的精神财富。我们应该正视学生的差异，尊重学生的选择。"天生我才必有用"。让每个孩子感到他在这个班里同样是重要的，让我们的视野中没有教育的盲区，把博大的师爱遍撒每一个孩子！

九、难忘恩师教诲

1996年5月，安阳人民大道小学会议室，气氛热烈，历时五年的主体性实验课题结题会议，顾明远、吴畏、滕纯、潘仲茗、陈孝彬、金学方等"大牌"专家都亲临学校，专家们在听课、与学生座谈、与家长座谈之后，与我们全体实验老师对话，每一个老师都畅谈了自己进入实验后的一些变化，他们对我们谈的每一个变化，都非常感兴趣，会议按既定的议程要结束后，请我发言，这是原先没有的议程，一时间泪水竟盈满了我的双眼，不知从何说起：作为老师能够遇到一位好校长是幸运的，我们遇到了一位开明的姚校长，我们是幸运的。可我们知道，像我们这样的教师还有很多，而能够有幸得到众多专家的指导，在当今的中国却是不多见的，我们是一群幸运而幸福的教师。

1991年夏与周玉仁教授在北师大校园

是啊，回望自己成长的历程，一大批专家手把手地指导着我，平等地与我交流，耐心地启发我"捡拾"实验的心得，他们在专业上的博学和严谨、生活中的平实和简朴、为人的坦诚与热情，都时时地影响着我、感染着我。

1994年，由于工作的需要，我开始担任学校的科研副校长，负责"小学生主体性发展实验研究"的实验工作，实验方案的制订、子课题的选定、学生活动的策划、实验班学生的用餐等，都一股脑儿地涌了过来，繁重的教学、管理、科研工作把时间挤得满满当当。此外，还经常代表学校参加各级公开课比赛，接待来学校参观考察的教育人士。当时，我只有三分之一的课是与学生单独度过的，大部分时间都有人听课，正是这种高强度的压力，使我不敢懈怠每一节课，不敢忽略孩子们的任何一个想法，更不敢大声地训斥孩子，也正是这许多的"不敢"，成了我专业成长当中的一份催化剂。

进入实验之后，要求每个老师坚持写实验札记，我白天太忙，就晚上回到家里写，有时半夜里来了灵感，也要起来把它记下来。几年来，我积累了厚厚的几大本实验札记。这些札记，记载着我在实验中的感受、困惑和思考，记录着我和学生成长的历程，我对实验中出现的问题的质疑，等等。1997年，我的老师周玉仁教授来学校指导实验，当她翻看我那厚厚的实验札记时，居然哭了，老师抚着我的头哽咽着说："孩子，真是苦了你了！……"我的眼泪也夺眶而出，多少个日夜的辛劳变成了一幅幅动人的场景，这些将永留我的心中。

很多人都问我：刘可钦你累不累，你有过苦恼吗？对这样的问题，我总是轻轻一笑，这里面包含太多的内容。我想人一生中不可能不遇到困难，对想做出点儿成绩的人来说尤其如此。关键时刻，挺一挺也就过去了。老校长常常对我们说，咱们这是在"熬小米"，看谁能"熬"出来；好比"捻针尖"，看谁有耐心。

对我来说，不苦不累的真正意义在于：是实验带来的挑战和征服挑战的乐趣；是专家学者们道德风范的感染；是与孩子们心心相印的幸福；是与同事们同舟共济、默契配合的快乐；更是他们给我的期待与鼓励。

当时的中央教育科学研究所研究员史根东老师听了我的汇报，专门从上海写来这样热情洋溢的信：

"你所做的这一切，你对原有教育学概念的反思，在实践中对新的假设的理解，对自己及其他实验老师实验行为贯通起来的抽象……是现有教育学课本及专著中见不到的，更是成山成岭的经验总结所难以企及的。孩子们感谢你，家长、理论家乃至整个社会都会感谢你。"

72岁的华中师大教授、教育学家王道俊先生听了我关于主体教育实验的介绍及研究课，看到孩子们充满自信的谈吐、个性独特的表现，感叹不已，老人家走上讲台发言，第一句话就是：

"如果时光可以倒流，我愿意做一名人民大道小学的学生……"

教育界前辈黄济先生听了我的研究课，拉着我的手，十分激动，欣然题词"春风催桃李，时雨育新苗"，并在给我的信中感叹"确是名不虚传的'可钦'"……

我是如此幸运，能得到这些前辈大师们的点拨和鼓励。

当实验开始我感觉摸不着头脑时，裴娣娜老师鼓励我"在实验中学习实验，在研究中学习研究"；当我因事情太多有些自顾不暇时，周玉仁老师告诫我"外延要清楚，内涵要丰富"；当我为获得的一些荣誉而沾沾自喜时，王策三老师及时提醒我"要处理好各种关系"；当我受到一些人的误解时，王策三老师又开导我"风物长宜放眼量"；当我为实验中取得的点滴成果偶感欣喜时，他则及时告知我"天外有天，也许等你头发白了，实验才能看出点成效"……

这些教诲，使我明白做教育一定要淡化名利，摒弃那些短期的功利行为，要有长远眼光；这些教诲和鼓励，使我能够静下心来，在默默的教育实践中，耐心地发现并感悟教育的真谛。

随着实验的步步推进，我的思想也在逐步地成长、成熟。每当我来到课堂，看见那一双双明亮的眼睛，就抑制不住内心的激动。这是一群多么纯净无邪的生命呵，能与这些花朵般的孩子朝夕相处，真是一种享受！学生已构成我生命中不可缺少的部分，课堂深深吸引着我，我把每一节课都看成师生生命历程中的一小步，因而倍加珍惜，我努力追求的一种美好境界就是让课堂焕发出生命的活力。

"得天下英才而教之，其乐无穷；得大道恩师而学之，乐在其中。"对于这句话，随着实验的推进，我有了更深刻的理解。

十、我遇上了一个开明校长

一次特级教师的大会上，主持人现场提问与会人员："入职后的第一所学校对教师从教生涯的影响是否关键？"有的特级教师认为非常关键，有的却说不重要。可见，主持人设问的指向性原本是想寻求一个确定的答案。但事实上又无法寻求一个众人公认的结论。在这样小的一个样本群体中，似乎一时难以找到一个确定的结论。每个人都有属于自己独特的经历，因而会有独特的感受，所以答案不一。

在我看来，一个人入职后的第一所学校应该是起着十分重要的作用。一所学校严格的职业要求，规范的教学管理都会影响人们对教师角色的体验。但仅此还不够，这所学校还要有一个高的追求目标，才能引领教师不断超越自我，走向卓越。我很庆幸，这两个因素都同时集中在了"人民大道小学"——我从教的第一所学校。因为这里有一个开明校长——姚文俊。

1981年7月，我中师毕业，与九个风华正茂的同学一同"光荣"地分到了"人民大道小学"，这是当地最好的小学，人们以能在这里读书或教书为荣。

我的教师生涯也是在这里完成了从懵懂生疏到熟练清晰的蜕变过程。这其中恰逢改革开放的好时期，在这里，我们经历了大道小学的每一次变革，大道小学的领航人姚校长，成就了学校的发展，也成就了我和我们这一批"老师"。

"敢为天下先"这幅字一直悬挂在大道小学的会议室，成了这里一直不断进取的精神追求。

20世纪90年代初，教育改革在全国掀起了一股热潮，从教材改革到教法实验，从单项实验到综合改革，名目繁多、红红火火，我们自然也想"下海"搞一番教育实验。期望能够找一个改革的名目，将大道小学带入改革的热潮之中。可是，叫什么名字好呢？姚校长带领一批干部和老师每天都在"闲聊神侃"，又北上南下"拜佛取经"，终于定位在"小学生主体性发展实验"。为了这项实验，大道小学聚集了我国一大批教育界的高端人物，大学理论工作者与小学的实践工作者紧密结合，摸爬滚打了八年，才有了后来在全国影响广泛的"主体教育"成果。一项实验，能够吸纳如此众多的专家参与，我们没有想过，也不敢想。来自全国方方面面的大学工作者、知名学者和专家齐聚一堂，共同谋划改革的思路和途径，让我们从"井底青蛙"跳出，看到教育的"天高地阔"，虽踏实教书，也知应"仰望星空"。从此，大道小学的"三尺讲台"站起了一个又一个"名师"，成为安阳这所小城的一道亮丽风景。后来，有的专家说：大道小学所做的一切有意义的探索，都成为21世纪之初课程改革的萌芽和希望。足见一个校长的眼界。

一个普通小城，聚集了如此众多的"大腕"，让我们每一个"身居小城"的老师都倍感亲切而情有独钟，全身心投入到这项跨世纪的改革实验之中。我们在与专家"对话"中，尽情地分享"自己的经验"。大胆实践，积极变革，创造了一个又一个"神话"。

集训太行山。二年级7岁的学生两天的远足活动，这在当时上级部门是不允许的，为了孩子们的安全，姚校长动员了一大批家长加入其中，既当看护员又当老师，家长和老师们也因此结下了深厚的情谊，成为学校发展的坚强力量。足见一个校长的胆识。

体验式活动。每学期实验班的学生有一个月（共四周）的校内实践活动，学生分成不同的小组到门卫、教导处、图书馆、校长室、食堂等做助理工作，每周轮换一个不同的岗位。记得分到厕所的孩子，职责就一条，提醒同学保持干净，为了让孩子们专心静心，每次只有一人值班，要连续工作一周，就是这样在不同岗位上的丰富体验，在每个学生心中植下了责任、自主、学习、创造、尊重、理解的种子。

2000年，来自中央的7家媒体集体到校采访。"可以找任何一个人、问任何一个问题"，这让记者们自由穿行在校园里的每一个角落。一个记者"抓住"一个小同学，问班上学习最好的学生时，学生自然回应："您想找哪方面的呢？"当记者又问道："学习不好的学生会受排斥吗？"学生纳闷地反问："怎么会呢，因为每个人在班里都有他最好的一面。"于是，记者感慨：这里每个人都有成就感，"我要成为最佳的我"不是一句空话。"街头调查、卖报纸、竞选演讲"等学生自主参与的活动，成为孩子们成长历程中的一个个"关键事件"，留下了难忘的记忆。足见一个校长的睿智。

"茶馆式"课堂。变革深处是课堂，热热闹闹的活动之中，课堂教学也在静悄悄地革命。异质分组、小组学习、对话交流等，今天我们听起来习以为常，可是它却早早地出现在了20世纪90年代的大道小学的课堂里，形式变化的力量是观念的变革，尊重每一个学生、尊重每一个学生的差异、有进步就是成功、相信每个学生都是能够学习的，等等，都不是一个单纯的口号，是我们每个实验班教师们共同的教学准则。为了让我们这些老师们踏实地改革，保护我们的改革热情，姚校长居然鼓励我们在每学期期末自己命题、自己改卷、自己分析。有这样的校长给"挡着"，我们才能够专心致志。第一届实验班共有91个学生，在经历了小学6年，中学6年洗礼之后的2005年高考季，他们的后劲儿得到了充分的显现，有80多个学生考入了大学，而且几乎遍及全国的每一个有名的高校。足见一个校长的胸怀。

大学进修。小学老师到高校离职一年进修学习。记得当时我是以安阳师院的身份进入北师大学习的，因为高校不接受中小学老师。姚校长调动了一切关系，想方设法，为的就是能让我们这些小学老师有点"书香气息"。我们一个接一个，十年的时间，一共有38名老师分别到北师大、华东师大、北京舞蹈学院、中央美院等一流学府学习深造。顾明远老师也充分肯定了这样一种研修学习，说"这样的学习不同于拿学历的成人学习，因为有高校的学术氛围熏陶"，有益于培育教师的气质。如今，这一批优秀教师群依然支撑着大道小学的发展，"大道"始终保持着名校的品格和风范。足见一个校长的远见。

正是一个开明的校长，引领了一批师生的成功，改变着一大批老师和学生的人生轨迹。在我走上校长岗位后，还依然向他请教如何做校长，而每一个校长遇到的难题，在他那里都能够轻易化解。这个做校长的"秘方"是什么，就是一定要创造条件成就身边的每个人，唤起"我要成为最佳的我"的发展愿望，成为每个人成长道路的助跑者。

十一、幸运中的感动

我常说自己是"幸运"的：幸运地遇到了"伯乐"姚文俊校长，幸运地得到了王策三、周玉仁、裴娣娜、刘秀英、刘坚、周作宇等一大批德才双馨的专家学者的指导，幸运地遇到了那么多的志同道合的同事，幸运地拥有一个美满的家，幸运地获得了那么多的荣誉……

1998年7月，我幸运地被推荐为第三届全国中小学中青年十杰教师候选人，一开始没觉着怎样，但当报社的记者陈强老师来采访写材料时，我忽然觉得自己曾经做的是那样平凡，甚至微不足道，因为面对记者，我竟不知从何说起，上课、辅导学生是每天必需的工作，没什么好写的，我找不到一件值得书写一番的事迹，我没有为思考一节课而把饭做糊的故事，因为我的家人万分理解我工作的辛苦，替我做好了一切；我更没有为思考一个教育的情节而一头撞在大树上的尴尬经历，因为我做任何事都比较专心，走路也会轻轻松松、快快乐乐。面对记者，我只能平淡地谈我的一些再平常不过的教育小事。

采访回去后，陈强老师在整理材料时，感觉还不够生动，又对我进行了长途电话采访，我们像朋友聊天一样，反而谈得更加自然，那些与学生在一起发生的一幕幕有趣的事情，又都活生生地闪现在我的眼前，不知不觉，我们在电话里竟谈了两个多小时，看到陈老师对待一个普通老师的普普通通的事，那样认真，又那样敏感地加以提升，反而使我感到手中听筒的分量越来越重，我开始意识到这次的评选已超出了我个人获得荣誉的范畴，我肩负的是一个团队的殷殷期盼和火一样的激情，在我还没来得及想清楚的时候，突然降下了这样一份巨大的荣耀，令我惶恐不安。

1998 年 9 月 8 日，31 名候选人齐聚北京，当时各地都接到了省教育厅的通知，无论欢送还是欢迎仪式都很隆重，而我却悄悄地登上了北上的列车，我知道自己承

长大的学生回校看我

载着太多人的期盼，我感到更多的不是去领奖，而是去接受检验。在我的成长历程中得到了一大批专家学者的指导，吸取了一大批老师的营养，我需要静静地反思，一个全国范围内的评选活动我究竟能否承受得住，我已做的和将要获得的这个荣誉之间究竟还有多大的差距，因而我不敢再惊扰他们。

　　9月9日，是我人生中最难忘的日子。那天，我胸佩"十杰教师"的奖牌，激动地和所有其他获奖教师一同接受国家领导人的祝贺和颁奖。那一刻，我感动了。我泪眼蒙眬地回望我成长的历程，仿佛看到了和我一起开展"主体教育"实验的领导、专家和老师，仿佛听到了孩子们个性张扬的欢呼与喝彩，我明白了支撑我的是一个多么优秀的团队，一种平凡之中的神圣感油然升起。

　　荣誉对我来说当然重要，但令我受益至今的是在整个评选活动中，我能有机会回望、审视自己走过的历程，随后，我与傅道春教授就课堂上师生的角色转变进行了两次对话。对话内容分别整理成《教师不再是课堂的主角》和《学生不再是课堂的配角》在《中国教育报》上发表。对话中我们期望中国的优秀教师能尽快完成对自己课堂定位的时代反思，把教师的角色定位于学生的合作者、鼓励者和引导者，这正是世纪之初的新课程改革所倡导的理念。

　　无论是对话还是事迹报道，都在全国教育界产生了积极的影响，当时还收到了很多老师的来信，有许多地方要我去讲所谓"成长经验"，面对这些铺天而来的、溢满鲜花和掌声的盛情邀请，我的老校长却冷静地提醒我："静下心来，哪儿也不许去，你要的是专心修炼内功，练真本领。"老校长的谆谆教诲，使我不再浮躁，使我在暗喜自己的幸运时，再一次告诫我人生的道路上什么才是最重要的。

　　随着实验的深入，我们的困惑越来越多，理念转化为现实的行动是那样的艰辛，有时感觉近在咫尺，却又难以把握。我组织老师们把自己的困惑尽情地说出来、写出来，然后加以梳理，一共列出了42个问题，除了一些涉及教师教育思想更新与教育实践能力方面的，如"当学生都想表述自己的想法时，又不注意听别人的话，教师如何引导，而又能维护每个学生的积极性？""某个学生思维偏离目标，又无明显错误，但课堂教学时间有限，教师如何在不伤其自尊的前提下将其引向既定的思路上来？"其余更多的是反映在既定的课程目标和课程内容上，那时的我也开始感觉到，现行的课程方式在一定程度上制约了实验的深入，现行的课程内容经常性地与实验的基本精神发生冲突。怎么办，当我拿着这些归列好的问题请教专家时，听到的却是：刘可钦，什么时候这些问题解决了，实验又会向前深入一步。

啊，我明白了，没有人能够告诉你一个万能的答案，做教师的每天面对不同的学生，每个学生在同一个问题上又会有着不同的想法，只有在不断地学习、反思、改进的过程中，才能发现属于自己的教育知识和智慧，而且永无止境，这就是教师职业本身应该具有的研究性。常有人问我同一个话题：主体教育实验，究竟给你带来了什么？我想这应该是最长远的一个影响吧，因为，它改变了我的教师职业的生活方式。

之后，我有幸遇到了当时还在北师大的刘坚老师，他以更宽阔的视野、专业的学术背景，引领我进入到研究小学数学教育的场景，在参与国家义务教育数学课程标准的研制工作中，开始从更高的层面，更广的范围审视教育教学实践。

不久，我又走上了校长岗位。2000年，我参加了全国千名骨干校长的研修学习，在此基础上又被选拔进入教育部组织的"首届全国骨干中小学校长研究班"（共60名），在与全国各地名校长的交流中，我更加深刻地认识到了一个校长肩负的责任和使命。我依然信奉的一个重要理念就是：教师有什么样的体验他就会把这种体验传递给学生。我这个从教师行当里走出来的校长，应该思考的是如何与教师之间建立一种合作的伙伴关系，这又成了我新的追求。

今天，我的工作岗位和环境都发生了很大的变化，过去的许多事情都因今天的忙碌而逐渐淡忘，但记忆深处的感动却时时激励着我。因为有众多专家的指导、有同事的理解、有家人的支持，我苦恼时，他们与我分忧，我高兴时，他们与我共享。在我默默行走的路途中，因有他们相伴，我们一路同行，备感亲切与温馨。从安阳小城，到省城郑州，再到首都北京，我一路走来，充实、宁静而又幸福。

感动那些曾经给我带来丰富灵感的学生，感动那些曾经给我无私帮助的专家和学者，感动那些与我心手相连的老师们；感动一贯支持理解我的家人，他们给了我安定幸福的生活，使我至今一直保持一种宁静的心情，使我每天能笑着看学生；更感动"主体教育"思想的博大与精深，正是它的出现，使我平凡的教师生活，变得如此丰富多彩，正是它的存在，使我平凡的教书生涯，充满着创造的乐趣，也正是伴随着它的发展，使我在平凡的人生道路上，一直追寻着做教师的幸福！

十二、面向未来的准备

在我做老师的第十个年头，有幸参与了一项跨世纪的研究课题——小学生主体性发展实验。那是与北京师范大学一大批教授和学者们共同摸爬滚打的十年，不知不觉中，差异、多样、自主等关键词成为我朴实的教育哲学的核心。以至于后来许多人问我，主体性实验到底给你带来了什么？我想了想说"学生是不一样的"。尽管这是一个常识，也尽管我试图想找一个更深刻、更学术的语句描述。

在我眼里，"学生"不再是一个同年龄段的群体，他们作为教育的"主体"也不再是一个抽象的术语，每个学生"都是不一样的"，无论他们是聪明还是木讷，无论他们是乖巧还是顽皮，也无论他们是外向，还是内敛，"因为有了你，我才喜欢当老师"成为我做教师的座右铭，这种学生观念，已深深地融入我的血液，这是我三十年教师生涯的历练中获得的最宝贵财富。

后来，我走上了校长的岗位。先后在河南省实验小学、北京建华实验学校、中关村第四小学、中关村第三小学四所学校学习实践如何做校长。

做校长与当教师的视野差异，对相同问题思考角度的不同，工作方式的区别，都不是简单职位的变化就能自觉转化的。

学生的差异与独特性，必然需要教育的多样性。因此，"努力为孩子们做到最好，为师生的教与学提供最佳的支持"自然也成为我做校长的追求。

（一）教师，作为课程领导者

往往，我们会把教师看作一个课程的执行者，统一的时间、统一的内容、统一的考试，达到预期的效果。在呼唤学生的综合素养、问题解决方案和能力的今天，教师仅仅作为一个课程的执行者，显然已经不够。我们必须赋予教师对课程的领导权。不是单一地要求教师应该做什么，而是陪伴教师，与教师一起讨论"我们可以做什么，怎么做，需要怎样的支持"。不是指派，也不是规定，而是基于分享与邀请的过程中鼓励教师变得很强，能肩负责任，有自信。同时又能倾听他人，能感同身受，能观察学生的转变，发现别人的好，相互学习。

学校是帮助孩子面对过去、现在和未来，进行知识、能力和品质建构的学习场所。学校也是帮助大家遵守共同规则，实现共处、共融、共进的教育场所。

学校还应是引领社会包容、创新、和谐发展的实践场所。"学校"这个再熟悉不过的词汇，也因此而变得丰富又充满挑战。当这些认知成为我们办学的共识后，就有了一系列的行动。

学长日。这是为六年级学生特别定制的活动。因为，老师们发现毕业前的孩子好似有使不完的劲儿，按部就班地上课似乎已无法满足孩子们的"生长需求"，老师们精心设计的传统活动也很难令他们兴奋。所以，当一个老师提出这样的问题时，立刻得到老师和学校管理者的响应，大家马上聚在一起商讨起了六年级的毕业课程的改革与实践。"学长日"也就成为毕业系列课程中最为抢手的活动。

"大孩子与小孩子共同学习"，遵循这样的思路，六年级的同学五六人组成一个团队，分散到低年级的班级中，与学弟学妹们共同学习。"学长日"不是一日的活动，而是贯穿于整个毕业季。"学长"这个朴实亲切的称呼，唤醒的是一种责任感。在与学弟学妹们的共同生活中，扩大了孩子们交往、学习的空间。

工程课程。老师们敏感地意识到，新校区的建设过程是一个不可再生的学习资源。六年级的孩子们在工地上发现了许多想要研究的问题：大吊车中小滑轮的作用是什么？怎样检验楼体的建设是垂直的？新校区有哪些新型材料？功能有哪些不同？等等。孩子们根据自己的研究兴趣组成了不同的小组，每个组都有教师和专业的家长作为导师，为孩子的研究提供支持。

教师课程意识的萌发，带来了一些可喜而又静悄悄的变化。让校园内多了一些学生为主角的活动，多了一些让学生选择的机会。

班组群。我们的新校区将是三个不同年级的学生在一起生活，这与习惯了的同一个年级相对集中在一个楼层有所不同；在班组群里，七位老师将共同负责三个班的学生生活，这与过去习惯了一个班主任负责一个班里全部学生的生活又有着明显的差异。当一种习惯了的生活方式遇到挑战时，人们总会本能地守护着既有的安逸。"这能行吗？""学生的好与坏算是谁的？""老师教不同年级怎么备课？"面对老师的不解、困惑、怀疑，我们没有退缩，也没有激进，而是组建了班组群的研究突击队，来自不同部门的成员，不再局限于本学科，而是从培养一个完整的人的角度重新设计教师的工作方式，探讨班组群的课程与教育模式。经历了冲突、对话、静心、思考等环节后，老师们意识到，班群内的每个教师都是学生成长的导师。教师角色的多样性，就会带来学生发展的充分性。多学科教师的协同，会避免教育风险全都压在一个班主任身上，有助于解放每个教师的教育力。当然，身处其中的学生将是最大的受益者。

形式上的变化带来了教育理念的变革，从一个完整的人的角度重新思考定位我们的学校生活，重新定位我们的课程，几个回合之后，老师们悟到，这不是新校区的改革，而是我们对现代教育改革的共同追求。

这样，与新校区建设同步，我们保持着既有模式的稳定，又腾出一些改革的空间，实践我们对教育改革的追求。因为"为了学生学得更好"，我们需要起而行之，成为教师团队的共识。

这是在"桥"的主题项目活动中，开展的一次集中的综合学习。

三个不同年龄段孩子分在不同的小组内，他们在七名不同学科老师的带领下，共同商议围绕桥的主题学习。经过一番比画、粘贴、制作，一座"宏伟壮观"的大桥呈现在大家面前，孩子们很专业地介绍自己的作品："这是一座斜拉式的大桥，有桥墩、桥面，还有类似绳索的牵拉。"孩子们利用废旧的纸盒，尽管工艺粗糙，但也活灵活现。"这个不是斜拉桥，是悬浮桥。它有桥墩，斜拉桥靠的是绳索的牵拉，不是桥墩的支撑。"孩子们的疑问，形成了又一个学习的问题，问题的驱动，让接下来的学习变得更有意义。

商量、讨论、协作，甚至是退让中，大孩子和小孩子在一起共同学习。这就是我们常说的：孩子最好的老师是孩子。

在这里，教师的作用就是促进一个让学生承担责任的学习氛围。在与孩子共同完成一项任务时，"学习伙伴"的角色胜过了传统的"师长"角色。

（二）项目学习，为深度学习做好准备

有人形象地描述：分学科的学习背景，学生的全部学习经历被分割为不同学科的专门时间，一切都在预定的教材内容中发生。学生获得一个个专业的技能和系统的知识，犹如打了一口口深井，但这一口口深井之间由于缺乏横向的联系，却难以如涌泉一般汇成一片知识的湖海。当意识到这些缺陷之后，很多学校开始探索学科体系之内的梳理和联系，以及不同学科之间的融通与整合。由此，基于项目的学习进入了我们的课程视野。

"基于项目的学习"就是一种通过一个有主题的项目、一个具体的任务或者一个

小课题来帮助学习者学会学习的方式。由于项目学习包含着有趣而又富有挑战性的问题，就需要老师给予学生较长的一段时间，鼓励学习者进行设计、问题解决、决策或是参与探究活动；最终学习者将创作出实际成果或是进行报告展示。"基于项目的学习"已经是世界上越来越多的追求卓越的学校所推崇的学生学习方式。

　　学生的学习不应是被动接受的过程，而应是主动建构自己的过程。教师的教和学生的学不应简单地划分为上课和下课的两极生活，也不应仅仅存在于教室或学校中，而应是学生足迹所至。所以，在全球化的背景下，我们更要给学生多创造一些能够挑战自己、决策或是参与探究的活动，尝试解决问题的学习经历，去探索综合性学习、实践性学习、应用性学习等领域，以弥补现实中强势的学术性课程在学习方式上的局限，让学生经历更有意义的学习方式。

　　项目学习对我们而言是一个熟悉又陌生的词汇，当我们带领儿童开始项目学习时，应该如何指导儿童展开学习呢？它与分科课程的教授有什么不同？在一个综合性的项目学习中，应该给学生提供哪些支持？教师的角色又该怎样？应该鼓励怎样的学习行为？在与实践的对话、与同伴的对话、与学生的对话中，我们重新梳理了基于项目学习的指导原则。

- 相信儿童是有能力的。
- 当儿童遇到问题时，不是给学习者提供答案或解读，这会影响学习和探索的过程，而是创造一种承担责任的气氛。
- 鼓励每个儿童参与，并且都有机会参与，不管是以个人还是小组的方式。
- 鼓励儿童应用自己的技能；鼓励儿童一边应用自己的技能，一边自己评估能力。
- 鼓励儿童自己做决定，成为自己学习上的专家。

　　一旦项目完成了，教师应该对学习者进行适当的反馈，从而帮助儿童更加完善自己的能力。

- 当然，错了也无妨，对儿童来讲也是一种体验。
- 给自己空间，让我们与儿童一起成长。

　　这样的原则，帮助老师们改变一些习以为常的做法，比如减少指导，比如减少评价、减少解释。教师的解读"减少"了，学生的自主性就"增多"了。重要的是教师的现代儿童观在悄悄地发生着变化。

　　我们开展的"桥"的项目学习，非常强调学科间的协同、家校间的合作以及大孩子与小孩子的共研共学，这让许多原本连接不多的元素聚在一起发生了化学反应，跨学科、跨部门、跨年级以及家庭里的跨代合作等，也让孩子们的学习有了不一样的体验。

"绘话"——孩子们把对桥的学习，通过"绘"表达出来，再通过"话"说给大家，这种表达不经意间诞生了一个关于桥的绘本。

"走桥"——以某座桥为长走目标，与家人一同绿色出行，并记录下每日行程。为了这个共同的任务，将家庭的成员聚合在一起，融数学、身体运动和语言表达为一体，有助于亲子沟通，增进亲情。

"分享"——通过讲述、绘画、摄影、表演、制作、猜谜等多样的方式，让学生再次聚集在一起，分享关于桥的知识，也表达孩子们对未来桥的向往。学生可以通过自己的选择，自主加入到不同的活动之中。

面对这样一个有趣的话题，师生们竭尽才能，兴致勃勃地画、拍、做、讲、写等，如此多种多样的学习与分享的方式，单纯地为了"写作业"的色彩渐渐淡去。尽管孩子们还有许多的"不能、不够"，我们也会从丑小鸭的蹒跚脚步中读懂孩子的成长密码。

所以，有人说，毕业后，没有作业，只有项目。我们要在校园里多给孩子创造一些与未来生活相连接的活动，让学生在自主选择中，学习团队合作、超越自我、欣赏同伴，在一次次的活动中，获得更加广阔的思维方式、更加综合的学习能力，积淀成为一个受欢迎、有能力、能担当的活动经验和优秀品质。因为，一个有真能力的人，总会自觉地"把推动社会进步"视为己任。我们需要从小就给学生植入这些"大家"气度的种子。

（三）空间，作为一种课程存在

为了缓解学校过于密集的活动空间，在各级领导和政府部门的支持下，我们的新校区建设开始了。我们希望抓住这个机会，通过空间的变化来促进学校的改革，这是在新校区建设启动之前我们就考虑的第一个问题。这不仅仅是建筑上的事情，也不是一件简单的盖房子的事，还是关乎教育的问题；不仅仅是为了解决当下学校空间拥挤的问题，更要通过空间的变化，表达出我们对学校教育改革的追求；不仅仅是设备设施上的先进，还要通过实践的探索与创新，体现出办学理念的先进性，能够给师生的教与学提供便捷的支持；不仅仅是一所学校内部的事情，而是学校作为社区的一个成员，能够成为促进社区文明的行动之地。因此，学校的建筑不只是作为一个物理意义上的楼房，本身应是一种课程意义的存在。

于是，我们开始翻阅古今中外各种各样的学校建筑资料，分期分批地组织老师们到全国的一些名校考察，老师们希望能够将这些看上的元素在新的建筑中实现……新校区的建设成为学校参与前期设计的先行先试的点，我们在与政府部门、设计师、各类专业人士的对话中，逐步清晰地认识到要从教育角度解读空间与人的关系。尤其在与中美双方设计师进行的每一处细节的设计讨论，都使我们从另一个角度看待学校、看待生活在这个空间里的人。我们的话题涉及了方方面面，大到空

间如何呈现，每一处大空间的划分，师生们如何使用这个空间；小到这个空间需要准备几个插头，门锁应该是怎样的，等等，都成为我们不断斟酌和考量的话题。这些空间里，教师的教与学生的学应该是什么样的、学校与社区的关系、学校的管理等，都成为我们重新审视的绝佳契机。

有人说，我们对物理空间的探索极具想象力，从哪里来的这种勇气？我说，得益于我们的"大环境"，才让校长的这些想法从无到有、从小到大、从萌芽到长成；得益于各级政府给学校创设的改革与发展的精神空间保障，才有了我们这些不一样的"空间"。

班组群。学校的基本空间单位，由单个班级过渡到以班组群为基本的空间单位。三个班为一个班级组群，成为师生的家庭式学习基地，图书、器材、电脑等教学设施合理安排在每个空间里，为师生学习提供了最大的便利，不同年龄段的学生安排在每个"组群"之中学习，实现大孩子与小孩子的共同发展，共同进步。"孩子最好的老师是孩子"在这里有了具体体现。

处处都是教室。相对固定的教室、班组群外共享的开放教室以及学习创造中心，为学生的独立学习、合作学习、探究学习提供了空间和环境保障。这三种不同的教室构成了一个随处学习的空间。

处处都是图书馆。图书馆不再是封闭、单独的空间，不再只是集中在一处，而是合理适宜地分布于学校的各处，方便学生和老师的使用，多种用途的设计更易于分享交流。同时，学生与老师也将十分方便地随处获益于数码学校和云学校中的各种数码资源，这些数码图书馆和资源，将是经过精心选择适合学生发展的。

处处是博物馆/艺术馆。学校里的许多空间能够用来做一些主题展览，展品来源也是多样的，孩子的、家长的或者由某些组织提供的，周期性的专题展览，以及积累校史的发展历程。

处处是演出的场所。满足孩子爱表现的天性，同时又是孩子多种能力综合运用学习的场所。同时又是连接学校和社区的纽带。

处处都是孩子们喜欢的地方。如果学校里有死角，或者有很少人去的地方，这样不安全的事情就会发生。学校的每个地方都应该是孩子喜欢去的地方。并借助数码学校的设计，让孩子能够时时处于成人的照看之中。

海淀教育倡导的大区域的发展观，也在不断地影响着我作为校长的发展思路。而且，我的每一次想法都能够在这个大环境中尽快得以实现。我在中关村四小任职期间，由于这是一个新建学校，比较缺乏教师，于是，本着"不为我有，但为我用"的人力资源观，在四小成立了"优秀教师种子成长营"。一来，为各地学校分享北京的优质资源；二来，各地送进成长营的也都是优秀的干部和教师，他们在四小工作期间又补充了这里的人员不足，更重要的是带来了不同学校的优秀的经验。

从 2005 年 7 月起，中关村四小作为项目启航学校，与澳大利亚、加拿大、美国等地的教授和北师大的专家共同结成一个新的联盟——"教师学习与发展共同体"，这是一个开放的学术交流平台，共同体的成员统称为"同事"。平时，分成若干个小组在网络上研讨问题。每年，都要从网络上走下来谋面，现场切磋。目前逐渐发展到 20 多所联盟学校，在跨地区、跨文化的交流中，老师们的教育视野也逐渐变得开阔起来。

同样，中关村三小也需要走出一所学校孤军奋战的格局。我们与全国 56 个少数民族学校牵手，又牵头发起了一个全国小学教育联盟的意向，很快得到了各方的积极回应，全国的 33 所学校连接了美国的一些"蓝丝带"学校，这样一批优秀的学校在全球化的背景下，开始比肩同行。同时，三小的优质资源也在不同地区扩展，我们有 56 个民族的手拉手学校，还有全国各地的伙伴学校，通过跟岗学习、观摩研讨、课题研究等传统方式，再借助网络和技术的手段，让三小的师生与更多的学校

2009 年教师节中关村第四小学种子教师成长营

间有了相互学习、共同做事的空间，这让三小的发展半径得以延展。

　　大空间、好环境，让我们对教育的变革充满了信心。因为，我们所有这些努力，都是为了做好这样的准备：

　　帮助学生为从事尚未出现的工作做好准备，

　　帮助学生为运用迄今尚未问世的技术做好准备，

　　帮助学生为解决那些我们现在甚至还不知道是问题的问题做好准备……

　　教育，就是要在为孩子创造当下幸福生活的同时，带领孩子们一同做好面向未来的准备！

我眼中的学生

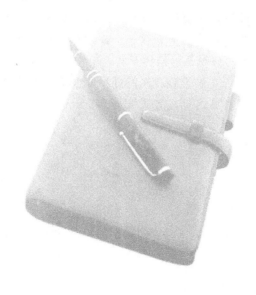

9月1日这一天，我一大早就动身到学校，我是那么喜欢孩子们的叽叽喳喳，我期待着回到孩子们中间去，渴望着每一次见面的怦然心动！"我要对孩子们说的第一句话是什么呢？"当然是"孩子们，你们好！"从昨天晚上起，这句话已经在我脑海里无数次地涌动。问题不在于这句话本身，而在于我将用怎样的语气、怎样的表情说这句话。怎样说这句话是一个教育学的问题，真正做到和蔼可亲、令人愉快并不容易。我对自己向孩子们说的这句问候语，总是觉得不满意：有时太严肃、死板，有时声音太高、故意做作，有时甚至在仓促中应付了事。

　　我在路上轻轻地练习着这句话，一面低声地说，一面倾听自己的声音。在路人诧异的目光中，耳边荡漾着孩子们或欢乐或苦涩的清脆嗓音和窃窃私语的倾诉声。

　　"孩子们，你们好！"我要用最完美的形式去表现这句充满温情的话！让孩子们在亲切、自然的问候中，感受到愉快、激动、满足和幸福，使他们成为乐于接受教育的人。

一、每一个学生都是独特的

教师的眼里要有学生。再加一句就是，眼里的每一个学生应该是个性鲜明的个体，而不是一个抽象的同年龄的群体。"眼里有学生"，多么简单的一句话。然而，长期以来，我们做到了吗？我们眼里有分数，有考试，有教师的荣誉，家长的期盼，社会的需要……什么都有，而教育的主角——学生，却缺席了。真理是朴素的，但也容易被人们视而不见。

"眼里有学生"，意味着老师要放下架子，真正把学生当作一个与自己平等的人来对待。学生虽小，也有自己的人格尊严，正因为他们还是孩子，更需要我们小心去呵护、去关爱。爱是尊重、信任、理解、宽容、接纳。教师就是要通过自己的具体教学行为使学生感受到这种神圣的、理智的爱。

办公室里，常有这样的情景，教师在说，学生低头不语。

"作业怎么做成这样？"

"这道题我讲过好几遍了，你怎么就不会呢？"

"要是你认真听讲，不就会了吗？"

这是老师们常常说的话，也是埋怨学生学不会的理由。但是却没有透过这种现象去分析内在的原因。依然用统一的要求、统一的讲授、统一的作业、统一的考试对待学生，企图用一个统一的模子铸造成标准化的学生。实际上，促进学生发展的教育就是要把学生看成一个个体，而不是一个同年龄群体，每个学生都有不同于其他学生的特点，生长发育有快慢之分，个性、学习风格及家庭背景也表现出差异性。我们教师有责任发掘学生身上蕴藏着的潜能，珍视学生个体表现出的特点，从实际出发，因人而异，独具匠心，充满爱心，真正实现因材施教。

（一）溢满童心的数学书

小然是班上一位内向又颇具慧心的小女孩，常常自己画些"小精灵"独自欣赏，她很少参与课堂讨论，学习数学的兴趣不大。四年级期末的一天，她悄悄拿走了我的数学书，放学时又高高兴兴地把它送到了办公室。

　　"刘老师，我把你的书打扮了一下，你看好不好？"我接过来仔细一看，书上画满了各种小动物和小人物。这是她在用最独特的方式表达她的心意，希望我能喜欢她。我连忙夸奖她说："真想不到，你能画出这么细致的图画，配色也很和谐，可见你是一个心灵手巧的小姑娘。我想你只要用心，就一定能成为一个很出色的学生。"

　　第二天，我发现小然在作业本上写了这样几句话："因为我的数学不好，一直很怕和你说话，但看见同学们和你在一起开心的样子，我又很羡慕，我终于鼓足勇气，没想到你那样喜欢我，我想我会努力学好数学的。"这真是个欣喜的开端，我立即复信道："让我们携起手来，共同走进数学王国。你一定会成功。"

　　果然，此后小然变了，上课能认真思考，大胆发言。课后，她的家庭作业从过去拖拖拉拉做不完，到主动多做、做正确。在一次单元考试的卷面上，她写了这样一句话："自从你说我是个心灵手巧的姑娘后，我就想，一定要把数学学好，这才算是真正的心灵手巧。"可见激励是学生奋发向上的原动力。教育学不仅仅是一个词，而是像爱和友谊一样，存在于这种情感的亲身体验中——也就是说，在极其具体的真实的生活情境当中。包括静静地聆听、扬眉、鼓励地点头、拥抱、转身或面带深情凝望我们的学生，每一个动作可能都是出于教育学的意义这样做的。

　　教育学就存在于我们每天与孩子对话的情境中，教育学就存在于我们与孩子在一起的方式之中。

读书

什么是教育？一个成人做了有利于孩子发展的正确的事情。

学生渴望教师的爱就像万物需要阳光。学生只有感受到教师的善良和真诚的爱心，才愿意听从教师的教诲，才会喜欢老师，亲近老师。对于小学生而言，最容易识别的情感就是教师最直接的充满关爱的行为。

每个儿童都有一种与生俱来的、以自我为中心的探索性学习要求，这种探索性在不同的儿童身上又表现出不同的形式。因为他们各自的知识背景、家庭环境和生长的特定的社会文化氛围都不同，因而导致不同的学生有不同的思维方式和解决问题的策略。在我们面对成绩平平、上课溜号、不写作业的学生的时候，不应只是唉声叹气，埋怨老天的不公平，我们要了解学生，研究学生，多想一想"这个学生的学习风格是什么样的""他对什么有兴趣""他遇到的障碍在哪里""他有什么样的特长能够影响其他同伴"。自觉地把这种学生间的差异，看成一种教育资源加以利用和开发，直至转化为一种可贵的教育财富。

（二）看小人书的丁丁

数学课上，丁丁又把头埋到了桌子底下，不用说又在看小人书了。

"丁丁，请你回答第 3 题。"

"我早知道，这道题的答案是 18……"丁丁头都没抬，快速地回答并解释答案。

这个天资聪慧的丁丁，接受能力真快，我不该惊扰他，接着讲我的课。下课了，我和丁丁在走廊里遇到了。

"丁丁，上课能听懂吗？"

"小意思，刘老师，我告诉你，你讲的我都知道。"

"上数学课有意思吗？"

"有点儿没意思，我都会了。听着听着我就想看小人书了，于是我就看。"丁丁不好意思地笑了，露出小虎牙，十分可爱的样子。

面对这种情况，我没有责难他，而是专门为他设计了一套超前学习方案，并主动把《数学的足迹》《生活中的数学》等课外读物借给他，很快将他的兴趣引导到学习上来。后来，每节数学课，都可以看到那个积极思考、主动学习的丁丁了。有时下课了他还缠着老师问这问那。平时，他跟数学研究会的同学们一起，组织大家攻克思考题，开办数学讲座，逐渐成为我上数学课得力的"小助教"。

正是在这样一种包容的环境中，丁丁越来越喜爱学校，在课堂上常给我们带来奇特的想法，更可贵的是每节课他都能针对学习的内容进行质疑。他对知识的强烈渴求也慢慢地感染着每一个学生，在他的带领下，孩子们居然在教室里创设了以"我的数学"为主题的交流台，成为大家交流作业、发布信息、展示作品的一个属于他们自己的空间。我和许多老师都曾被邀请，去领略孩子们对数学强烈的爱好和独特的理解。

我们眼中常把学生的差异停留在兴趣、爱好、行为个性和性格上，关注的是学生成绩的好坏，很少去想一想"这个学生的学习风格如何""他是一种什么类型的学习者"。因此，教师必须明白：研究学生不同的学习风格，才是把差异转化成财富的有效手段。通常一个班里有 45 个学生，就是45 个不同的个体。他们在学习同一个知识时，敏感点不一样，有的学生擅长听讲，即听觉型，有的是视觉型，有的是动手操作靠形象思维型。教师只有在充分了解学生的这些特性的基础上，采用多种综合的教学方法，才能收到好的教学效果。

（三）有减法的加法表

小飞，个子不高，对数学有着少有的痴迷。有一次，学过加法表之后，我让学生自己再创造一个与书上的不一样的加法表。每个学生都结合自己的理解制造了一个自己的加法表，虽形态各异，但都能很好地把学过的加法算式整齐地罗列，看得出他们对这项作业很感兴趣。小飞高兴地拿来一个新的加法表给我看，他解释了半天，我才听懂这是一个加减合一的表，我怕别的学生看糊涂了，就小心地向他建议："你能不能把它们分开写在两张纸上呢？""不，这是很妙的。"他说着，就把它贴在了教室的玻璃上，一脸的自信、自豪。

下课了，我看到在他的加法表前站了许多人在欣赏。小飞在详细地给同伴介绍他的加法表的功能，听着小飞的滔滔不绝，看着其他学生认真地点头，我忍不住凑过去听。我发现有的同学在提问，小飞在解释，问题相当有深度。小飞得意地看了我一眼，我明白我的担心多余了，大家都能看懂小飞的有减法的加法表。在最后的评比活动中，小飞的加法表获得了最佳创造奖。

"不，这是很妙的。"多么富有个性的回答，从中折射出他对数学知识独特的理解，我应该保护他的这种精神，于是我们班就有了每周一次的数学讲坛，专门让学生来介绍自己的学习经验和发现的一些有趣的数学问题。

正视学生间的差异，其内涵就是要包容这些独特的个体，关注他们的个人体验，学会把差异转化为财富。当今，我们崇尚创新，就是要营造一种和谐、宽松的学习环境，使学生们能自由地发表自己的见解。往往那些有创造性的，在普通人群中常常表现出与众不同行为的人，不被人理解，甚至遭白眼。教师如果能真心地尊重学生的差异，则可能成为一名"慧眼识珍珠"的高手，培养出具有创新、创造精神的人才。

（四）爱是什么?

人们常说"有爱才有教育"，那么教师对学生的爱是什么，教师的爱又表现在哪些地方呢? 爱就是尊重。每个学生都是有自己的思想、情感、上进心的人，他们都有灵性，需要教师去唤醒。尊重，就是让孩子感到无论何时，无论做了什么事（对的和错的）都能体会到自己在教师心目中的重要性。当他做了一件值得夸耀的事后，在得到教师真诚的赞美时，有决心说"下次我还会这样"。当学生做了一件"不光彩的事时"，在看到教师与他一同承担责任时，为他自己和自己的行为感到内疚，进而唤醒他向上的自尊。

爱就是理解。当孩子在表述自己的想法时，教师应能及时从中捕捉有利的信息。即使吞吞吐吐，也要从中读出孩子真实的思想，并加以说明；当学生因为烦躁而不守纪律时，教师应理解他此刻的心情，并给予及时的安慰，使之归于平静；当学生因为过于兴奋而情不自禁时，教师应予以欣赏，而不是"不许"。区别这两种情况，就在于教师对孩子的言语、动作的理解程度，理解就应宽容。做教师的，往往恨铁不成钢，对于学生暂时表现的无知，过多的是责备，然后是希望下次如何如何。学生在教师这种过于"负责"的教育中，渐渐失去了自我反省的能力。所以我们说，教育不但是教真、善、美，更是教人求真、求善、求美，"自省"是"求"的必由之路。

爱就是接纳。没有一个父母或教师喜欢自己的孩子或学生在学习上是粗心的。

但我们不曾想到一个在学习上很粗心的孩子，往往也是心地宽厚、遇事不往心里去的孩子，而一个在学习上很细心的孩子，往往也可能会是一个爱斤斤计较的孩子。每个学生都是独特的，都有他突出的一面，所以我们在接纳我们的学生时，首先要看到他的特质，肯定他的本相，而不是一味按成人的希望去要求孩子做一个和他自己的本相不相符的人。在评判一个孩子时，我们习惯的标准是学习的成绩，即所谓分数。至于他性格上是否有爱心，是否有责任感，是否合群乐观，则显得微不足道。我们常拿成绩进行学生间的比较。接纳一批人，排斥一批人的教育是没有爱心的。同样，拿一个孩子的缺点，去和另一个孩子的优点相比同样是很不公平的。接纳，就是要淡化学生间的比较。

　　爱是教育的基础，是教育的希望，教师对学生的爱是师爱之情自然地流露，来不得半点虚假与做作。要尊重、理解、接纳每一个学生！

二、每一个学生都是重要的

　　当我面对又一批新学生时，我精心准备的第一节课的内容，就是向他们做个自我介绍，介绍我和我过去的一些学生，同时鼓励他们可以向我提任何问题，我期望用这种方式建立起我们彼此的信任。我要尽快地认识并了解每一个学生，让他们明白我非常地爱他们，一直渴望见到他们，我们将要在一起生活六年。当我亲切地呼唤他们每一个人名字的时候，孩子们用惊奇的目光望着我。我让孩子们感受到每个人在我心中都是重要的，孩子们开始向往并憧憬学校生活。与此同时，孩子们充满信任和期待的目光，让我感到我肩上的责任有多大。

在最后的几分钟里，我会和孩子们一起讨论这样一个问题：在你的生活里，今天发生了什么重大的事情？

"我很高兴老师记住了我的名字。"

"我们也记住你了，你是刘老师，教数学的。"

"我喜欢一年级（1）班，我喜欢刘老师。"

"我开始喜欢上学了。"

"我喜欢学校，学校是我们自己的家。"

孩子们在用自己的声音传达他们上学的喜悦、对老师的爱。我想，教室是一个没有生命的物质空间，而我和我的学生将要用心去交流，使这个空间充满爱心、信任、理解和包容、灵性和活力。

每一个学生都是教师生命中重要的细胞，不同个体的学生会给教师的生命增添不同的色彩，教师要做的就是让每一个学生感受到他在你心目中是重要的，让我们充满爱心地走进每个学生的心灵，让学生在"我是重要的"信念中积极调整自己的学习行为和心理状态，逐步成为一个有健全人格的人。

这就是教育的责任！

（一）学生＋朋友＋小女

雯雯报名上一年级时比其他儿童小一岁，参加学习能力测试，连测 4 次。校长终于耐不住家长的软磨硬泡，答应收下这个孩子。我在旁边看见了，心想如果老师的关心不足，她很容易形成自卑感，与别的孩子拉开距离。于是，我对雯雯的父母说："让孩子到我的班里来吧！"

上数学课时，有一课的内容是让学生们把同类物体用一个圈圈起来。雯雯年龄小，理解能力弱，不会圈。我就先画个淡淡的痕迹，再让她描成圈，帮她理解为什么这样圈。下课了，我边帮她梳理乱乱的头发边对她说："刘老师多么希望看到一个功课好、有信心、自理能力强的雯雯呀！"小姑娘被深深地打动了，学习特别用功，经过一段时间以后，她多科成绩都突飞猛进，还通过竞争当上了生活委员。这个以

前总受到同学们关照的小妹妹也学
会关照别人了。

　　我们最常说的一句话就是要尊
重学生，尊重意味着信任、理解、
宽容和接纳。教师要充分地重视、
欣赏每一个学生，耐心倾听他们的
意见，接纳他们的感受，包容他们
的缺点，分享他们的喜悦。细心发
现他们遇到的困难并给予切实的具
体的帮助。

　　凡是缺乏爱的地方，学生无论品格，还是智慧都不能充分地或自由地发展。

　　教师的爱像春风拂过孩子的心灵，在孩子幼小的心灵里荡起了层层涟漪。孩子
们也以自己特有的方式表达对老师的挚爱。教师节，我的办公桌上堆满了孩子们送
来的贺卡，其中一张精美小巧的贺卡上印着银装素裹的山峦，矗立着挺拔的雪松，
上面叠印着一首小诗：

<blockquote>

也许时间将冲淡一切，
也许岁月会腐蚀记忆，
但你在我心中的地位，
永远不变……

</blockquote>

　　贺卡背面写着：

刘老师：
　　虽然您不教我们了，但您在我心中的地位永远那样。
　　祝您工作顺利！
　　学生＋朋友＋小女＝雯雯

　　"学生＋朋友＋小女"，她居然用一种数学的方式，提醒我和她的友谊。这是学

生对教师的爱多么纯真的回报！学生发自内心的呼唤是多么的与众不同！这种表达方式揭示着师爱有着多么博大的胸怀，又有着母亲细腻的慈爱，还包含着平等的伙伴式的友爱。关爱每一个学生，把每一个学生都看作重要的，不冷落、不漠视，诚心诚意地帮助他设计成长的道路，满腔热情地鼓励他一步步向前发展。

这就是教师的天职！

（二）"让他打队牌吧"

小兵是个特殊的学生，由于先天的原因，他的动作极不协调，走路歪歪扭扭，磕磕碰碰，行走都很困难。他妈妈为难地对老师说："给您添麻烦了，凡是集体活动都不要让他参加，免得拉班级的后腿。"

小兵妈妈的话让我心酸，我开始关注小兵的一举一动：课间活动时，他形单影只；体育课上，他呆坐在教室里；集体活动时，他纹丝不动。但是，从他的眼睛里我读到了一种渴望，渴望和伙伴们在一起。那种渴求的目光让我寝食难安，我自责自己忽略了他。

机会终于来了，学校要举行广播操比赛，我决定让小兵参加比赛，小兵很兴奋地为比赛的事情忙碌着，表现了少有的热情。练习广播操时，小兵十分用功地做着每一个动作。但是，由于身体的原因，他在队伍中显得很不和谐，他满头大汗，却总也跟不上节奏。大家成立了互助小组帮助他，却收效不大。同学们开始放弃了，只要小兵一出现在队伍中，其他同学就开始不满。敏感的小兵意识到了什么，开始逃避，如一朵枯萎的花一样没了生机与光彩。

我和同学们沟通，希望大家给小兵一个机会。他们说小兵会让我们班得倒数第一的。为了班级的荣誉，我也妥协了，去和小兵谈心，希望他能理解，他的默默无语使我心中压着一块巨石。我常告诉学生，你们都是重要的，都是刘老师的好朋友，我的心中给你们每一个人留着一个位置，我会永远装着你们。小兵的位置在哪儿呢？

"老师，让他打队牌吧，打队牌的学生不需要做操。"班里的同学从我的眼光里读出了焦虑，他们也在想办法，在老师的影响下，同伴友爱之情唤起，"我们与你同成长！"当我们把想法告诉小兵时，小兵笑得那么开心。比赛那天，小兵举着队牌和大家一起笔直地站在队伍的最前列。虽然整个场上只有我们一个班有队牌，但是小兵举得是那样的认真，他一动不动，端端正正地举着队牌，小脸涨得通红。

从此以后，孤独的小兵没了，开朗的小兵活了。

有时，我们教师还是被功利的思想所包围，而不经意间忽略某个学生。试想，是小兵的发展重要，还是广播操比赛第一名重要？小兵是班级中的一员，我们没有理由放弃他。"队牌"救活了小兵，也让我经受了一次教育的洗礼，那就是：不要轻言放弃，每个孩子都是重要的！

"这些重要的孩子"重要，他们之间的友情互助更重要，学生正是透过教师对待每一个学生的态度，理解着人生、友谊，理解着包容、谦让，理解着宽厚和友善。

这就叫身教胜于言教！

（三）每天面对这些重要的人

为了给学生提供更多的表现自我的天地，学生的作品可以随便贴到教室的里里外外供人欣赏。我们的教室里三三两两地挂着学生的作品和代表每个人成长情况的苹果树，然而仅做到此还不够。应该设法使学生体会到："我是重要的""独一无二的我"。

假如，昨天某个孩子没来上学，今天来了，我会夸张地说："嘿，你昨天怎么

与学生们在一起

了？我们都想你呢！"

　　假如上课了，某个孩子迟到了，我又会关心地说："你可来了，我们正为你担心呢！"这些话虽很简单，但会令孩子心里暖洋洋的。因为他感到自己是重要的，同时也会暗下决心：下次无论如何不能迟到了。

　　假如，一上课，孩子有问题先问老师，我会耐心地听他讲完，再细心地做些解释，直到他满意地坐下。如果需要放到下课后才能继续解答，也会和缓地告诉他，还有比这个问题更重要的，那就是大家共同关心的事。

与学生交谈（1996 年）

　　假如别的孩子都做好准备上课了，有个学生还在说话或玩自己的东西，我会和大家一起等他，直到他醒悟。我不会责备，只有善意的期待："没关系，我们都会等你。"孩子听了脸一红，很快地投入学习，因为他明白在大家心中自己是重要的。

　　假如，某个学生近来学业不佳，我会主动询问："你有什么困难，让我帮助吗？"假如他还不愿与老师说，我会主动地帮助别的同学，并告诉他："老师随时等着你。"孩子听了，感动得直点头，因为他体会到在老师的心目中自己是最重要的。

　　对每个孩子不分厚薄的关注，使班上每个学生都充满自信。正像面对小飞创造的那个加减合一的表，我因怕别的小朋友看糊涂了，小心地向他建议："你能不能把它们分开写在两张纸上呢？""不，这是很妙的。"他说着，就把它贴在了教室的玻璃上，一脸的自信、自豪。我应该保护他的这种精神，于是夸赞地拍拍他的头。

这就是我那些重要的学生！

每天面对这些"非常重要的"、自信的、成功的人，我感到工作有些"吃力"又无比喜悦。使每个学生无论何时都能认为自己是重要的，在老师心目中是有位置的，这恰恰需要教师的一种教育技巧，一种教育机智。

三、每一个学生都渴望成功

当学生站起来不会回答问题时，你怎么办？

第一种："怎么不注意听呢，站一会儿，听别人怎么说。"

第二种："谁来帮帮他呀，这回会了吗，会了坐下吧，以后要好好想想。"

第三种：学生如果不会，就对老师说，"对不起，我忘了"或"对不起，我还没想好"。然后坐下去就是了，也不用谁来帮他。

第四种：如果学生站起来说错了，老师抓住这个机会，引发课堂辩论，让这个学生和其他人充分发表意见，问题弄清之后，老师说："想一想，是谁的问题引发了我们精彩的讨论呀？噢，是他。来，我们一同谢谢他。"

显而易见，第四种处理方式才是真正的关爱学生、尊重学生。因为在课堂上，学生无论说对说错，都是他对创造丰富课堂生活的一份贡献，我们要尊重每个孩子，尊重他的课堂感受，尊重他的思维习惯，甚至尊重他的迟钝（理解力较差），使其在民主讨论的良好学习氛围中，树立起学习的信心。

教师有责任帮助每个学生走向成功！

（一）举左手的小男孩

那是在我教二年级时，有个学生，课上举手很积极，却不会表达，有时答非所问，有时结结巴巴。每当他红着脸，一吐舌头，懊丧地坐下，我真替他着急，也为自己的判断和粗心自责。教师的本能驱使我走近这个孩子。

"是不是站起来有些慌张？是不是对这个问题没有很好地思考就举了手？"他红着脸点点头。

我又问："是不是认为不举手，怕老师说你不认真听，为了表示自己认真听了，不管想没想好，不管会不会都举手？"他难为情地笑了。

"有时候觉得您不会叫我。"

"那没答对时，心里又是怎么想的呢？"

"很难过，还不好意思，不过有时是想好的，又担心您不叫我，一高兴站起来又忘了。"

原因了解清楚了，我们能说这个孩子不诚实吗？我们能说孩子笨吗？都不是。我看到了孩子那份渴望上进的、可贵的、稚嫩的童心，我有责任帮助他体验成功。我说：

"你想不想站起来就能说得很好？"孩子的眼睛一亮，说："非常想。""那我们就约定一下：当你对某个问题十分有把握时，就把左手高高地举起（一般发言都举右手），老师就知道了，这时一定会请你发言，你如果没想好，又想举手时就举右手，刘老师会请别的同学发言。"听了我的话，孩子怔怔地看着我，流下了眼泪，边哭边说："刘老师，谢谢您的信任，我一定好好学习。"由于师生间有了这种默契，恰当地保护了他的自尊心，在以后的日子里这个小男孩学着调整自己的行为，课堂上不时地举起左手或右手，我们合作得很好，逐渐地他坚定而又自信地举左手的次数越来越多了。

在我心中，我相信每一个学生都能成功，我要带领他们走向成功。无论是课前组织大家做准备、发作业、做题目，还是与高年级的大哥哥、大姐姐交往，每一项带有挑战性的活动，我都要对他或她说："试一试，你行。"一旦他试了，不管成功与否，老师都给予肯定和鼓励，使孩子们能感到英雄般的成功感。

对学生来说，可贵的是对待学习的积极态度；对教师来说，最可贵的教育思想就是帮助每个孩子走向成功。

（二）积极的等待也是教育

我与学生相处中，时刻注意着一个问题：不忽略任何一个学生，帮助他们成功。

因为老师常常会有意或无意地忽略某个学生。每接一个班，我尽量避免这种情况发生，因此许多孩子课下愿意围着我问这问那；走在校园里，老远也能跑过来向我问好。他们丝毫不怕我，很愿意和我亲近。但是也有个别性格内向的学生有意或无意地躲着我，一周内和我说话的次数很少。所以，我要有意和主动地与这些学生保持接触，努力促使他们健谈、开朗……

在我的班上有一个性格内向的小姑娘，两年多来主动和老师讲的话加起来没有十句，做起事来也慢吞吞的，因而常常显得缺乏自信。对她的教育，我的基本观点是"暗示与期待""鼓励与帮助"。比如，当她动作慢时，我常会说："你要再快点儿多棒呀！"当她孤独地站在一边时，我会说："我真希望看见一个快乐的小姑娘！知道吗，你一笑是很可爱的。我特别爱看你笑时的小脸。"当她在课堂上偶尔举手发言时，我会鼓励她，祝贺她。就这样，小姑娘渐渐地活泼开朗了，学习主动性也随之增加。虽然她仍比别的孩子动作慢，但可看出她已经尽了很大的努力。一次数学单元考试，她考了99分，下学后她特意跑过来说："刘老师，你对我的学习还满意吗？"从这句话中可以看出"期待与暗示"所起的积极作用，也可看出教师的真诚关怀对她学习上产生的激励作用。

小月幼时常生病，比较娇惯，自然也就养成了怕苦、懒于动手的习惯。他上学后，对语言和符号的理解能力也比同龄发展迟缓，随着年级的升高、知识的增多，在学习上的困难越来越多，好在学习兴趣不减，只是常常做不对题，碰钉子后放弃努力。所以，对他的指导除了面对面的具体辅导外，要求他做作业也往往比别的同学做得少一些、简单一些，方法笨一些也没关系，使得他对上学、对班级生活、对学数学、对老师始终保持着积极的态度，逐渐地他开始独立自信。

人常说，江山易改，禀性难移。意思是改变一个人的性格是多么的不易，但教育的育人功能就是要帮助学生改掉那些不利于自己发展的性格，塑造优良、积极的个性，从而取得成功。

对待学生的问题，等待是一种爱心的表现。对于接受知识较慢的孩子，如只是训斥，只是急于求成，学生会在这种训斥的紧张气氛中不知所措，更谈不上学习了。其实，等待就等于给学生一点时间，让他们对自己有个反思的过程，这一点时间可能会很长，但老师要有足够的信心，经常给他们及时的帮助，给予积极的鼓励，善意的"批评"，那么，学生会在这种等待中慢慢地调整自己，使自己变得更优秀、更自信。因为他对待学习的热情比一个好的分数更重要。

我们要"学会等待"，"积极的等待也是一种教育"。因为学生的成长是缓慢的，有一个从渐悟到顿悟的过程，就像一层窗户纸，也许某一天一捅就豁然开朗了。

"留得青山在，不怕没柴烧"，孩子积极向上的热情就是我们要时刻着意保护的"青山"。做老师的无权挑选孩子，所能选择的是自己的教学方法。每个孩子到自己的班里来，无论他聪明伶俐也好，暴躁顽劣也好，都是班级里的一员，都要从内心接纳他。

老师的爱，应超出那种原始的爱。学生是渴望进步的、需要帮助的，这种帮助需要教师的细心和耐心，去呵护孩子们幼小的心灵。用心与学生交流，重要的是教师在每一阶段的等待中，都要让学生完成自己特定的发展目标。

（三）被遗忘的角落

虽然我们知道每个孩子都渴望成功，但不经意间往往又会忽略某些人。观察我们的课堂，总有一部分学生处在被教师无意中"遗忘"了的角落。他们常引不起老师的注意；回答问题，上讲台板演等课堂教学活动，很少轮到他们。这就是我们说的教育"死角"。这种"死角"一旦形成，必然影响这部分学生的积极性，长期得不到关注，会逐渐导致他们懒于思考、缺乏兴趣、远离同伴、厌恶课堂，严重的还容易形成冷漠的性格。而造成这种"死角"的主要原因，是教师缺乏面向全体学生的教育观，还有教师的认知的偏差。所以，我们要内省，随时反思"我在教学中有无认知偏差"，"有没有重视一些人，而又遗忘了另外一些学生的感受"。及时发现有无教育死角，采取措施防止教育死角的出现。

小烨、小岩在班里属于被忽略的角色。我力求自己的教学没有"死角"，并为消除"死角"做了许多教学之外的工作，我要让每一个学生都感到我在关注他们。现在他们的发展水平也证明我这样做的效果是非常好的。这些学生，自有他们的可爱之处，我力图用语言交流的形式，让他们感到老师不仅关注他们，而且还爱他们。

"小烨，每节课你总是默默无闻地听老师讲课，听同学们发言。虽然你很少发言，但老师知道你也在积极思考。因为从你的作业中，我看见你牢固地掌握了数学知识，运用得也很灵活，说明你的思维很有条理，学习态度很认真。刘老师希望你试一试，在与大家的辩论中，在与大家的交流中，你会发现另有一番天地。"

"小岩，由于你自身不断地努力，四年级的数学你学得越发轻松自如，不仅理解得好，还能灵活运用。尤其让老师高兴的是你的作业开始整洁了，思考问题的方法也比较严密细致了，你的性格也开朗了。继续努力吧，我们会发现一个更可爱的小岩。"

我用心地和每一个孩子交谈。将我的感受、期望融入字字句句中，我们用这样的书信交往，同时约定课堂上用什么样的眼神交流，使他们不因性格问题而失去更多的投入学习的机会，不因我的疏忽，使他们感到孤独。

一个学生一个样，在与孩子交往的过程中，我都时时刻刻注意提供机会，让他们能够主动地参与一些活动，或在看到别人积极投入一项活动而带来喜悦时，产生"下次，我也试一试"的愿望。在面对这些"不一样"学生的时候，我体会到了做教师的价值。

（四）要尊重孩子的无知

记不清这是哪位教育家的名言了，但它却一直深深地、时时地反映在我的脑海里。

初入学的学生面临读、写、算这些必须要学习的任务，某些孩子把它们看成一种困难，那样无趣而又无奈。他们在课堂上费力地辨认数字和字母、文字，老师和家长还常常在一旁不断地"鼓励"——"上课要好好听，多用心，你就会了"。可是要"用心学"对一个七八岁的孩子来说多么不容易。亚、澎、琛、萌、迪几位小朋友在课堂上是那样被动，而又不得不装出一副认真学习的样子，我在为他们难过之余，更多地思考自己的教学方法，使之有所改进，能够唤起他们的兴趣。尧——一个爱动又固执的孩子，对老师的语言理解起来那样吃力，非第二遍单独予以指点，

在安阳人民大道小学（1992 年春）

他才如梦方醒飞快地书写作业。我们不能要求所有学生都像那批出色的孩子那样，上课全身心投入，对什么事都很敏感、又有兴趣。可以说这样的孩子善"教导"，而教育的真正功力在于转变那些不善"教导"的学生。

开学至今，我竭力转变并用心去吸引所有的学生，渐渐地"上道"的学生越来越多。但紧接而来的是考试。要考试必定有分数，怎样巧妙地运用分数呢？

从学校生活的最初日子起，在艰难的学习道路上，孩子面前就出现一个偶像——分数。对于有的孩子，它是和善的、宽容大度的；而对于另一些孩子，则是严厉的、铁面无情的。为什么这样，为什么袒护一个人，而折磨另一个人，孩子不理解。因为，七岁的小孩子还不能理解分数要取决于自己的劳动，取决于个人的努力。如果突然得了一个不好的分数，只会让他感到茫然失措。分数应当是奖励勤奋的，而不是惩罚懒惰和懈怠的。所以，老师的教育机智就是要让孩子任何时候都不失掉信心，都不使他感到自己什么都弄不好。

学习的过程总是伴随有一定的困难，试图把困难从教学的过程中排除掉，是不可能的。

知识的学习应该是严肃的，也正是学习的这种严肃性，才可能使儿童全神贯注，使儿童注意力持久稳定。教育的首要目标应当是使严肃的事情变得有趣味，让学习变得乐趣横生。发展在于克服困难，而克服困难本身像学习一样，是不能强迫的。在强迫儿童学习的情况下，他们的学习积极性很快就会被扑灭，容易的学习任务也会变得困难起来。

学生必须完成作业，必须养成认真思考的习惯。教师的艺术就在于让学生体验到"这是我自己选择的"。如果学生的学习愿望与教师的教学意图吻合，教师建议的学习活动为他们乐意接受，并感到是自己选择的，他们就会不怕困难、竭力去克服困难，在克服一个个困难的锻炼中，达到真正发展的目的。

四、每一个学生都需要尊重

在老师的眼里，学生是小孩子，因为是小孩子，就有了"人前教子"这一说法，也正是这一说法的长期存在，使得我们把不分场合的批评学生视为正常。

在学生眼里，我们是老师，因为是老师，就有了"教不严，师之惰"的说法，也正是这一说法的历史悠久，使得我们把严厉（有时是痛斥）批评学生，视为合理。

在这些正常、合理的时候，我们忘了给学生"留点面子"，忘了给学生留一个自我反思、改正的机会，也忘了学生是跟我们一样的"人"。

学会做人，这是许多教育类的文章都提到的一句话，我们教学生学会做人，应该首先把学生当作"人"。

其实，我们每个老师都曾有过成功的教育案例。细细品味我们的言行，成功的重要因素恐怕都离不开那份学生因"被尊重"而产生的感动吧。

近来人们都在讨论该不该惩戒学生。我想重要的是，教师的教育行为是否建立在人与人相互尊重的基础之上，是否给了学生充分的尊重和信任，而这些才是成功教育的基本前提。

其实每一个学生都需要尊重，需要老师的尊重，也需要同伴的尊重。

教育应该具有包容性，而不是排斥性。

尊重学生意味着宽容、信任、理解和接纳。学生行为的背后在很大程度上意味着他是无助的、缺乏经验的，可能经常犯错误，也许是重复犯错误的。当面对这些行为的时候，教师一定要充分地信任学生，给学生一个自我反思和教育的空间，学生会不断地回报你一个惊喜！

（一）你是我的财富

课间，小茹塞给我一张小纸条，纸条上写着："老师，我是你的包袱，你以后不用为我操心了。"我拉着她的手忙说："孩子，你不是我的包袱，你是我的财富，你天天让我发现自己的不足，我还要谢谢你呢！我们继续努力，好吗？"她惊奇地望着我，点了点头。

小茹是个语言天赋很好的孩子，可是在数学学习上却有障碍。写作业的时候都是用手捂着，她的作业从来不让我批改，不愿意上数学课，每次数学课对她来说就是一场灾难。为了消除她对数学的恐惧感，我首先允许她可以不上数学课，继而允许她在数学课上可以干别的事情。慢慢地，她愿意走进数学课堂了，我马上抓住这个机会，在上数学课的前1分钟，让她给大家讲一句英语，数学课上有了她展示舞台的1分钟，她也能体验到成功了。这种不是数学带来的成功感觉，使她对数学课有了一点自信。

接下来是对作业的处理。她的作业每天都是特别留下来做的，要比上课的进度慢得多，一些作业是我和她一起完成的。对于她做错的作业，我先画一个圈，等我们俩一起改对后，我再加上一个花瓣，表示奖励。这样的过程很长，耐心的期待中，小茹也曾出现急躁的心理，希望自己给刘老师考出个好成绩，怕辜负了老师的信任。于是就有了她的小纸条。

呵护中要有期望，在小茹能自己完成一些基本的计算题目时，我尝试着让她自己完成作业，虽然错题不少，但是每次我都给她的作业批个大大的"优"字，期望她不再害怕写作业，同时也期待她在数学课上能举手发言。终于，她有了这种欲望。一次课间，她悄悄地告诉我，她想回答第三题，因为昨天在家里预习了，她还让我帮她看看做得怎么样。我和她一起修改好题目。在上课的时候，她站起来回答问题，全部都对了，全班的同学给她鼓掌。这样的体验对她来说是多么不容易呀！

现在，她是我得力的数学小助手，自信荡漾在她的脸上，每当下课铃响起，她总是冲到教室门口，用身体堵着不许下课。

我想，每个学生都需要来自教师和同伴的理解和尊重，学习困难的学生同样有这种欲望，只不过他们把它深深地埋在心里，甚至不敢让它发芽。长此以往，这种想法会越来越弱，直至消失。教师的一个重要任务就是发掘这种萌芽，然后创造适合的土壤，让它发芽并逐渐把根扎下。

我们看到每个孩子都是一个特殊的个体，都需要充分的尊重、信任和关怀，只要给他提供思考、表现、创造的机会，他最终就能获得成功。是啊，作为一个学生，还有什么比得到老师的"尊重、信任和关怀"更让孩子开心上进呢？

（二）少用一些责备的语言

我们经常看到这样的情景：早晨或下午，老师来到教室，检查家庭作业，而总是有某个学生不带作业本，某些学生没有做完，或写得潦草。教师因此而批评懈怠的学生或全班。责备生气的语调，绝对的语句，都会对儿童产生消极的影响，以至于影响着学生和教师本人一天的情绪。

再如课堂中某个学生没答对问题或上课跑神儿，说话乃至影响着课的正常进行。常见的是教师高声地呵斥，用蛮横的态度来阻止，以图能够按照自己的意图行事，其结果不外乎情绪的反弹——更糟糕或情绪消沉——丧失了学习的兴趣和积极性。

有经验和注重人文关怀的老师，是这样进入情境的：耐心地等待学生准备好作业本和书，如果仅有两个人没完成作业，就与这两个学生个别谈话，而不训诫全班。

努力用有趣的作业吸引孩子们，用平静的、不偏颇的语言，尊重的语言提示学生。在这种宽容、宽松的气氛中学生自会随之调整自己的行为，以达到我们的目的。

学生的学习成绩和教育效果在很大程度上取决于教师怎样与学生说话，怎样理解他们，怎样引导和评价思维活动。

同一班的学生在不同教师的课上的表现不一样，这样的情况屡见不鲜，其中一个重要的因素也是由于授课的言语表达质量造成的。教师的深厚情谊，善解人意的话，对于"难教"儿童起着很大作用。

有的教师课堂上"为什么"连声问个不断。我想能否变一种提问方式，"你是怎么想的？""能把你的想法说给大家听听吗？"因为前者学生处于教师的对立面，以回答是否正

在河南省实验小学（2001 年 3 月）

确为主要依据，后者教师是学生的倾听者，更关注学生实际的想法。如果试图让所有学生承担学习的责任，可鼓励"谁愿意讲给大家听"，而不是"谁能讲给老师听"。当学生百思不得其解时，可说"老师这儿有一种解法，你们看行不行"，而不是"看黑板听老师讲"。作业批改更强调语言的艺术而不是简单的"√"与"×"。我常结合不同的情况给予不同的评价："好极了""真棒""没想到你又为大家带来一份惊喜""我知道这些题你一定能做出来""你能讲讲是怎么想的吗"，等等。

言语——教育交往的主要手段，也是学生感受教师关怀的主要途径，在有内容、充满感情的言语帮助下，教师不仅能激发学生的思想和情感，保持学生对所学科目的浓厚兴趣，而且还能帮助学生形成他的各种不同的经验。为在班级创造令人愉快的环境，让学生接近自己，教师最好经常用鼓动性的和有情感色彩的话语，把说一不二的要求减到最少。让学生体会到，他们的感受、想法比你的命令更重要。

（三）没必要追问是谁

上课了，我走进教室，看见几位同学正围着小杰逼问，我关切地询问是怎么回事，原来是钱丢了，他们怀疑是小杰拿走的。我听后，淡淡地对大家说："再去找一找。又没出教室，说不定掉在哪个角落了。"大家又仔细地在丢钱的地方找了找，还是没有。

快下课了，师生一起就这个问题展开了讨论，我说："钱虽然丢了，但我们不能丢掉人与人之间的相互信任。大家不妨分析一下钱究竟哪去了。"有的同学说："故意拿钱的可能性很小，因为我们是实验班的学生。"还有的说："钱就在小真身上，要从她身上拿走，也没有那么高的技术。"还有的说："即使是某同学拿走了我们也不应逼问，要信任他。""是呀，大家分析得有道理。"我接过话茬说："无论如何，我们首先不应丢掉相互间的信任，也许丢钱的同学忘记放在什么地方了，以为丢了，也可能是某位同学看见了，当时一念之差，捡起来装在自己身上。如果是这样，他一定正为自己的所作所为懊悔呢！我们更应给他一个机会。"听了我的这一番话，大家不由得点点头表示同意。

下课了，只见小雨跑到讲台上，说："找到了，找到了。"果然，这10元钱塞在讲台下面。出乎我意料的是，很多人仍不约而同地猜是某某干的。我和颜悦色地对他们说："还有必要追问是谁吗？这位同学已经用行动回报了大家的信任。如果再猜疑，我们就对不起他的这种行动。我们应庆幸、欣慰，为我们班有这样一位知错就改的同学高兴，愿这个谜永远珍藏在我们心间。"

一场风波就这样过去了。通过这件事，教师、学生都深刻地体会到，"信任"是人与人交流的基础，失去这个基础，一切美好就都失去了。尤其做教师的，更应信任学生，诚心诚意地为有这样能及时改正错误的学生而感到欣慰。

在一次征集楼内标语的时候，学生们再次提起了这件事，人与人之间的尊重与信任是每个人最大的感悟。从此，在走廊上多了一条学生稚嫩的美术大字：宽容、理解、信任、接纳。

什么是尊重，这就是尊重的内涵！

（四）珍视学生的独特

珍视学生的独特性和培养具有独立个性的人，是我们对待学生的基本态度。孩子说谎话怎么办？是立即揭穿他，还是延缓一下，让他自己去反省，从中悟出做人的道理？我赞成后者。因为对于学生来说，成长的过程就是一个犯错误和改正错误的过程，关键是教育的方式方法要得当。教育者要留给学生自我修正的机会，让学生在这种人生体验中养成良好的品德。

尊重儿童蕴含着这样一种信任，即对儿童最终掌握知识的能力和行为充分信任，并坚信他们能积极主动地学习各种必需的技能。因此，应为儿童创设参与学习的材料，放手让学生自己去获取知识，自己去解决矛盾。即使有时走了一些弯路，也要坚信儿童有能力来调整自身的行为和进行自我评价。允许并鼓励他们独立地自我思考、决策，自己解决问题和自由表达他们的思想。教师要着意于这种能力的培养。

教师要容纳学生的一切，包括学生的缺点和错误，给学生成长的机会。创造条件，吸引儿童参加到各种各样的学习活动中去，让他们自己去获取知识，经过观察、研究得出结论，自由表述自己的思想和意见。只有这样，他们才会兴致勃勃地学习。

我们的每一个细小动作都能改变学生。学生虽小，但也有自己的人格尊严，正因为他们还是孩子，更需要我们小心去呵护、去关爱。真正的教育是建立在尊重与信任的基础上，建立在宽容与乐观的期待上，存在于人与人心灵距离最短的时刻。教师要有耐心、信心与爱心，要承认差异，尊重学生。爱是尊重、信任、理解、宽容、接纳。教师就是要通过自己的具体教学行为，使学生感受到这种神圣的、理智的爱。

在今天，学生接受信息的渠道越来越宽广，形式越来越多样，教师仅凭自身拥有的教育教学资源显然已无法满足学生发展的需求，这就要求教师要把持教育思想的开放性、保持宽容的心态，不把自己的意见、观点和思维方式强加给学生。

作为一名教师，任何时候都要坚持以正面引导为主，要用宽容的心态容纳孩子的某些过失。

教育应是一扇门，推开它，满是阳光和鲜花，满是宽容和信任。它能给孩子带来自信、快乐和勇气，这样的孩子，将来长大走向社会才是一个勇于承担责任的人。

我追求的教学

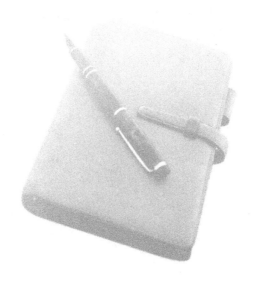

我期望看到这样的课堂景象：学生与教师共同围绕一个问题，自由地表达自己的想法，同学之间表现出彼此的尊重与友善，有时他们会为自己奇特的想法情不自禁地欢呼。

　　在这里我首先会想到，如果课堂上的教育环境能使学生的课堂生活变得生动有趣和充满激情，他们就会喜欢上课。

　　因此，我还会想到，学生比我们聪明，我们必须把他们的聪明与我们的智慧结合起来，共同创造一个充满生命活力的场所。

　　这样，我们就会看到，当学生拥有自主探索的空间时，他们对学习投入了那么多的热情和兴趣。学习对于他们而言变得如此诱人。

　　所以，我会努力，把每堂课都看成是献给孩子们的礼物，把课堂变成师生共同生活、共同创造的充满智慧和溢满爱意的家园。

1997年元月11日，在紧张的期末工作喘息的间隙，我静坐下来，收拾、整理散乱的思绪。在当时的教学札记中，我记下了内心的真实感受：

又是一个学期了，从教15年近30个学期，年年延续一种制度化的工作，由忙乱到忙碌再到习以为常，这是我前22个学期的感觉经历。每个阶段的不同感觉标志着业务技能的逐渐熟练，但也隐含着"职业化"的倾向，按要求去做每项工作，无须去思考这项工作的价值，只要尽心，一定可以圆满完成，以完成任务为满足，但却少了一份创造性（尽管多了一份熟练）。

从1993年秋季开始，我教一年级实验班的数学，一种新的挑战激活了我，唤醒了我教学的潜力。过去的那份熟练感已不复存在，取而代之的是"不知所措"，从六年级下来到重新教一年级，教育对象仅在年龄上就相差很多。面对这些小不点儿，"大人话"听不懂，"小孩话"我又很贫乏，一年级20以内加减法，教起来竟比六年级的立体几何还吃力。严峻的现实，使我不得不从头做起。这时的我才开始进行真正的教学实践——一份师生双方同步发展的事业。

正是在这样的环境中，我研究教学，实践教学，而"教学"也像磁铁一样，深深地吸引着我。

和这些孩子相伴的几年间，学生的数学知识逐渐增多，数学意识逐渐增强，随着孩子们的年龄增长，我们的共同语言越来越丰富。每当我走进教室，望见那一双双明亮的眼睛，哎呀，简直是一种享受！让我们开始今天的学习吧！一天的生活从这阳光明媚的早晨开始了，世上又有多少人能获得这份享受呢？

变化多端的教学实践，增添一份创造美。多年熟悉的讲台，竟然成了我苦苦追求创造的实验台。永不满足，追求至善至美，欲罢不能！有人说：机械性重复的工作最令人乏味，当把教学由一种工作形态引入创造美的意境中时，哪会有半点机械性重复。这种永无止境的探索美，又有多少人能体验到呢？

"教学相长"——我再次体验到这句话的时代含义。

一、营造学生喜爱的课堂生活

　　这幅漫画可以很幽默地反映目前教育上的一些现实：社会已经建立了一整套要学生学习的知识（如要小花狗吹口哨），学校也为学生能学到这些知识设置了相应的课程，教师只需按教学大纲、教材的要求传授这些知识。对于学生怎样才能学会这些知识（如小花狗怎样才能学会吹口哨）以及获得知识之后的自觉运用（即小花狗自觉地创造性地吹口哨）都很少研究。教师的责任是传授，学生的任务是接纳；原本生动丰富的课堂，变成了任务性很强而又是学生非去不可的场所，原本学生丰富的生活背景都被压制了下来，为的是不影响"知识"的学习；原本学生已有的尚待开发的学习能力、解决问题的能力，也被教师的好心抑制了，我们的课堂缺乏一种生命的活力，学生过多地产生了一种依赖。

　　"今天我们学习分数加减法"，至于为什么学习分数加减法，它与我们的生活有什么联系，教师很少考虑，学生也无须思考。为了减轻学生理解和接受的困难，教师往往好心地将要讲述的问题分成一个一个的小问题，将本节课学习新知识而要用到的旧知识一个一个地加以复习，以降低学习的难度。

　　在这种模式下的学习，很少有挑战性，对学生而言是一种"听报告"或"开会式的学习"。主讲人是老师，且议题集中，给学生留下的印象是枯燥、呆板和无可奈何。学生作为被动地接受知识的"容器"的最佳状态就是：无条件地接受老师灌输的一切。

　　随着社会的发展，"终身学习"和"人的可持续发展"等教育理念进一步得到人们的认同。传统的教和学的模式正在酝酿重大的突破，数学教育面临着有史以来最

走入香港的课堂

为深刻的变革。我国正在深入开展的影响深远的第八次基础教育课程改革，对数学的教学内容、教学方式、教学评估以及教育价值观等多方面都提出了许多新的要求。无疑，我们每位数学教师都要置身其中去迎接这种挑战。努力创建一个有利于学生主动探索的数学学习环境，使学生在获得作为一个现代公民所必需的基本数学知识和技能的同时，在情感、态度、价值观等方面都能得到充分发展，应该成为我们每一位数学教育工作者的一个基本追求。

教学是什么？今天课堂应该呈现什么样的景象？学生应该获得一种什么样的学习感受？数学教学又该给学生什么样的知识和情感？在今天，我们不得不做一次深层思考。我们怎样教数学，我们应给学生什么样的数学，是每位教师必须重新思考的一个重要问题。

（一）学生的真实想法，我们注意到了吗？

《求比一个数多几的应用题》

题目：有 5 朵黄花，红花比黄花多 3 朵，红花有多少朵？

生：5＋3＝8（朵）

师：算式中的"5"表示什么意思？"3"表示什么意思？"8"表示什么意思？

生1：算式中的"5"表示5朵黄花，"3"表示红花比黄花多3朵，"8"表示红花有8朵。

生2：老师，有一点我不同意他的说法。题目是说有5朵黄花，但是算式中的"5"表示的不是黄花，而是红花。

师：（故作惊讶）那是为什么？这个"5"为什么表示红花了呢？

生2：（到前面来指着图说）红花是由两部分组成的，一部分是和黄花同样多的5朵，另一部分是比黄花多的3朵，合起来是8朵，所以，我说这个"5"表示的是和黄花同样多的5朵红花，如果表示的是黄花，5朵黄花加3朵红花得8朵花，这8朵花不全是红花。

师：大家的意见呢？

生1：（抢着说）老师，我也同意××同学（指生2）的意见了，算式中的"5"表示5朵红花。方才，我只想题里告诉的是5朵黄花，就说算式中"5"也是5朵黄花了。

师：大家都认为算式中的"5"是表示红花吗？（同学们点头说是）

师：对了！把红花跟黄花同样多的这5朵加上红花比黄花多的这3朵，就是红花的朵数。

这是人们习惯的教学"求比一个数多（少）几"的问题模式。几十年来，我们只在教学的形式上做一些微观的调整，即用图片摆摆，还是用投影片演示，或者是仔细推敲在什么地方教师应该说什么样的话，等等。几乎所有的教师都在引导学生做类似的"算理"式的分析：红花多，黄花少，红花的朵数是由两部分组成，一部分是与黄花同样多的，一部分是比黄花多的，用红花与黄花同样多的加上比黄花多的，就是红花的朵数。

作为严密的数学论证这段分析无可厚非。奇怪的是，我们却把这一大段严密、枯燥、抽象的语言，作为学生是否理解题目，是否会分析题意的唯一标准，并企图让所有的学生都会这样"分析"。按这个模式去分析，别说帮孩子们理解题意了，连学生原本的思考模式也打乱了。有的学生列对了算式，因不会如此"分析"，竟被视为"没学会"，像上面提到的第一位学生那样，虽然能计算正确，但道理不对，并且是犯了科学性错误。结果是老师越讲，学生越糊涂，越不知从何下手，以至于许多教师竟认为是自己的教学能力低，学生水平差。像这样使教师和学生丧失兴趣和信心的教学还能延续吗？

有效的数学教学应是建立在学生丰富的数学知识背景之上的。其实当学生面对这样的问题时，他们的思维是直观形象的："红花比黄花多3朵，所以红花就是5＋3＝8（朵）"，"如果5－3＝2就少了。所以要5＋3＝8"，"黄花有5朵，再接着数3朵，就是8朵"，"黄花5朵，红花比5朵还多3朵，所以用5＋3＝8（朵）"，"红花多，黄花少，求红花是多少，当然要用加法了"……

上课

这些语言恰恰是学生对问题最直接、最真实的理解。而且5朵加3朵已经是抽象的数了，不需要再考虑是什么颜色的花了，3朵红花加5朵黄花等于8朵花一样，并没有犯什么科学性错误。可惜，我们的课堂上却没有提供给学生表达自己思想的机会，而是一味地将成人化的东西塞给学生，学生获得的只是僵硬的模仿，形成的是解题的技能，而不是解决问题的能力。这样的数学教学是学生所需要的吗？

（二）学生的不同水平，我们注意到了吗？

《除法的初步认识》

同学们，今天我们学习一种新的运算方法。在学习之前先做一个分扑克牌的练习。

同学们会发牌吗？请你把这沓牌发给前面这两名小朋友，大家注意观察他是怎样发牌的？

他是几张几张发的牌？（一张一张地发）

你们两人数一数自己发到几张牌（8张）

他们每人都有8张牌，我们就说他们两人的牌数怎么样？（同样多，相等，一

中国教育电视台对实验区教师现场答疑

样，相同）

这种分法叫作怎样分，有知道的吗？（平均分）

平均分是什么意思？（每份同样多）

对，他是一张一张地分的，每份的牌数同样多，我们把这种分法叫作平均分。（让学生学说"平均分"）

今天我们要学的运算方法与平均分有关系，你知道是什么方法吗？（除法。如果学生不知道，再告诉）

板书课题：除法的初步认识。

用分扑克牌的方法，请你把6个桃子平均分，放在3个盘子里，每盘几个？

这是常规的教学片断。

过去的教材都是采用平均分引进除法概念的，而分的过程都采取一个一个地分。除法的本质含义就是"将整体分成几个相等的部分"，至于怎样分成相等的几份，不同的学生有着不同的方法，"一个一个地分"只是众多分法中的一种。可是在实际教学中，教师却过于强调这种分法，以至于有的竟将其发展为"先看要分几份，每次就拿几个，再每份里放1个，即按份一个一个地分，才能保证每份分得同样多"。

对于二年级的学生来说，他们在生活中已经积累了一些按群分的经验和能力，"12 枝花插在 3 个花瓶里"，可能有人会一枝一枝地分插在 3 个瓶里，也可能先每瓶插 2 枝（或 3 枝），看看还剩多少？如果剩得少了再每瓶分 1 枝，剩得多，可以每瓶再分 2 枝……也可能直接在每个瓶里放 4 枝。只要每次每瓶分得同样多，就能保证最后的结果是平均分。

我们所要做的就是结合生活情境，让学生交流不同的分法，不同的学生分的过程不同，数感强的学生分得快些，有的分得慢些，只要过程和结果都是对的，就要给予肯定，都要允许它存在。显然"把 6 个桃子平均放在 3 个盘里，学生一眼就能看出每盘放 2 个时，也必须一个一个地分分看"，这种机械呆板的教学方式，明显落后于孩子们的思维发展，在这样的学习中，孩子们最强烈的感受是"多麻烦呀"。生活中积累的丰富经验与数学课堂截然割裂，学生只能做老师统一安排的任务，没机会也不敢去问老师，为什么非要一个一个地分呢？他们的好奇心和急于知道答案的迫切心情也被压抑了。除法的本质意义"分成相等的几份"，也在这种机械的形式中淡化了。

这样的数学孩子们能喜欢吗？

（三）简单的数学问题，怎么教复杂了？

《两种分法对比》

问题：

把 6 只兔子，平均放在 3 个笼子里。每个笼里放几只？

把 6 只兔子，每 2 只放在一个笼子里。能放几个笼子？

讨论：

①两道题各属于哪种分法？（学生发言）

②比较两种分法的过程。（教师演示投影片再现两种分法的全过程）

③比较两个算式。

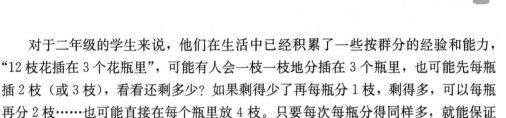

相同点：被除数都是 6，都用除法计算。

不同点：除数与商都不同。

④从两个算式的数量关系上看。

相同点：要分的数都是 6，都是用除法计算。

$$6 \div 3 = 2$$

↓ ↓ ↓

要分的数　份数　每份数

↑ ↑ ↑

$$6 \div 2 = 3$$

不同点：第一个算式是已知要分的数和份数，求每份数。第二个算式是已知要分的数和每份数，求份数。

从两个算式所表示的意义上看，是完全不同的。第一个算式把 6 平均分成 3 份，求每一份是多少？第二个算式的意义是求 6 里面有几个 2？

⑤比较两道题的结构。

相同点：第一个条件都是"有 6 只兔"。

不同点：第二个条件和问题都不相同，所以分法不同，列式也不同，算式所表达的意义也就不同了。

　　面对上面两个很简单的问题，教师却硬要让学生一步一步地比较它们的异同。如果说孩子们刚上课时还带着饱满的情绪的话，随着课的进程，这种"热情"可能也被消耗掉了。原本生动的教学为什么会变得如此机械烦琐，恐怕责任也不单单在教师。

　　"两种分法"是九年义务教育教材在学习除法时有意编排的。原来的统编教材把除法分为"等分"与"包含"，带之而来的是除法算式的两种意义。以至于有的教师和学生竟误以为有两种除法，为避免这种情况，才出现所谓第一种分法和第二种分法，其实"两种分法"是既有联系又有明显差别的两个不同概念。

　　低年级学生的识别能力较差，当他们单一地学某一知识时，理解尚不困难，但当他们要凭借自己的识别能力去区分既有联系又有区别的概念时，往往会出现两种状况：一是从根本上混淆不清，或者似是而非，无法用准确和简洁的语言来表述这两个概念的差异。二是机械的记忆，僵硬的模仿，造成对两种除法的错误认识。

　　作为教师，太习惯于考虑怎样能把教材上的知识教给学生，以学生能够掌握书本知识为主要目的。却没有反思一下，这样教学对于学生建立除法概念究竟有哪些帮助？为了使学生清晰地掌握"两种分法"的实质，调动一切教学手段，甚至不惜增加课时，强化训练。结果是，当学生能够正确地解答类似于"15 条金鱼，平均放在 3 个鱼缸里，每个鱼缸放几条？15 条金鱼，每个鱼缸放 5 条，要有几个鱼缸？"的题目时，竟还深入一步地让学生说出两道题目为什么用除法？它们有什么不同？非要让学生说出"第一题是把 15 平均分成 3 份，求每份是多少用除法。而第二题是求 15 里面有几个 5，因此也用除法"。面对教师的穷追不舍，孩子们疲于应付，哪有主动思考的空间，数学在他们眼里成了总也分辨不清的走不出来的迷宫，使本来清晰的数学复杂化。

　　事实上，无论是"平均"还是"包含"，也无论是第几种分法，都是把一个整体平均分成若干相同的部分，这才是除法的基本意义所在。教学正应该通过有趣的活动让学生充分体会"都是把整体分成相等的几份"，而不必在文字表述上做文章。在严格遵循教材的同时，教师的灵性磨灭了。只关注学生获得多少个知识点，却忽略了知识本身也是一种态度、一种追求和一种体验。教材是死的，而学生是活生生的，在教材与学生之间发生冲突时，教师是否也有变革和调整教材的权利呢？

（四）我们是否教得过细了？

《10 的认识》

1. 输出 10。（通过数一数得出 9 个添上 1 个就是 10 个）

2. 认识 10。（通过多媒体演示、启发学生说出桃子多了，可以把它一个一个地合起来装成一篮；然后通过 9 支彩笔把一个木板摆满了，还有一支摆不进去，想到找来一只盒子，把 9 支和 1 支合在一起凑成 10 支，放进盒里，明白 10 是由 10 个 1 合起来的）

3. 数的顺序。（通过直尺图使学生知道 10 前面的数是 9，10 在 9 的后面）

4. 比大小。（通过点子图，让学生比较 9 个点子比 10 个点子多还是少？9 比 10 大还是小？）

5. 课中操。

6. 10 的组成。（通过把 10 个棋子分成两队，先讨论怎样分最好，交流不同的分法后，记住各种分法）

7. 10 的写法。

我们从这节课中可以看出，有关 10 的认识，教师是从数数、认 10、顺序、比大小及组成等知识为起点开展教学的。为了让学生掌握这些知识点，教师动用了现代化的教学手段，同时注意了学习的趣味性，而且过渡自然，水到渠成，整堂课似乎无可厚非，但我内心却不认为这是堂好课。因为，原来的教材从 1 到 10 的认识几乎是按课中呈现的方式编排的，学生学完 1，再学 2，一直按部就班地学到了 10，而每个数的认识又都是"添上 1 就是新学的数，它前面是几，后面是几，以及这个数的组成"一种模式。所不同的就是场景图发生一些变化。按照这种方式学到 10，不用教师讲，学生也应该积累一些学习经验，来用于 10 的学习。9 个添上 1 个是 10

个，10 在 9 的后面，9 在 10 的前面，10 比 9 大，等等。再简单不过的知识对于学生理解起来又有多少困难呢？那么多程序复杂的环节、纷繁变化的教学手段，必然压缩学生独立思考、独立探索、合作和交流的空间。遗憾的是这种课堂教学见书不见人，人围着书转的情景竟被视为正常，丰富的课堂生活被系统的知识占据了。

如果我们换个角度审视这节课：哪些是不用教师讲而学生已经会的？哪些是学生自己观察思考可以得出的？哪些是孩子们在活动交流中慢慢体会的？事实上，学生进入小学前，已经积累了一些数数的经验，学校的正规学习首先应是唤起他们的回忆，激起他们的兴趣。

对于刚入学的孩子，重要的是对数学的"激情"，而不是系统的、精密的一个又一个知识点。我们应该关注的是数学的基本线索，而不是细枝末节。值得指出的是，目前教师想得多的仍是"我怎样讲书上的知识"，很少去考虑"学生会怎样想"，"学生已经拥有哪些知识？"更不去想"学生出错怎么办？"按照事先的设计一环一环，一层一层引着学生走，"免生枝杈"造成难以收场的局面，难怪有人称之为"教案剧"。因此，课堂上几乎难以见到学生真实的思想流露，更看不见学生出错的情况。

应该说好的教学不仅要关心儿童知道些什么，更要关心儿童是怎样知道的，怎样从一个错误的认识逐渐修正为正确的理解。这才是真实的教学，才符合儿童学习数学的实际。

我们的教学究竟发生了哪些偏差？

和孩子们一起

（五）学生的生活经验哪去了？

《两步应用题》

题目：饲养小组养 10 只黑兔，白兔比黑兔多 6 只，一共养多少只兔？

先画一条线段表示 10 只黑兔，（教师边说边画）

再画一条线段表示谁的只数？（白兔的只数）

对，表示白兔只数的线段该怎样画？

请一生在黑板上画出表示白兔只数的线段。

为什么表示白兔只数的线段要比表示黑兔只数的线段画得长一些？

因为白兔的只数除了和黑兔同样多的只数外，还要多 6 只，多的 6 只是这条线段中的哪一段？（请一名学生在黑板上指出来）要求的问题是什么？（图略）

（1）要求"一共养多少只兔"，需要知道哪两个条件？（黑兔的只数和白兔的只数）

（2）根据已知条件能直接算出一共养多少只兔吗？为什么？

（不能。因为要求一共养多少只兔，需要知道养黑兔的只数和养白兔的只数，题目只直接告诉了养黑兔的只数，没有直接告诉白兔的只数，所以不能直接算出一共养多少只兔）

（3）想一想，求一共养多少只兔，要先算什么？能列式计算吗？自己试一试。

"两个条件，可以求一个问题，求一个问题，需要两个条件"，是小学数学应用题教学中最常用的分析方法。长期在这种氛围熏陶下，学生对数学的普遍看法是数学问题中只能有一个答案。同样，解决一个问题必须具备两个条件，他们只会计算，不会思考，只会机械练习，拥有知识而不会解决问题也就不足为怪了。课中一大段的学生分析，又有多少是儿童自然的成分？如果说个别学生能流畅地分析得头头是道的话，也是教师训练的结果，而这种训练带来的直接影响是学生思考模式的机械和统一。

"数学应该是有趣的""数学的方法是多样的"，画线段图也只是众多方法中的一种，为什么教师要先示范这种方法呢？为什么不给学生创造一种交流的机会呢？可以说这是多数教师上课的套路。我们总在设法让学生学会解答书本上的题，却无意去想，做这些题目究竟能给学生多大的帮助。多年来，应用题教学始终以一步、两步和多步应用题为体系，学生得到的也无非是"从条件入手"或"从问题去想"这种所谓"综合法"和"分析法"。而且题目多是文字的，情节多是人为虚构的，答案也是唯一的。应用题在数学中成了一个独立的体系。在学生眼里它成了一把双刃剑，在学习中有的为冥思苦想之后的解答而喜悦，有的为沉思良久无从下手而懊丧以至放弃。可以说，许多数学学习有困难的学生最惧怕的当数应用题。

其实人们在现实生活中接触的问题，获得的信息往往是多途径的，解决的方法也是多种多样的，也许信息多余，也许信息不足，也许可能有多种答案，正需要学生去选择、判断。如果让学生讨论"每辆中巴可乘 8 人，每辆小车可乘 3 人，30 人去机场，可以怎样派车？"学生不仅对题目感兴趣，而且在讨论中可以体会答案的多样性以及优化的思想。同样讨论"25 元钱怎样配一束鲜花"，远比"买 3 枝玫瑰和2 枝剑兰共花多少钱"有价值得多。只有在这种学习中，学生才能感受到数学的力量。而我们目前应用题的教学恰恰忽略的是这些。唯一可见的是学生熟练地模仿教师示范的思路，解答一个又一个的应用题。他们没有猜测，没有估计，也没有交流，而这些正是数学教育中最有价值的东西。如果继续沿用目前的应用题教学模式,又能为学生的发展带来哪些益处呢?

(六) 是教学,更是生活

不论我课备得多么好,或者我对课的内容多么有激情,我都会时刻意识到孩子是怎样的感受,当我与学生交流时,我必须与他们保持一种真正的面对面的关系和亲密的个人关系。

学生只有喜欢上课,然后才能喜爱学数学。

以往的课堂教学是以知识的传授为主要目的,强调系统和严密。联结师生间的纽带是一个一个知识点。教师想的是"我怎样讲书上的知识",很少去考虑"学生怎样想"。如今的课堂教学追求的是思维的开放与师生间情感的交流,课堂不仅是儿童的也是教师的主要活动场所,是师生生命历程中重要的组成部分。这样的教学不仅要关心学生知道些什么,而且要关心他们是怎样学到的,怎样从一个错误的理解变为正确的认识。更要关心学生的情绪和体验,使教学真正符合儿童学习的实际。将其称为课堂生活意味着课堂应焕发一种生命的活力。

因而,营造一个开放的、活泼的、充满激情的课堂氛围,是每个教师必须重新思考的首要问题。这就需要我们积极转变教育观念,改变多年来习以为常的教学方式——例题、示范、讲解、结论,改变学生习惯的学习方式——听讲、记忆、模仿、练习。教师要成为学习活动的组织者、指导者和参与者,使课堂成为富有生机的场所。

只有贴近儿童生活的学习,才能最大限度地引发学生的参与和思考。学生在交流身边问题的过程中体会到学习的乐趣和数学的价值。如"广播操比赛,我们班男生 22 人,女生 24 人,怎样设计队形"的问题。过去侧重于"算",忽略不同思路的交流,今天教师主要是启发学生"还可以怎样想""你有哪些方法""这么多的方案中你认为哪一种更合适?请说明你的理由",等等。学生在教师的启发引导下,体验到每个环节都与自身的生活有关,都那么有趣,"下面是什么呢?""我试着做一下吧。"而不是被动地等待教师示范和讲解,他们思维活跃,不断闪现出创造的火花。

创造力不是教出来的,只有学生真正具有被鼓励发表他们想法的机会,才能够发挥他们创造的才能。而随着问题的讨论,师生之间逐渐建立一种对话的关系、包容的关系和共享的关系，这是我们应该追求的一种境界。

"将课堂教学还原成一种课堂生活"，不再呆板，不再僵化，不再整齐划一，师生享有充分的自主权，教师走下讲台与学生们共同发现、共同研究、共同交流、共同创造、共同体味数学的魅力。

为改变传统课堂的这种现状，教师就要努力做一些突破，尤其要突破多年来形成的僵化的以知识传授为主要目的的教学程序，还课堂生动活泼的场面。

如果我们树立了这样一种观念，就会根据学生身心特点、生活经验、教学内容、学科特点等，选择有效的教学方式与方法，让学生自主学习探究，课堂才会焕发出应有的生机和活力。

一般认为，开放的课堂是让学生的思维开放，很少谈及情感的开放，学生围绕教师选好的问题，学生的思维随着教师的问题转。这种模式下的课堂，充其量是一种"课堂教学"，谈不上是"课堂生活"。

我们都熟悉这样的一种景象：教师站在讲台前，指挥学生干每一件事，先做完的等着那些没有做完的，天性动作慢的学生又在教师的不断催促下，才能赶得上大家。在这种课堂上，大家都在同一时刻做同一件事情，达到同一个目标。学生们不需要形成和提出自己的"问题"，不需要就某个问题向教师或同学"质疑"。学生在这种制度下，感受的是一种机械、僵化的课堂生活，唯一敢于反抗的形式恐怕也就是"扰乱课堂秩序"，借以发泄自己精神的苦闷罢了。

我认为真正的"课堂生活"，就是要把课堂的生活气息带给学生，就要改变一系列的、人们习以为常的模式。开放的课堂生活是什么样的呢？在教学一年级"认识图形"一课时，孩子们根据书中的要求，自己想办法将各种图形通过折一折、剪一剪，变成需要的图形。如，将一个长方形变成一个正方形和一个长方形，将一个正方形折一下变成一个三角形和一个多边形，在一个长方形里面画一条直线变成两个相等的四边形……孩子们各自按照自己的方式、速度去理解数学知识，遇到困难时，可以走下座位向老师寻求帮助，与同学交流想法，再试着做。此刻，教师是学生学习的伙伴，与学生融为一体，和学生一起做题目。在这样的课堂上，学生快乐又紧张地完成一项又一项任务，每遇到困难而又悟出后，会情不自禁地发出内心的欢呼，这就是儿童的学习生活！

有哪位儿童会逃避或反抗这种快乐的生活呢？

（七）走进开放的课堂生活

开放的课堂生活不仅为学生带来快乐体验，重要的是可以促进个体创造性地发展，所以开放的课堂生活是现代教育所需要的。我们应该：

2002 年 11 月访问德国的学校

——改传统的秧田式的座位排列为梯形式或马蹄形的座位，为学生开展合作学习提供空间保障。教师应为学生创设一个宽松的学习环境，使他们能够在其中积极、自主地、充满信心地学习，平等地交流各自对学习问题的理解，并通过相互合作去解决所面临的问题。

——改革传统的教案书写方式（即以知识的单一传授为主线），尝试设计以学生的活动为主线的教学方案。通过改变学习内容的呈现方式，促使学生积极主动地去学习，使学习过程变成学生不断提出问题和解决问题的探索过程，针对不同的学习内容，选择不同的学习方式，使学生的学习变得丰富而有个性。

——教师应创造性地使用教科书，积极开发有效的课程资源，将学习内容与学生的生活有机相连。应该认识到，有效的学习是建立在儿童原有经验的基础上，没有儿童的主动参与和原有经验的建构，任何脱离儿童经验的灌输都是低效的学习。

——作业的设计要丰富多样，不要强迫学生做过多的机械式的训练。倡导学生用多样的方式如绘画、语言、符号、文字等表达自己对事物的理解。

——教师应该走下讲台，深入到学生中间对学生施以个别辅导。我们倡导让学生动起来，但动不等于乱，不等于声音大。关键是让学生的眼、手、口、脑"动"起来。

——鼓励学生大胆地表达自己的想法，完整地倾听别人的观点。引导学生善于倾听、学习、吸收他人的观点，尊重不同的意见，不固执己见。

应该充分认识到，如果学生处在能够自由地探索知识，提出问题，讨论他们的想法，甚至尝试错误的环境中，他们往往表现得会更好些，而且能学到较多的东西。通过倾听学生的思想和鼓励学生倾听别人的发言，可以建立起师生之间互相尊重的氛围。

——任何时候，教师的言语都应富有激励和启发。应该认识到，一个学生在完成学业的时候，要面对几千次的答问，老师的反应能影响学生的自尊心，并且也能教导学生如何去尊重他人。

教师应该努力去发现学生对答中能够给予肯定的东西，并巧妙地维护学生的自尊。比如，"这是答案的一部分，但不是全部，你的思路是正确的；我们对你的想法很感兴趣，你能给大家再说一遍吗？"

当一个学生面对全班同学读书困难时，如果老师说："谁愿意帮助他？"通常另一学生会替他读书；如果老师说："你愿意××同学跟你一起朗读吗？"学生反而没有感到难堪，因为他是××的合作者，而不是被动地接受帮助，他的尊严将会得以保全。

——应为每个学生提供学习的机会，允许孩子们随时表达自己的意见，并努力营造一种互相倾诉、补充的氛围。任何时候的评价和小组活动都应给困难学生提供表现的机会。作为教师最重要的是唤醒并保护学生的学习热情，不让学生讨厌自己所教的这门课。

——创建新的课堂评价标准。有什么样的评价标准，就会有什么样的教学行为。改造现行的以学科知识为核心的教学计划和以知识管理为重点的课堂生活，不仅能帮助师生传递基本的态度、知识，还有利于技能的理解和运用。

——充分发挥小组教学的功能，将教师或学生面向全班的交流，尽量缩小到小组之间。

从表面上看，开放的课堂可能是嘈杂不安的、无序的，但深入其中你会发现每个学生都那么投入，那么迷恋自己的探究工作。正是在这种适合个体学习的方式、适合儿童特点的生活中，孩子们的创造欲望才有可能得以激发和提升。

（八）学生不是课堂的配角

传统的课堂教学大多是固定的环节：复习旧知——引入新知——讲授新课——巩固练习——布置作业。这种模式的形成主要是受苏联凯洛夫教育学的影响。后来模式又简化为三个环节"复习——新课——作业"。这种实践中形成的较稳定的传统模式，对于单纯完成知识传递任务而言，有其一定的作用。这种以教师为中心的教学形式，由于简明操作，就更为多数新手教师传承。这也是流传至今的重要因素。

现代教育把儿童看作自身教育过程的积极参与者，即自我教育的活动者。从心理学的角度看，教育者的主要任务应为培养"愿望""需要"。因而苏霍姆林斯基将教育学称为"需要的教育学"。细思，果然如此，正是儿童要求改变自己的"需要"的自我教育，才发展了自身的能力。那么，站在这一立场上看儿童能力的发展问题，必须承认离开了儿童自身的需要，无论采取多么完善的教育措施，教育者都不可能仅根据自己的愿望去发展儿童的能力。遗传只能部分地决定儿童的能力，教育在人的能力发展过程中起着相当重要的作用。只有通过自身的教育即自我教育，儿童的情感、意志，思考问题的能力，解决问题的能力，才有可能得到发展。从这个认识出发，我们的课堂应该是学生自我发展的场所，教师应把课堂还给学生。

当然，把课堂还给学生不是简单地转让，而是教师着力设计、创造、提供更多

2004 年秋季在厦门

的供学生思考的学习材料。一切放手，让学生自主思考、探究，而不是教师包办代替或撒手不管。正是在这种思想指导下，教师首先要考虑的问题是由过去的怎样教转向让学生怎样学。教师要考虑应为学生的学习设计怎样的情境，如何有效地组织教学材料，进而将课本上缺乏生气的材料融入情感，创造师生合作探究的材料，使课堂成为师生共同享受学习乐趣的场所。

把课堂还给学生要立足于学生的需要，包括学生目前的生理基础、心理基础以及学生走向社会的需要。就数学而言，数学教育家们认为，人们所需要的数学可分为三种水平，第一种是日常生活的需要，第二种是技术和职业的需要，第三种是从事高水平研究的需要。可见，小学数学教学应偏重于第一种水平。因此，要改造数学教学的内容，以使其更贴近学生的生活实际。

（九）使学生信服数学是有趣的

数学是什么？恐怕会有多数人称：就是计算或证明。这是对数学的片面理解。数学教学是什么？多数人认为让学生会基本的四则计算是头等重要的问题。这是对数学教学产生的本质偏差。其实，数学作为一种文化，它有着更为生动的内涵，计算只能作为一小部分，而不是全部，它还有许多丰富的内容。教师的责任就是让这些内容变得有趣起来。

然而在现实中，我们常见的一种观念就是比较重视对学生的现实状态评价，如按学习成绩把他们归结为好、中、差三类，很少去关注学生潜在的发展可能性，习惯于按传统的标准和尺度去衡量、要求学生，不注意学生的个别差异。这样使得一些学生在遇到困难时，由于得不到来自教师的鼓励，往往过早地失去了学习的兴趣，逐渐地远离数学。

有一段时间，我曾连续听了几节一年级的数学课，从课的设计到教学要求的标准，不仅是统一的，而且是严格按照教材的进度进行教学。把学生视为没有一点儿数学经验的人，一律从头来。一句话，教师示范后，甲、乙、丙、丁说过还不行，还要全班学生再齐说一遍。教师期望的是让每个人都同时掌握，学生接受快慢的差异在教师眼里视为"聪明"和"笨蛋"。既然"笨"，当然要给他们多说几遍，但却没想到机械的、过度的、毫无思考价值的重复，往往导致学生的厌倦。这种见物（课本）不见人的教学思想指导下的教学行为，所产生的教学效果显然是低下的。

　　教师有责任使学生信服数学是有趣的。波利亚曾说：教师讲了什么并非不重要，但更重要的是学生想了些什么。学生的思路应该在学生自己的头脑中产生，启动学生在允许的条件下亲自去发现尽可能多的东西。同时，我们应给学生以恰当的帮助，特别是"内部帮助"。多问是什么？为什么？哪里？何时？怎样？以启动学生以自己的思维器官去探索数学的奥秘。

　　常听教师和家长这样说，听课不懂之处就多问老师，两次、三次，没懂再问……表面上近乎好学，但实质上是让学生把希望寄托于"去问"，自己懒于思考、缺乏主动性。

　　故而应把数学的内在兴趣作为启发学生主动学习的一个良方，发挥学生学习的主动性，让学生懂得依靠自己是最可靠的力量。

　　我们要积极寻求培养兴趣的途径，比如引入问题要活泼、新鲜、和谐些，或说些似是而非、自相矛盾的见解，让学生猜测。当他们表示出某种猜想后，就会进一步追求猜想的对与错，从而热心起来。教师应引导学生发现数学中有趣味的东西（如简便方法），体会数学的内在魅力，好像把学生带进花园，而不是在门外观花，鼓励学生面对难题时的多方式思考，一旦成功，就会心怀喜悦，信心大增，兴趣自然也随之增长。

　　我们要建立融洽而和谐的师生关系，这是学生主动学习的催化剂。现代教学论认为，教学过程是一个师生以及学生间情谊活动与认知活动相互作用的过程。要重视建立和谐、民主的课堂气氛。比如，低年级学生心灵比较脆弱，教师过多地责备或过高地要求都会刺伤他们的自尊心，降低其自信心，这就更需要注意教学艺术。

　　在课堂教学过程中，检查学生的学习状况，我过去一般采用的方法是让"听明白的或完成任务的"同学举起手来，这虽比那种"没有完成作业的人站起来"和缓一些，可仍然会使那些因种种原因未完成任务的同学内心产生一种压抑，渐渐疏远同学和老师。后来，我就想教师检查的目的是什么？不是仅仅看学生是否完成任务，是否听明白，而应通过检查了解学生为什么没听明白，是什么原因没有完成任务。所以，在教学中我把这种检查方式做了改变："听明白的点点头""完成任务的孩子笑一笑"等，这样增添了一份温馨，获得了精神上的满足。孩子们的头点得那么自然，脸笑得那么甜蜜。没有完成任务的同学自然笑不出来，但却能从中感受到教师的期待与信任，缩短了师生间的距离，萌发出与教师合作的欲望。"我一定能学好数学""我的数学一定会学得很好"，班上几乎每个学生都确立了能学好数学的信心。

发展主体性的教学应该使所有的学生信心百倍，体验到学习的乐趣和成功。

波利亚指出：除了最佳动机之外，还有其他一些动机，如为了赢得赞扬，避免处罚，追求升学率，取悦家长等原因，在一定意义上也会促使学生认真学习，所以在激发最佳动机即兴趣的同时，不应忽略其他动机的效用。教育者的教学水平和人格是影响学生学习兴趣的重要因素。

亲其师，信其道。只有对学生热爱、尊重、理解和信任，才能激发他们的上进心，才有利于发挥学生学习的积极、主动性。

（十）用积极的情绪影响学生

每个人在社会交往中都保持着一种个性，人们情绪的差异是一种持久的因素。因此，教师在促进学生学习时，是不应忽略的。我想，聪明的老师，应该试图根据个人的兴趣和感情，以一种特殊的方式去影响每个学生。

为什么许多人担心或者畏惧数学，这是长久以来人们形成的错误认识：数学枯燥，聪明的人才能学会数学。假如一个人在成长的过程中听父母或者同辈人说："数学是难学的，只有不寻常的人才喜欢它"，这个人在与数学打交道时，其情绪就会染上难以去掉的痕迹的影响。

奇怪的是，把对数学的焦虑情绪"传染"给许多孩子的人中，有一些竟是老师。

"不注意听，你就不会了。"
"数学的连贯性很强，差一节后面的就跟不上了。"
"要多做练习题，才能搞懂数学。"
"你脑子都不开窍，怎么能学好数学呢？"
……

学生在这种焦虑情绪的影响下，一部分有困难的学生可能会干脆放弃——"反正我就跟不上了，随它去吧。"学习数学的快乐体验荡然无存了。一部分学习成绩好的学生尚存的一份喜悦充其量也是一种窃喜——"我比他们强。"

现在的数学课堂教学，注重于记忆和现成算法的应用练习，这导致了与自然的、经验的数学活动的分离。数学学习的良好情绪环境依赖于不寻常的教师、父母或朋友的热情，假如将范围广泛的数学过程的学习与孩子们活动的其他部分相互结合起来，那么学生能否获得对数学的享受以及在数学方面获得成功呢？如包含了非常重要和复杂技能的数学的一个组成部分——计数，却没有任何一个学生会表现出畏惧或者是焦虑。因为在学习自然语言时，计数就作为其中的一个基本部分，用和其他的基本部分同样的方式学到了。因为计数进入了孩子们的社会活动，从而一种良好的情绪纽带逐渐包围了学习的过程。

我们为什么不把学生的好奇心和急于得到答案的迫切心情，自然而然地置于学生的数学活动中呢？即使学生可能会经历一种无助和受挫的感情，可是当他们找到自己所提问题的满意答案后，学生得到的是因获得新发现而感到的欢欣、兴奋等心情的奖励。数学活动对于孩子们来说有时就是一种游戏，学习观察物体时，让学生变成 4 个人一组，把各自看到的那一面画出来，再相互猜测这是哪个同学从哪个方面画的，数学的学习在一种自然状态下得以完成。由于孩子们贪玩的天性而产生的积极的情绪就可能引起充满着活力的数学学习，而不是那种迫于教师向学生施加压力的学习。

良好的情绪除了数学本身之外，还有教师对学生的理解、包容及赏识，这些也是重要的因素。一个叫小尧的小朋友常常不能控制自己，做出许多课堂上不允许出现的动作。我们可以批评制止，也可以不理睬。但是还有更好的方法令他醒悟，马上改正，积极投入到学习中吗？于是，当他的目光与我对视时，我只是笑一笑地摇摇头，表示我的不满，他马上脸一红，投入到学习中去。这不也是一种积极情绪影响的结果吗？

可见，在非常成功的教学中，积极的情绪是学生热爱学习的重要因素。

（十一）做错题了，就要公开吗？

上课了，我说，"谁会做 1500－36 这道题？"大约 30 人举手。我又问："谁不仅会做，而且还能讲出道理来？"一半的小手又悄悄地放下了。"会算也会说的同学请站起来。"这些孩子很自信地站起来。我一看大约每小组都有 3～4 人，就让他们先在小组内交流一下，尤其要讲给那些坐着的同学听。他们开始了声音很小但又很热烈地讨论。

过一会儿，我又问："谁刚才不会，后来听同学一说，一讨论就会了的，也请站起来。"只见呼啦啦站起一大片，只剩下很少几个学生不会。为了使全体学生把问题搞清，我就请一位小姑娘上台来边讲边算，她讲得很好，大家很快就都懂了。我们又将 1530－436 与 1500－436 进行比较，让学生区分，哪些地方不同。小阳同学说："这两题一道是个位不够减，从十位退 1，十位上有数。而另一道也是个位不够减，从十位退 1，而十位是 0，就要先从百位退 1，然后再算。"小伙子讲得很好。接下来我们又进行了很充分的练习……

课后，我细细地想了几个问题。

1. 关于如何让学生上台来板演。有位老师提出：这节课哪儿都好，但应该让做错的同学上台板演出来。因为学生做这样的题很容易出错，让那些有错的同学板演出错误，可及时警戒其他类似的问题出现。看来这位教师单从教师的教学方面考虑，然而学生是怎样一种心理呢？对 40 多个同学来说，最多只能选五六个同学上讲台板演，有机会上讲台板演的同学当然是很荣幸的，因为他们得到了一次体会成功和表现自己的机会，相对于失败来说，成功当然是幸福的，这使他们在以后的学习和生

1998 年参加全国教师节表彰活动

活中更具信心。但对做错的同学为什么要公布于众呢？那样做很容易让学生觉得"丢面子"，从而挫伤其学习的积极性。至于如何对待学生容易出现的错误，我认为个别的错误应在课下个别指导，多数人容易出的错，不妨采取数学医院的形式，让每个学生当医生为病号治病，这不正是一种积极预防的手段吗？

2. 学生获得知识的途径是很多的，学生获取知识至少可采取三种方法。

（1）教师边讲边算，学生也能很快掌握；若能加上教具演示，则更加直观。

（2）教师提问，个别学生回答。

（3）通过学生之间、师生之间的相互交流来获取知识。

从上述三种方法看，第一种方法学生很被动，没有一点积极主动性；第二种方法只发挥了个别人的积极性；第三种方法能使学生在学习的过程中充分发挥积极主动性。故而我采用第三种形式。

（十二）感受发现的欢乐

比例的基本性质，是小学数学的最后一个知识点，因而我特别珍惜最后这一个让学生发现、创造、概括的机会，虽然在以后的一年中，我还会带领他们去探索，但这一次对学生们来说意义不同。因为，它毕竟是小学数学的最后一个知识点的学习目标。我与学生商讨了一种小组合作学习的形式。我的任务是将学习要求明确提出，再进行个别辅导即可。

学习要求一：

1. 每人写一个比例，然后组内交流看比例是否成立。如果成立，互相说说内项、外项各是什么？

2. 分别计算这些比例中两个外项的积和两个内项的积，你能发现什么特点？

3. 任意再写两个比例，验证这一发现是否有规律？

4. 请用一般的数学形式表示这一发现。

5. 试着用语言概括你的发现。

其中第4个问题的目的，在于使学生意识到数学表达式的高度概括性，由于一向的熏陶只需稍加点拨，他们即会用各种字母或符号表示这一结论。

有的是：

$$\triangle : \square = \bigcirc : \star \qquad \triangle \times \star = \square \times \bigcirc$$

也有的是：

$a : b = c : d$　　　　　$ad = bc$

学习要求二：

1. 独立计算练习中的解比例，并说说你的思路，先做一题后，互相交流，正确的可转入下面学习作业。

2. 微型小组交流作业。并把出现的问题记录下来。

在这种学习目标明确、思维力度大的探索空间中，学生自然积极合作，认真思考，而教师也能对个别学生进行有针对性的辅导，课后师生都有一种愉悦的心情。而这种心境正是建立在打破传统的教学模式，创设适当的问题情景，引导学生自主探索、合作交流的学习生活之上的。

（十三）追求朴实无华的教学

常听老师们讲：学生一活跃，知识就学得不扎实。为了让学生扎实牢固地掌握知识，课堂上大多数时间是教师的示范讲解与学生的习题操练。

也常听老师们这样讲：今天有人听课，这部分知识不好讲，选一个能让学生活动的章节吧。

从上面的分析可以看出，教师们已经从认识上明白了教学中应该鼓励学生的哪

些行为，淡化老师的哪些行为。如让学生思维活跃，让课堂气氛活跃，让学生积极主动，让学生发现探索。但对学生又不放心，生怕他们活而不实，怕他们在探索中走弯路，以致影响教学进程，怕学生"活"起来管不住自己，以致课堂无序，怕他们……这种种的困惑使老师们往往有人听课一个样，关门后又一个样。同时也可看出相当一部分老师对"活"与"实"内在的联系认识不足。

也许老师们会认为：活，就是教学手段新颖，课堂变化多样，甚至要采用一些色彩鲜艳的教具与学具。也许认为：活，就是任由学生去碰撞，教师不得阻止或点拨，否则就有"灌"和"压"之嫌。这样来看，一节课中的主次不分，难怪学生一活跃就"乱"，知识没有很好地理解，没有按计划完成教学任务，等等。

我认为，教师的有效教学工作的标准，应是学生的学习知识质量和教育教养任务的完成，而不是形式上地使用某种教学方式、方法或教学手段。教师首先应该关注怎样的知识学习对学生有帮助，怎样的知识学习有助于学生的运用以及学生对待学习的态度和情感。其实，我们说把课堂教学还原成一种课堂生活，就是要把学生的学习看成儿童生活的一部分，是自然的、需要的，很多知识是在课堂上生成的。所以，我们的教学就要返璞归真，要追求一种朴实无华的教学。

朴实无华的教学，追求的是生活化，把学习还原成学生的生活，使他们在平等交流中获得知识，在自然的状态下发现知识的奥秘，在千辛万苦、费尽心机后豁然开朗，体会一种"顿悟"的快乐。

朴实无华的教学，追求的是一份亲情。教师温和及富有鼓动性的语言，是激发学生学习热情的兴奋剂，学生学到的是知识，体味的是一种人生的态度。"试一试，我准行!""我还有什么创造呢?""我要认真去做!""学习真有趣。"

朴实无华的教学，追求的是师生的心智合一，是学生思维的乐趣和质量，淡化的是纷乱繁杂的教学环节，学生的一切活动建立在有序的常规之中。

朴实无华的教学，追求知识的获得量，更注重知识的质。倡导学生的自主学习，鼓励的是同伴间相互交流与合作，淡化的是教师的示范和讲解，强化的是教师与学生的知识对话和师生间的情感交融。

朴实无华的教学，将一切教学方法和手段都看作促进学生充分发展的工具，因需而用，学生"活而不乱""实而不死"是教学的一种境界。

（十四）共创温馨和谐的班级生活

班级生活，是学生学习生涯中一个重要的精神家园，这是营造民主、创造课堂生活的重要前提。我们要与学生一起共同创造这个美好家园，使学生有一个安全、向往、友爱、向上的集体。其实，班级生活也好，课堂生活也罢，都是师生生命中的重要组成部分，我们又怎能分得清呢，或者说截然分开呢！一个温馨和谐的班集体，对每个人又是如此的重要。

——与学生共同建立一个信念：这是我们的班级，我们应当竭力使之变成最好的班级。通过丰富多彩的活动让学生逐步体验到平等、自由、民主、尊重、信任、友善、理解、宽容、亲情与关爱，同时受到激励、鞭策、鼓舞、感化、召唤、指导和建议，帮助学生形成积极的、丰富的人生态度和体验。

——为每个学生建立成长记录袋，以反映学生学习的进步历程，成长记录的材料应让学生自主选择，并与教师、家长共同确定，在这一过程中培养学生对自己的学习进行监控的能力和负责的态度。

——变革原有的班干部设置，尝试建立班级事务委员会，并引导学生自我选择、自主管理事务，努力为每个学生提供管理和服务的机会，同时学会从其他同学提供的服务中汲取营养。可以组织学生讨论"我们班需要什么样的纪律？外出考察旅行需要什么样的纪律？""学校规章是什么？我们为什么要它们？它们是好规章吗？如果你可以改动一条，将是哪一条？"等问题来共同制订规则。

——班会要提供一个学生们的想法受到认真对待的场所，让学生通过学会在集体中间表达自我，而养成自尊。教师要竭力营造一个道德集体，作为外在的支持，来滋养、巩固学生正在形成的良好品格。如在小组活动之前可以组织讨论"在你小组里为了让事情顺利发展你能做些什么？你们合作得怎么样？下次你如何做得更出色？今天有什么意义？我们如何让明天更好？"等之类的问题。

——注重学科间的相互协作和沟通，发挥各学科之间的横向联系和相互促进作用。对学生学习、生活等方面的基本知识、基本技能、身体和心理素质、学习态度、行为规范进行严格训练，以形成良好的习惯。

——承认并尊重学生发展存在的差异性，不搞"填平补齐"，"不进行分数排队"，淡化学生人际的比较。差异是一种财富，学生表现出来的差异为教育提供了丰富的课程资源，不按统一模式塑造学生，允许学生通过不同途径、多样的方式实现有差异的发展。

1998年十杰教师载誉归来

——尝试建立以学生的兴趣爱好为基础的各种班级小社团，要尽可能发现每个学生的聪明才智，尽力捕捉他们身上表现出的或潜在的优势。不追求每个学生各方面的平均发展，帮助每个学生形成自己的特色和鲜明个性。让每个学生在原有基础上，在不同起点上获得最优发展。

——拓宽学生表现自我的空间，如书面作业、墙壁作品以及课上、课下自我才华的展示、交流。挖掘学生的创造潜能，创造条件使学生经常体验到创造的乐趣。鼓励学生敢于否定所谓"权威"的定论，敢于奇思妙想。我们应该认识到，创造力不是教出来的，只有学生具有真正被鼓励发表他们想法的机会，才能够发展创造力的潜能。

——教师应学会欣赏学生所付出的努力，提供支援。认真听取学生的意见，并耐心地回应。与学生沟通时，表示尊重和关怀，不要忽视有特别需要和要求多些指导的学生。

——教师应学会尊重学生，即尊重学生的需要，用自己的智慧和责任心尽力去满足学生探究的需要，获得新的体验的需要，获得认可和欣赏的需要以及承担责任的需要。关注和尊重学生的需要，是教育取得成功的必要条件。

——教师应学会与家长进行有效的沟通，新课程要取得长久成功，必须依赖学校之外的力量：学校与社区共同努力，来满足孩子们的不同需要。可以考虑成立"家长团"，为课堂教学之外寻找适当的资源和榜样。开展"亲子助学计划"，为孩子的发展提供多方支援，逐步形成学校、家庭、社区、学生的教育"共同体"。

二、创设多向交流的学习方式

我们常常看到这样的情景：

——教师把书上的题目抄在黑板上，领着学生齐读题目的要求，然后逐题分析讲解，然后完成作业，或者是教师不停地提问，学生一一站起来回答教师的设问。整个课堂学生整齐地按着同一个步调前进，不见或很少见到孩子们勇敢地站起来表达自己的感受、见解以及自己的困惑，所有的一切都追随着集体齐步走。

这种情景下的教学，单以知识的获得来看，是成功的，学生可以较扎实地掌握学科知识，从单一的卷面考试看分数也不会低。因此，它成为我们广大教师多年来习以为常的教学模式。

我曾问过一名老师："为什么书上有的题，不让学生看书，而你又抄一遍让他们看黑板呢？"老师说："怕他们看书的时候乱。"从这句话中可以看出，教师对学生学习的能力缺少信任，怕学生在学习的时候开小差，怕学生不会读书，怕学生乱说话……所以，"我要领着学生一步一步往前走。"

学生呢？因为在这种统一化、标准化和程式化很强的氛围中熏陶过久，渐渐失去了孩子原有的灵性，渐渐变得依赖教师。反应快的学生因为不需要有快的发展，也渐渐因缺乏挑战而失去兴趣；反应慢的学生因跟不上大家的思维，干脆放弃。可见，这样的教学氛围不仅未给学生带来生理上的快乐，也很难为学生注入思维的活力。

我又对这位老师说："换一种方式，你看行吗？"一组练习题呈现给学生后，先请他们独立思考，然后小组内交换意见，看有什么补充，最后全班交流那些普遍有问题的题目。即使小组内这些问题都解决得很好了，老师也可以让学生从另一种角度反思：在这些题目中，应注意哪些问题。教师指导的目的是激发学生自主地做事，自愿地交流，在宽松的学习氛围中获得感官上的快乐，得到创造的灵感和可能。

整齐划一的教学不是一种宽松的学习氛围，但是它却主导着我们的课堂至今。

我们习惯了用划一的内容和固定的方式来培养循规蹈矩、听话顺从的"乖孩子"。

习惯了用统一的标准去片面地评价学生。

习惯了负责任地包揽学生的一切。

习惯了领着学生一步一步，按照统一的、格式化的语言进行交流。

还有很多很多的习惯，使得师生的课堂生活应该但却没有充满乐趣，使得学生的学习应该但却没有充满挑战，使得学生很少有自由支配的时间，使得学生的个性难以得到充分的发展。而改变这种现状，需要我们突破旧的教学模式，允许学生探索、质疑，为不同观点创造交流的机会，为学生思考、探索、发现和创新提供最大的空间，使课堂渐渐变成健康有序、开放高效、生动有趣的场所。

（一）"为什么"与"你是怎么想的"

教学是需要在师生双方共同配合下才能完成的，即所谓教学相长。而在教与学的过程中，教师采取什么样的语言是能否创设最优情境的关键。我们都曾看到过这样的情景：上课伊始，教师因某个学生没完成作业，或字写得潦草，甚至总是不带作业本，而大加批评。那种责备生气的言辞、语调，顿时弥漫课堂，对在座的每一位学生都会产生消极的影响，以至于影响着学生和教师本人一天的情绪。

我们还曾看到：课堂中某个学生没答对问题，或上课跑神儿、说话，乃至影响了课的正常进行时，有的教师会用高声地呵斥、蛮横的态度来阻止，以图能够按照自己的意图行事，其结果不外乎情绪的反弹——课堂气氛更糟糕，或集体情绪消沉——丧失了学习的兴趣和积极性。

遗憾的是，这些现象都不是偶尔发生的。

有经验和注重人文关怀的老师，在这样的情境中他会这样处理：耐心地等待学生准备好作业本和书，如果仅有两个人没完成作业，就与这两个学生个别谈话，而不训诫全班，努力用有趣的作业吸引孩子们，用平静的不偏颇的语言、尊重的语言提示学生。在这种宽容、宽松的气氛中引导学生调整自己的行为，使课堂教学平稳顺利地进行。

应该说，学生的习惯、学习成绩和学习效果在很大程度上取决于教师怎样与学生说话，怎样理解他们，怎样引导和评价思维活动。同班级的学生在不同教师的课上的表现会很不一样，这样的情况屡见不鲜，其中一个重要的因素也是由于授课的言语表达质量造成的。教师情深意长、善解人意的话，对于教育"难教"儿童起着很大作用。既然如此，教师鼓励学生的言语智慧，应该成为一项重要的教学基本功。

有的教师在课堂上"为什么"的发问不断，学生被问得一头雾水，教学效果可想而知。如果变换一种方式，把"为什么"改为"你是怎么想的?""能把你的想法说给大家听吗?"同样是发问，所起的作用会大不相同。因为前者使学生处于教师的对立面，以回答是否正确为主要依据，学生因怕回答有错，而遮掩了一些真实的东西。后者将教师放在学生倾听者的位置上，更关注学生实际的想法。

如果教师试图让所有学生承担学习的责任，可鼓励说："谁愿意讲给大家听?"而不是"谁能讲给老师听?"当遇到较难的问题，学生百思不得其解时，教师可以商量的口吻说："老师这儿有一种解法，你们看行不行?"而不是简单生硬地说："看黑板听老师讲。"

作业批改，更强调教师语言的艺术，而不能以简单的"√"与"×"来代替。我常结合不同学生的不同作业情况，给予各不相同的评价："好极了!""真棒!""没想到你又为大家带来一份惊喜。""我知道这些题你一定能做出来。""小马虎又出来了。""哪儿出错了? 好好想想，相信你能改对!""你能讲讲自己是怎么想的吗?"等等。这样夸奖、鼓励和期待的话语，产生的效果绝对比冰冷的"√"与"×"好很多。

教师的言语——教育教学交往的主要手段，应引起我们充分的重视。在言之有物、充满感情的言语帮助下，教师不仅能激发学生的思想和情感，保持学生对所学科目的浓厚兴趣，而且还能帮助学生形成自身各种不同的经验。所以，每一位教师都要刻意塑造个人的语言魅力，少问"为什么"，少说"看黑板听老师讲"，最好经常用鼓动性的和有情感色彩的话语，创造令人愉快的班级教学环境，吸引学生接近自己。

因为只有亲其师，才能信其道，只有被鼓励，才能激发学生的向上之心。

(二) 积极的情感体验

数学是什么? 数学就是找规律、找关系、找模式，形成表达式，并加以证明。这一过程充满着探索与创造，观察、实验、模拟、猜测、矫正和调控，这些正是数学的魅力所在。让学生拥有一个幸福的童年，我们的教学应该让学生获得积极的学习体验和正确的数学认识。

比如，讨论四则计算，我们可以通过讲故事将学生带入一个熟悉的套圈游戏之中：

套中小狗 29 分，小兔子 26 分，小鸭子 37 分，小猪 24 分，小猴子 28 分，小鹿 39 分。

小红说：我两次一共套了 63 分。猜猜她套中的可能是哪两只动物？

小刚说：我两次套中的比 63 分多，可能是哪两只动物？哪一只根本不可能套上？

这样开放性的问题，学生很乐意思考，自觉地调动已有的知识储备，在众多的数据中做出选择和判断。他们通过大概、也许、可能这类的词汇来描述对事物的看法。

值得指出的是，过去的数学强调的是逻辑和精确，课堂上很少有估计、猜测，其实人们在现实生活中经常用到的恰恰是先估计，再做出判断，所以作为公民教育的数学应该使学生不断受到"估算"这方面的熏陶。

我们应该清醒地看到，在过去的教学中，学生的自主精神和创造精神得不到充

1997 年在中美教育研讨会上

分发挥，学生更多体验到的是学习的辛苦和知识的神圣。由此也造成了学生对数学学习活动的许多错误认识，如"学习数学就是练题""数学太抽象、很枯燥""学好数学先要搞懂例题""学习数学的方法就是记忆和练习，因此要熟记公式、定律和法则""只有聪明的人才能学好数学"等。这些错误的数学观念直接影响着学生学习质量（不只是成绩）的高低。

因此，我在教学中，更注意传递给学生一种对待知识的态度，让学生时刻能感受到："这是怎么回事，真奇妙""我要试一试""我猜测应该这样……"学生常常在这种意念的熏陶下，获得的学习数学的经验，将会逐步转化为一种积极的数学信念。

（三）多种方式的数学交流

实际上每个学生都可以学数学，只是不同的学生学起来水平不一，理解的角度、快慢有差异，也是一种再正常不过的事了。所以应该允许学生以不同的方式去学数学。只有个性化的学习，才能使不同的人学到不同的数学，得到不同的发展，这是现代的数学教育观。教师所要做的，就是让这些具有不同思维特点的学生有机会表达自己的思想，而不是用统一的模式要求所有的学生。

比如："每条船最多可坐 8 人，50 名同学需租几条船？"过去常用的做法（也可以说是唯一的）是引导学生计算一下，$50 \div 8 = 6$（条）……2（人），学生通过计算得知需要租 7 条船。这种教学方式注重的是如何让学生快速解答一个问题，而缺乏对问题多种解决策略的探索。如果我们能够有意启发并引导学生交流各自的想法，允许学生可以突破规定的程序，注意引导学生用适合自己思维特点的形式表示，甚至是跳跃式的思维，那么，不仅可以满足不同学生各自的学习差异，而且还可看到学生间思维差异的光彩。

（1）$8 \times 6 = 48$（人）　　6 条船可坐 48 人，多 2 个人，需租 7 条船。

（2）8 个 8 个地加共加 6 次余 2 人。需租 7 条船。

（3）从 50 人里依次去掉 8 人，去掉 6 次后还有 2 人。需租 7 条船。

（4）如果每条船坐 10 人，50 人租 5 条船，每条船多了 2 人，5 条船就多算了 10 人，需再加 1 条船，余下的 2 人再租 1 条，一共租 7 条船。

　　还有个别学生借助学具操作用小棒代表船，用圆片代表人摆一摆，得知结果。

　　也有部分学生这样思考：6×8＝48（人），8×8＝64（人），6条船只能安排48人，不够，而8条船太多了，所以7×8＝56（人），比较合适的是租7条船。

　　这些不同学生表现出的不同思维过程，正是每个学生学习数学的生长点，是学生面对一个问题最自然、最真实的感受。没有必要给学生进行"算理式分析"，更没有必要教一些所谓简练的分析语言。让所有的学生套用同样的程式化的语言去进行所谓算理式分析，虽然把"算理"搞清了，但却会压抑学生丰富而又自然的思考。

　　我们应了解的是学生最真实的想法，而不是一味地将成人化的东西塞给学生。因为只有建立在学生生活背景上的知识才能为学生所理解、接受，进而灵活运用。"学生真实的想法"恰恰是对数学最自然的理解，这是他们学习数学的生长点。

（四）"千米"之教学

　　现在的课堂教学，虽然可以说对知识的传授很系统，学生参与的人数相对来说也比较多，但我仍感到不满足，看得出学生也不很满足，很难达到那种欲罢不能的境界。细想起来，还是课堂上教师问得多，而学生只能跟着教师的问题走，很少有自己独立的思考空间。尽管在思想上我很重视让学生独立思考，鼓励学生想问题，可总是在课将结束时才问学生还有什么问题？在授课的过程中，我却很少给学生创造提问的机会，因而孩子们也就乖乖地听我讲，并回答我的问题，跟着我的问题思考。如果他们能随时将疑问暴露出来，将自己的想法讲出来，教师的教学随着学生的问题展开，那又是一种什么情景呢？学生的问题多于教师的提问，是我致力追求的境界。

　　学生的疑问要随着知识的学习不断产生，那就应让学生充分说出来，让大家讨论，在讨论过程中发展学生的思维。在教学认识"千米"的课堂上，我做了有益的尝试，效果很好。

　　"你们过去在哪儿见过千米这个词呢？"

　　"关于千米你都知道些什么？"

大家纷纷举手，很踊跃。

"我坐汽车时看到仪表上写着千米这个词。"

"我听大人说1公里就是1千米，为什么不叫公里呢？"

"出租车上写每公里1元，是不是说行驶1千米要交1元钱？"

"说河流有多长时都用千米做单位，我想千米该是个长度单位吧？"

"千米与米有什么关系呢？""1000米就是1千米吗？"

"坐火车时，我听爸爸说火车每小时行驶60公里，现在我知道了火车1小时行驶60千米。"

"我们量教室的长度都说几米几米的，可要是量安阳到北京有多远，还用米来量就太麻烦了，所以人们就发明了千米。"

至此，学生明白了千米在生活中应用很广泛，也知道了量很远的距离时要用千米作单位。这时又有学生说："米用字母 m 表示，克用字母 g 表示，千克用字母 kg 表示，我想千米是不是该用 km 表示呢？"大家不由得点点头。

这节课从引入千米，到建立千米的概念，再到米和千米间的进率以及用字母表示，都是在与学生的谈话中完成的。这一过程那么自然，那么及时，孩子们那么投入，表现得比过去积极得多，虽没有按教师设计好的程序进行，但却完成了教学任务。对学生来说，得到的不仅仅是知识，而且更重要的是求知欲望的满足和思维习惯的培养，思维能力的提高。我也在这良好的氛围中感到一种内心的满足和悟到了一个教学的道理，这就是：思维开始于问题；学生的思维是伴随着层出不穷的问题而展开的。教学就是教会自学，教会学生自己提出问题。那些"教师问，学生答"的所谓"启发式"，是形式主义的，往往是把学生当作应声虫，这在实质上是压抑了学生的主体性。

（五）鼓励学生乐于表达

同一个班级的学生之间存在着各种差异，不同的个体思考问题的方法、解决问题的策略都有着自己固有的特点，而这种个性化的方法和策略正是展开教学活动最有价值的教学资源。教师应提供机会，组织交流，鼓励学生大胆地将自己的思维过程展示出来，让思维在碰撞中产生火花，促进不同个体的思维发展。

　　我们呼唤师生民主、平等，呼唤教师走下讲台，走到孩子中去，蹲下身来，与孩子双眸对视、学会倾听、学会接纳、学会欣赏，成为孩子们的朋友，让课堂成为灵感涌动的空间，积极营造一种轻松愉悦的氛围，让孩子们大胆地发表自己的见解，展现自我。

　　积极参与教学过程的学生，往往表现为既虚心好学，不会就想，不懂就问，又敢于争辩，不人云亦云，不迷信书本。只有让学生积极主动地参与，才能使他们在学习活动中不断认识自我。我们要求每一位实验班教师树立起这样的学生观，要相信学生都有自我发展的需要，要给每个学生提供思考、表现以及创造的机会。

　　就数学学习而言，让学生就某一问题展开充分、自由的讨论是引导学生参与的一种较好形式。因为讨论是一种群体行为，可以最大限度地满足学生参与表现的欲望，有助于厘清思路使问题得到解决，同时还能够培养学生的群体意识。

　　一次，我和学生讨论两位数笔算加法，很多学生迫不及待地说："老师，我已经会用竖式计算了。""那你们就先用竖式计算吧，愿意的同学还可以到黑板上做。"我高兴地鼓励了学生。学生提出两个题目 35＋24 和 27＋56，虽然他们都对了，但有一位学生发难了："我听大人说要先从个位算起，我看有的同学是先算十位的。"另一位同学马上说："不管先算谁，只要做对了就行。"

　　到底先从哪位算起好呢？大家热烈地展开了讨论：

　　"先从个位算和先从十位算都一样。"

　　"第一题，从哪位算起都可以，而第二题就要先算个位。"

　　"我想只要相同数位的数相加就可以了。"

　　"我认为还是应该先算个位，如果把第一题个位上的 5 变成 8，8 加 4 等于 12，十位算完 3 加 2 后还要再加 1，要是先从十位加等于 5，过一会儿，还得擦了改成 6，太麻烦了，所以应该先从个位算起。"

　　"那也不一定，我一看个位上的两个数加起来比 10 大，就先记在心里，等加十位时把它加上去，不就行了。"

　　"那你也是先加个位啊！"

　　通过思考讨论，学生自然明白了为什么人们一般先从个位算的好处，同时又十分清晰地认识到"相同数位上的数相加减"的道理。枯燥的计算，在孩子们看来，又那样有趣，因为，是他们自己在创造知识。

（六）意外的精彩

记得在学生刚刚学习一位数除两位数的知识时，作业当中有一道题目：一副手套的价钱是 7 元，一双鞋子的价钱是 84 元，一双鞋子的价钱是一副手套的几倍？

当我让学生做这道题目时，学生开始窃窃私语，怎么回事？我让学生说说自己的意见。原来学生们觉得这道题目书上出错了，因为他们只是学习了一位数除两位数的口算方法，被除数十位和个位上的数都是刚好能被除数整除的，而这道题目中 84 的十位上的 8 除以 7 还余 1，对这个"小尾巴"学生不知道怎么办。"还没学过，那怎么办？"我向孩子们征询意见。有一部分学生却又开始嚷嚷："我们会做，是不是……"学生迫不及待交流各自的想法了。

（1）可以把 84 分成 70 和 14，$70 \div 7 = 10$，$14 \div 7 = 2$，$10 + 2 = 12$，所以 $84 \div 7 = 12$。

（2）$7 \times 11 = 77$，$77 + 7$ 就等于 84 了，所以 $12 \times 7 = 84$，所以 $84 \div 7 = 12$。

（3）$7 \times 10 = 70$，$84 - 70 = 14$，$14 \div 7 = 2$，$10 + 2 = 12$，所以 $84 \div 7 = 12$。

（4）我觉得与前面没什么不一样的，用竖式接着除下去就行了，同样商也是 12。

很多学生不由得点点头。学生展现在我眼前的这些不同的思路令我惊讶，他们是那样的聪慧，一句"我没觉得与前面学的有什么不一样，好像是学过的"同样令我惊讶。当我们成人因怕学生学习困难，而将知识分割成细小的知识点时，学生的理解却远远超出我们的想象，这就是今天的学生！

过去的教材在知识点上的安排往往是很细的，学生学习百以内加法时要分成好几个小部分，如整十数加整十数的、一位数加整十数的不进位的、一位数加整十数的进位的、两位数加两位数的进位和不进位的，等等。乘除法的学习也是如此，这种编排体系一个最大的好处就是，学生可以非常扎实的学习每一种情况下的计算题。但是在这些细小的知识点面前，在一切都是老师准备好的问题面前，学生往往也容易失去独立处理新问题时检索旧知识的能力，也很少出现"不同的观点"。在以后的教学中，我与同学们商定，一般是以一个大的主线安排一段时期的学习，把学生的学习置于一个挑战性的背景之下，让学生充分表达交流各自对问题的理解。通过交流，在教师的引导下，学生的学习变得更加积极主动。

后来我们在研制新课程标准时，极力倡导要摆脱知识点的束缚，打破一个知识点、一个例题较为孤立的教学常规，让学生从整体上把握知识，鼓励教师对教材内容实现再创造。明确提出教学中不要追求知识的"一步到位"，不要把概念过早地"符号化"，目的都是为了鼓励学生独立思考，鼓励学生从各自的不同角度进行多向交流，使创造性的火花能够不断涌现。让学生充分经历"非正式定义"的过程，不追求"统一化"和"最佳化"（如知识的理解与表达方式，问题的求解思路等），在致力于"多样化""合理化"的过程中，以使学生在对知识达到真正理解（自主建构）的同时，促进个性的发展。这些在今天看来，都具有非常重要的现实意义，目前已经较为普遍地反映在实验区的课堂上。

（七）引导学生学会交流

创造性是主体性的最高表现形式。创造素质是人类最重要、最宝贵、最高级的素质，人类正是通过创造这条途径来推动社会历史前进的。

数学教学中创造思维的培养不是孤立的，应把创造性思维的培养融于各部分教学的各环节，通过长时间、大范围的潜移默化，帮助提高学生自身创造性素质。研究发现，人们是否具有创造力的主要因素在于：有创造力的人总是认为自己具有创造力，而缺乏创造力的人认为自己欠缺创造力。所以教师应对全体学生都赋予较高的期望，相信他们通过学习都能发挥自身蕴藏的创造力。

营造良好的教育环境是实现创造教育的前提或催化剂。德国教育学家海纳特指出："从人的天资和使命看，每个人均具有创造力，他们以不同的方法显示出来。这种创造性常受到压抑、束缚和埋没。"努力建立一种自由开放的课堂气氛,让学生自由探索、热烈讨论、各抒己见,通过启发诱导,帮助学生进行有效的创造性学习。所以,把握自由开放的度,则是我要追求的最佳境界。

在指导和干涉间只有细微的界限,如若把握不好指导的度,则极易形成干涉的教育,而这样的教育正好与主体教育相悖。所以把握好指导的度,是教师在主体教育实践中应细心琢磨、努力探索的一种教育艺术。

比如,当学生就某一问题发表自己的看法时,如果教师经常打断学生的思路发表自己的观点,或者教师在学生发言后常立刻发表看法,这就有可能限制学生谈话的思路,这就将指导变成了干涉。

我认为在学生发表自己的观点时,教师应保持倾听姿态,并用目光鼓励学生继续讲下去,对于中间一时思路不畅,也应略等片刻用目光鼓励,使其恢复自己的思路,而不是急于插话。

在学生讲完后,对正确的和有创造性的观点要给予适度的评价鼓励,而且是真诚的。如若学生说错了,教师的评价更应讲究艺术。我在这种时候,常鼓励其他同学阐述不同的观点,有时鼓励同学们就核心的实质性的问题反问对方,使其明白错误所在,而不是简单地说一声:"错了,没关系,请另一个同学说。"

当大家各抒己见进行唇枪舌剑之争论时,我常有意退出讨论,任凭他们吵得天翻地覆,再逐渐平息。同时,我还鼓动其他同学对彼此的陈述做出反应,"摇头""微笑"或发出轻微的声音表达自己的看法。这时我的姿态是倾听、欣赏,是寻找契机,以看我能有什么作为。这也是我所追求的一种更有活力、更有效的课堂讨论模式。

(八) 什么最重要

一位教师按照设计好的教案教学分数的初步认识。

这是一节概念课,学生由整数的认识扩展到分数,是认识上的一个飞跃,二年级学生要认识这个抽象的分数需要借助大量的具体的材料。

教师为了帮助学生理解更是费尽心思,让学生动手折出各种图形的 $\frac{1}{2}$,又让学生从不同的角度认识一个正方形的 $\frac{1}{4}$，目的在于让学生体会出把一个物体平均分成 2 份，每份就是 $\frac{1}{2}$，平均分成 4 份，每份就是 $\frac{1}{4}$。

此时，一位学生站起来质疑，有没有 $\frac{1}{3}$ 呢？顿时，激起了所有学生的思考，他们不由自主地议论起各自对 $\frac{1}{3}$ 的理解。

如果此时教师能顺着学生的思维让学生独自展开对 $\frac{1}{3}$，$\frac{1}{5}$，$\frac{1}{6}$，$\frac{1}{7}$…分数的研究，我想学生对分数的理解不仅是认识上的收获，更多的还有情意方面的发展。

可惜，我们的老师只让学生谈了谈 $\frac{1}{3}$ 怎样得到后，又强迫学生按照自己的预先设计好的程序，按部就班地学习 $\frac{1}{5}$，$\frac{1}{10}$。学生也由对数学的激情，转化为有"理智"的学习，他们的好奇、创造以及展示自我的欲望一下子消失了。

课后，我在想，如何处理这个环节，如何借助于来自学生生动的思想火花点燃大家的情绪，这除了教师应变的能力和艺术之外，是不是还有更高层次的认识，即教师观念的更新，对学生而言什么更重要。

由教师讲出来的重要，还是学生个人的体验更重要？如果认为学生个体学习具有主动性，那么，教师就应该顺着学生的思维开展后面的教学，先谈谈怎么样才能得到 $\frac{1}{3}$ 呢？学生围绕这个话题说说做做，可以更清晰地认识 $\frac{1}{3}$。然后引导学生整体学习 $\frac{1}{5}$，$\frac{1}{6}$，$\frac{1}{8}$…$\frac{1}{n}$，这些分数的学习源自学生个体的需要，又在个体的探究、研讨中使认识趋向完整。因此，不要认为教师没讲到的，学生就不会更好地理解。相反，只要为学生提供很好的思维情境，他们一定能很好地学习。

知识重要，还是促进学生的发展更为重要？一个人没有知识不行，拥有知识的渠道可以是教师赋予，也可以是自己获取，单纯由教师灌输的知识，很难内化为学生的力量。而在教师引导下，学生自我探索的知识，极易内化为个体的力量。从这样的认识看本节课，我想，教师应从观念上明确，在进行课的设计时，如何启发学生，为学生提供自主研究、认识分数的练习材料，而不是教师一讲到底。

单纯性地模仿技能重要，还是学生的独创更为重要？如果认为学生可以实现对数学的创造，那么本节课就不应是一步一步领着学生认识 $\frac{1}{2}$，$\frac{1}{4}$，$\frac{1}{5}$，$\frac{1}{10}$……而应由学生自主地完成知识目标，而且他们的发展目标将趋向多元化。尤其是学生对待数学的信心，将会成为一种财富。学生在课堂里学习的经验大多是在"我们自己发现研究"的熏陶下取得的，而不是"照例题做""跟着老师做"得来的。这种积极信念的形成，是学生课堂生活的兴奋剂，是课堂教学的活力所在。

对学生的发展而言，课堂中的激情、创造、交流、表现、发现，等等，都比教师系统的、逻辑的教授更为重要。

对教师而言，重要的是为学生的不同观点提供交流的机会。

三、让学生分享教学的决策权

学生是课堂的主人，学生是学习的主体。教师是学生发展中的引导者、合作者、激励者。这就意味着师生将共同拥有创造美好课堂生活的责任和权利。因此，教师的教育智慧也体现在如何与学生共同商定某个时期的学习内容和学习进度，共同商定应该有什么样的作业形式；在学习的过程中不仅要让学生学习知识、技能、方法，还要让学生获得积极的情感、正确的态度和价值观，让学生不断拥有被尊重、被信任的体验；为学生尽可能创造选择的空间，让学生在选择的过程中分享教学的决策权，在选择的过程中学会选择，在选择的过程中发展学生的独立性、主动性和创造性。

（一）引导学生学会选择

一节课中，学生喜欢什么样的练习形式，我常常就此征求孩子们的意见，让他们充分发表自己的看法。当他们的意见被采纳后，学生的心中会充满自豪感、喜悦感，当然，也会增加继续学习的信心，往往也抑制不住内心那份很"得意"的神态。

记得有一次，我班上一位性格内向的小姑娘悄悄跑到我面前说："刘老师，我们能不能每节课都进行一次口算比赛？我可喜欢口算比赛了，每次您一说'预备，开始'，我心里就特别兴奋。"其他同学也跟着表示喜欢这种方式。从此，每节课我们都安排两分钟时间进行口算比赛，同学与同学比赛、小组与小组比赛。往往下课了，同学们还在互相谈论，谁口算最快，哪个组错题最少。班里形成了一股比学赶帮的良好气氛。

由于学生间存在着差异，所以同年级、同班级的学生学习同样的内容，学习的进程自然也就不一样。在教学中，我们尝试设立"小助教"，为发展较快、理解能力较强的学生提供一个选择的机会，即为学习困难的学生提供主动的帮助，在帮助同学的过程中表现和发展自己。我常对学生说："作业做得又对又快的同学，可以选择做助教，完成任务后去帮助别的同学；有不懂的，需要别人帮助的同学也可以选择自己喜欢的'小老师'。"

这样，那些思维灵活、完成作业较快的学生为了能荣幸地当上"小助教"，会集中精力，一丝不苟地完成作业，然后在帮助同学的过程中又加深了对知识的理解。而那些反应迟缓、理解较慢、对当堂所学内容有不理解之处的学生，又能得到及时的来自小伙伴充满儿童语言的真心帮助，及时扫除学习道路上的障碍。同时，这种"互助"式的学习活动，也有利于小伙伴间的团结友爱、互帮互助学风的形成。在这样的学习环境中，学生既当班级的"小参谋"，积极踊跃地把自己的想法表露出来，又当"小老师"，不断获得大家的认可，心情自然是愉悦的，学习也是积极主动的。

重要的是，这些活动转化成了一种学生自己爱做的事，因为是"我自己选择的"。

（二）体会自主选择的乐趣

教师的主导作用，还应体现在积极创造条件，精心设计练习，使学生能在那些教育价值相同的习题中进行自由选择。比如，在上课的过程中，我常常这样问："该给你们做怎样的习题，简单一些的，还是复杂一些的？容易一些的，还是难一些的？"（通常学生都选择难而复杂一些的题）或者问："你们谁愿意解答这些问题，其中有容易一些的，也有难一些的。"在布置家庭作业时，我又会问："为明天，我们应准备什么样的练习题？"或说："在这几道题中，你们想做哪几道？"（其实做会哪一道题都能达到同一教学目的）

在练习题的设计和呈现形式上，我也力求让学生尽量多体验一些自由选择的乐趣。比如，学习 20 以内进位加法时，我出示这样一组题：很快求出下面每个三角形中三个数的和。

这样，学生计算时选择运算顺序有一定的自由度。由于要很快算出，就使学生选择了"先凑成 10"的算法，这比让学生直接计算 9＋1＋3＝（ ），8＋2＋5＝（ ），7＋3＋6＝（ ）所起的教育价值要大得多。

习题的结构不同，功能自然也就不同了。

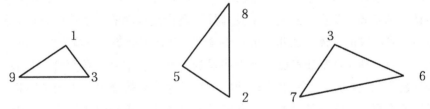

再如学习"接近整百数的加减法简便计算"一课，我用下面的方法引入新课：请大家任选一组计算出结果，要求又对又快。

A 组：375＋198   B 组：375＋200

      265＋299   265＋300

      432－198   432－200

      1860－97   1860－100

通过观察，很多同学自然会选择 B 组。"你们为什么选 B 组呢？有没有什么办法使 A 组的题也能够较快地算出结果呢？"新知识的学习就这样开始了。我认为，这样引入新课，与那种"教师指定做 A 组或 B 组，评比谁做得快"来引进新课的办法要好。因为那样做，会让学生感到竞争不公平，不能让学生享受到自由选择的情感体验。

可以说，教师强制的成分越少，学生体验自由的情感也就越多，与教师合作的欲望自然也会增强。

在教学过程中，教师要创造一切条件，尽可能多地给学生提供自由选择的机会，使儿童真正感到教师是自己志同道合的合作者。

（三）为学生提供选择的机会

选择性是主动性的一个显著特征。让学生真正成为学习的主人，就应该给学生以充分选择的机会，让他们干自己愿干、能干、想干的事情。例如：教师布置的作业有 A 类或 B 类，学生可自选。基本题之外有选做题，让学生选择比硬性规定学习任务更能激发他们的主动性。当新的问题出现时，让学生选择解决的方法，有时让学生自己提出本节课的学习目标，最后检测是否达到目标。在这样的环境熏陶下，学生与教师的合作性日益增强，利用已有知识解决新的问题的能力也逐步提高。

承认个别差异、尊重个别差异是教师具有现代教育观的一个重要方面。要看到每个学生都是特殊的个体，在儿童进入小学时，其知识准备、身体素质、智力发展、兴趣爱好以及其他个性品质都已呈现出明显的差异，就学生自身而言，在某些方面也会表现出不同的特点。这就要求教师要了解学生，掌握全班学生的共同特点及个别差异，研究每一个学生的学习方式和发展的可能性，逐步改变传统教育中"拉平取齐""一刀切"的做法，采取分层教学，使优等生和学习困难的学生在学习上都能得到最大的发展。比如，规定作业的时间相同，学生完成的题数以及难易程度有所不同；学习内容相同，而思维的深度也应有所区别。

在学完长方形和正方形周长时，我们为学生提供了三组不同水平的练习题。

1. 基本题（面向全体学生）。

长方形：(1) 长 5 厘米，宽 3 厘米

　　　　　 (2) 长 7 米，宽 4 米

2. 提高题（面对学有余力的学生，在基本题完成后可做）。

把边长是 4 厘米的两个正方形，拼成一个长方形，这个长方形的周长是多少厘米？

3. 准备题（面对学有困难的学生做完准备题后，再做基本题）。

计算下面各图形的周长：(各种平面图形图略)

这样把练习内容分几个层次，对学有余力的学生来说，适当做些思维难度大的题目可鼓励其博学多思；对学有困难的学生，先做一些准备题，为其顺利解题做必要的铺垫，使不同水平的学生都能逐步提高。

(四) 增强主动学习的意识

教师怎样做才能够使学生主动学习呢？我认为，学生主动学习，不应仅停留在举手发言、认真听讲的外显层面上，也不应只满足独立思考并回答老师的问题。"主动"既有外在形式上的积极参与，更要有内在的积极参与知识建构的过程。"主动"意味着在一个问题面前自发地调动自身原有的能力，主动地尝试新问题的解决。

比如，"怎样才能编出 8 的乘法口诀呢？"这个问题促使学生思索："可以 8 个 8 个地加一加"，"可以把前面已学的有关 8 的口诀列出来再接着编"。对于一年级的学生来说，居然能够条理清晰地反映出对这个新问题的看法，可以说是在主动学习，因为他们在主动地寻找原有知识的衔接点。

"我们是做口算卡，还是做书上的题目？"学生在选择其中一项的时候就体现了"我要主动学习的愿望"。

我们常说要让学生主动学习，但另一方面又担心学生不会主动学习，甚至认为这是不可能的。因此，教师的课堂教学常常表现为一问一答，先示范后模仿的机械练习，唯恐学生"主动学习"的知识不完整、不系统。天长日久，学生生活在教师指令性的语言环境中，其所作所为也就难以谈得上如何"主动学习"了。

其实，"主动学习"是每个儿童的天性，关键在于老师是否将它唤醒，点燃儿童渴求知识的火花。低年级儿童年龄小、知识浅，他们对于学习的目的和责任心的认

识也相当肤浅，这时的主动学习，大多应该体现在对学习本身的情意、趣味上，体现在思维的情感上。如果教师说："打开书第 80 页。"学生在这种指令性的语言中，虽然按要求做到了，但其主动性的感受却很小。如果说："请打开书，该是第几页了呢？"学生在这样的语言的启发下，马上可以联想到上次学到了第几页，然后迅速翻到相应的页数。可见，让学生主动学习，往往是在一些细小的问题上点燃了他们学习的热情和愿望。

淡化分数竞争意识。在国外，"分数"是一个人的隐私，非经本人同意，教师无权公布。而在国内，人们对学生的考试分数非常在意，将"分数"作为一个竞争的有效刺激手段，广为适用。"张榜公布""排名次"，其思想根源是认为促进学生（尤其是学习困难生）学习的主要动力是竞争。其实这样做更容易诱发学习困难生的自卑、自弃的心理。

我们更追求一种合作的课堂气氛，即应淡化人际的比较，重视个人之间的纵向比较。我们认为，有进步就是成功。强调为每个学生创造成功和发展的机会。在对学生进行数学学习的评价时，既要关注学生知识和技能的理解和掌握，也要关注他们的情感和态度的形成和发展；既要关注学生数学学习的结果，也要关注他们在学习过程中的变化和发展。对学生学习过程的评价，应该考查学生是否积极主动地参与数学学习活动，是否乐意与同伴进行交流和合作，是否具有学习数学的兴趣，让学生在解决问题时，谈一谈自己的想法，以了解学生数学思考的过程。这样既有利于教师全面了解学生的学习状况，又有利于保护学生积极主动的学习愿望。

（五）家庭作业的背后

我和老师们曾就如何布置家庭作业，展开过一场讨论。有的老师认为，作业要有弹性，要给学生自主选择的空间。可以在某个时期（或一个单元或一周）要求完成某项作业，让学生在此期间内拥有一个自己主动安排学习时间、主动完成任务的空间。也有的老师对此持不同的看法，其主要的担心是怕个别自觉性差的学生到时肯定不能按要求完成任务，等到过了这段时间发现已经晚了，而在短时间内他又不可能补上落下的作业。这样，容易造成一些学习自觉性差或学习习惯不好的学生有空可乘，最终导致学业上的落伍。不如每天统一布置，统一检查，使教学落在实处，以保证教学质量。

从表面上看，这两种不同的观点焦点在于，家庭作业以什么样的形式布置和以什么样的形式检查，乃至学生有什么样的收获。深入分析，其差异不仅仅在此，而是在一种观点交锋背后不同观念的反映。如果观念相同，不同的观点可以在交流中形成共识。因为大家都有一个共同的理念。很显然，前者的教学价值观是以人的发展为本，凡事追求学生自主。可能在这个宽松的氛围中，有个别学生不如人意；但大多数的学生在这个过程中，自主完成作业的价值不仅仅在于完成了知识的目标，而是在这个过程中可以获得非常好的发展。但问题是，想法很好，可现实中的确又会产生一些因此而落后的学生，我们又有什么理由丢下这部分学生呢？

争论中，我们慢慢意识到，问题出在我们的思维方式上。长期以来，我们太习惯了整齐划一，凡事"一刀切"，齐步走。这样我们找到了问题的症结，自然解决的办法也就有了。那就是尊重差异、区别对待。对个别缺乏自觉性的学生，教师每天关注一下，提醒一下，必要时给予及时的帮助。而对那些自觉性强的学生不妨经过一段时间后，组织他们交流一下，让他们不断意识到自己独立选择作业的价值，体验在自主选择中成长的快乐。

讨论最后达成了共识。但我再一次地感受到，在有的教师习惯于统一、习惯于一个标准的"习惯"中，一部分学生成为另一部分学生的陪同者。所以，简单的家庭作业布置的方式不同，学生的发展也不同，这里又直接反映着不同教师的教育价值观。

什么都可以等待，唯有学生的发展不能等待。

（六）合作的学习小组

开展小组合作学习，不仅可以增大学生自主学习的空间，同时也是转变由教师一人控制课堂的一个有效途径。

夸美纽斯在确立班级授课制之时，明确提出班级教学的一个最大优点（相对于个别教学）是同学之间的相互影响具有积极的教育作用。问题是在传统的教学实践中，这一优势未能真正发挥作用。同学之间的人际影响局限于教师的权威控制，学生的学习更多地体现为集体学习背景中的单独学习。同伴交往增进个体认识、情感、社会性、价值观等方面发展的诸多功能，在课堂上得不到实质性体现。

实际上，传统班级教学的弊端并不在于其集体性，反而恰恰是没有真正发挥出集体相互学习的优势，忽视了课堂上同学的交互作用所带来的教育价值。而采用小组合作学习，可在一定程度上弥补班级授课制的不足。

小组合作学习应具有以下一些特点。

首先，根据学习水平、智力特点、性格、性别等方面的差异，进行异质分组，以利于互相学习，取长补短。

其次，合作学习小组不是简单个体所聚集的一个群体，而是有一定共同目标的集体。个人目标的达到与集体目标的达成是息息相关的。在集体中既强调竞争，更注重同伴间的合作，这不是几个学生简单地坐在一起学习的形式，而是真正缩短心理间的距离，是相互支持、互相帮助的关系。

再次，在学习中给每个学生获得充分发言的机会，让每个学生都真正地获得平等参与学习的机会。在讨论问题中，不仅优、中程度的学生充分发言，尤其鼓励学有困难的同伴交谈自己的认识，如有不懂的问题，本组同伴将给予帮助。由于他们用自己理解的儿童化的语言来说明，往往比老师更容易贴近同伴，会收到意想不到的效果。

我们认为，在小组合作学习中，并非放弃教师的责任，亦非让学生"自由地"任意活动，而力图打破"教师满堂灌，学生静静听"的陈规陋习。旨在千方百计地让学生动起来，积极主动、合理有效地参与到教学过程中。

成立合作学习小组的目的，是使每个成员都能够强烈地意识到自己的权利。个人责任是确保所有组员在共同学习中，能加强实际能力的关键。每个小组成员的努力，对小组的成功都是必需的和必不可少的；每个成员都有各自的贡献，因为他们有各自的资源、角色和责任。

合作学习小组，不是简单个体所聚集的一个群体，而是有一定共同目标的集体。教师有责任帮助学生明确一些小组学习的基本规则。包括：

1. 积极的目标。让学生们认识到只有组内全部成员都达到自己的目标时，他们才能达到个人目标。

2. 积极的奖励。当小组达到预定目标时，每个组员都可以得到相同奖励。

3. 相互分享资料。使学生认识到，要完成任务，必须将各个成员的资源结合在一起。

4. 组员之间的角色互补。为了完成共同任务，必须给每个成员安排互补而且又相互联系的角色以明确各自的责任。如朗读者、记录者、理解程度的检查者、参与的鼓励者、知识的解释者等角色。

我们要结合数学内容的学习，使学生逐渐学会如何开展小组合作学习。如讨论前，每个成员先要独立思考，把想法的要点写下来，再分别说出自己的想法，通过讨论形成组内的意见向全班汇报，等等。同时为了保证这个规则的实施，小组内的成员又有明确的分工，如主持人、记录员、噪音控制员、操作员、汇报员等，每周一轮换，让每个学生都能通过不同的岗位，体验合作、体验成功。

合作学习的有效性体现在相互配合上，追求的是互补，建立的是任务分工和个人责任相结合的共同体。在这个过程当中，需要增强学生合作意识和合作能力的培养。

首先，培养学生的责任意识。让学生明确参与小组讨论是自己的责任，让学生懂得要完成学习任务，听、思、说、做，四者缺一不可。

其次，培养问题意识。即训练学生在听课时，在吸收信息中，头脑要出现：说什么、是什么、问什么、干什么、怎么样的问号，使学生能带着问题听，带着问题想，逐渐形成勤思敏问的习惯。

再次，培养整体互补意识。让学生懂得在小组讨论中，发言是每个人应尽的责任，但不是最终的目的，主要目的是合作学习，互相促进。因此，讨论追求的是互补，而不仅仅满足于发言。要从别人的发言中吸取营养，要努力给别人以诚恳的帮助，要学习从多数人的发言中，归纳出小组的主要意见，从中得到提高。互补意识的培养，有利于提高合作学习的整体水平。

我们还应当有意识地传授给学生一些合作的技能。例如：

基本的合作技能包括在群体中、管好自己、用正常声调说话、按顺序说话等。即让学生知道自己要在群体当中，与大家共同学习，不要游离在小组之外，这是最基本的。用正常的语调去说话也很重要，往往很多学生是不会用正常的语调表达自己的想法的。所以，教师要适时给学生这方面的知识，使他们能够正确把握在小组内、在全班、在课下以及两三人谈话的不同场合，使用不同的音调。可惜，这个问题被相当一部分教师忽略了。

复杂一点的合作技能包括会鼓励同伴、每个人都参与活动、经过判断接受别人的观点、帮助他人。比如，可以用"我同意你这个观点""挺好的！"或者竖起手指表示我对同伴的赞赏，这些都是非常好的技能。然而，现实中很少有教师注意到这些，并把这些技能不断地传授给学生，恰恰在这方面人们却遵循着"无师自通"的原则。

高年级的学生可以学习更高级一些的合作技能，如解决冲突、针对观点而不是针对个人提出批评、达成共识、能够提出自己善意的建议或者是批评。

可以说，有效的小组合作学习，可以降低由教师一人控制课堂的权力，当学生分享这份权利的同时，教师应该也必须交给学生一些技能，使得这种权力分享真正扩大学生通过自主学习取得的发展。

四、创设学生自主探索的空间

在未来的数学课程中，教师将成为学生探索数学王国奥秘的带路人。数学课堂将成为师生共同活动的场地。教师带领学生探索各种模式与数学结构，解决各类问题，发现各种规律，提供种种机会让学生享受成功的欣喜，获取发现的欢乐，欣赏数学的美，从而体会到学习数学的价值。而教师在其中既要扮演"教"的角色，也要体味"学"的角色，才能成为学生在学习中的良师益友。

（一）有利于学生自主探索的课堂结构

知识的学习过程是一个接受的过程，更是一个创造的过程。每节课怎样让学生发现、探索、创造，是设计者（教师）首先需要考虑的问题。教师应该立足于促进学生的自主发展，引导学生借助已有的知识去主动获取知识。这是最高教学艺术之所在，同样是列方程解应用题教学，不同的老师会做出不同的处理。

一种思路是，先引导学生复习含有未知数的文字题，接着出示例题，对例题进行非常细致的分析，诸如条件是什么，问题是什么，都交代得非常透彻。在此基础上理出题目中的数量关系，设未知数并列方程解答。然后学生模仿例题，一步一步地做题，在熟练中获得一种技能。

另一种思路是，先出示例题（叫问题更为妥帖），鼓励学生或独立、或小组合作学习，寻找问题中蕴含的所有的数量关系，让学生利用已有知识和能力，尝试用多种方法解答此题。教师只组织学生就这些不同的解法做出比较，弄清每种解法的基本思路是什么，使学生在尝试比较的基础上悟出列方程解应用题的本质，是将未知的问题当作已知的数据参与运算。

无疑，这后一种思路更有助于问题的解决，因为条件多了，解答时路子就必然宽了。最后，让学生从一组题目的解答中，体验用方程解题的优越性及列方程解题的基本方法。

我们且不去过多地分析一些细节之处，仅从大的教学线索看两种教学思路背后所隐藏的教育观念（有些是不被教师所意识的）。通过分析，不难看出，前者课堂的基本结构是"复习旧知——讲授新知——巩固新知"，体现的是以知识的传授为目标，关注的是学生对新知"懂不懂"，至于学生自主解决问题、探究、合作等方面的发展，则考虑得很少。后者上课的基本结构是"问题情境——合作探究——解释应用"，体现的是以知识为载体，为学生创设自主探究、合作学习、体验成功的学习氛围，它关注的是学生求知"会不会"及"能不能"。显然，后者提供给学生的发展空间较大，它体现的正是现代主体教育观念。因此，教师要不断地巩固学生想要成为发现者的愿望，使学生成为一个"发现者""研究者""探索者"。

（二）开放的教学设计

数学学习不应是一个简单接受的过程，而应是学生自己体验、探索、实践活动的过程。因此，要将数学学习过程转变为学生对数学的体验过程，以获得一种体验性的学习，就必须让学生去做数学，就不能简单地将那些抽象的符号、概念和法则直接呈现给儿童，而应是一个需要尝试和探索的任务。

在教学设计中，教师的思维方式直接影响着课堂的质量。现在我们都在谈论转变思想，究竟转变什么思想呢？说到底就是转变思维方式。只有科学的思维方式，才能不断提高人的潜力。

主体性发展的课堂教学，不是封闭的、静止的，而是开放的、发展的，它不能循规蹈矩，更不能按部就班，它应以学生的发展现状及发展需要为出发点。我们过去的数学教学关注的是最终的数据，而新的数学教学则注重数学知识与数学思维的同步发展，注重积极的过程性目标。

以一道简单的数学题为例，教师一般的提问法是："我有 1 枚 5 分硬币，1 枚 1

角硬币，1枚5角硬币，共有多少钱?"学生在这个问题的引导下，只需进行简单的计算。教师则看重学生最终的计算结果是否正确。

开放的思维方式呈现的问题是："我有3枚不同的硬币，最多可能有多少钱?"学生在这样的问题指引下，不仅要运用计算的技能，更重要的是促进其分析、推理、判断能力的提高。可见，不同的教育思想，会带来不同的思维方式。我们的教学设计应时时体现新的、开放的思维方式，这样才能保证主体教育意义下的课堂教学变成现实。我们常说提高教师的设计能力，也就是要鼓励大家改变多年来形成的思维习惯，积极寻找新的思维方式。

一位老师在讲授小数加减法时，打破了许多旧框框，一改过去的由教师出示例题、讲解算理、学生模仿练习的机械教学，而是首先让每个学生课前做一些商品物价的调查，然后制成标牌卡，学生充当采购员，任选两种商品计算它们的总钱数。由于情境的选择与儿童的生活联系密切，学生情绪高昂，积极主动，他们借助已积累的生活经验，自己寻找计算方法，感知小数点对齐的算理。接着教师适时引导学生求两种商品的差价。在交流中，学生们轻松地掌握了小数退位减的方法，一节课完成了过去三四节才能完成的任务。在这里，教师智慧地将自己隐藏到幕后，学生表现出极大的主动性和创造力，这正是我们追求的一种教学境界。

教学设计不等于单纯的备课。传统的备课即以知识的最终获得为目的，是直线型的。而教学设计是要预测教材内容、学习环境、教师行为所引起的效果，并规划自己的教学行为，即形成设想，这是一节课成功的前提。

备课，这是多年来老师习以为常的，也是教师职业生活中一项重要的工作。备课凭借的依据是教材，是自己多年来积累的经验。备课的目的是设法使自己能够把教材上的知识讲清楚，让学生能够听明白，能够进行模仿练习。

教学设计则是教师具备一定的教育理论素养之后，对教学工作的一种新认识。它将教师施教之前的工作看成一种智慧的再创造，它需要将知识、情感、学生以及教学方法等多种因素巧妙地整合在一起，以达到育人的目的。

注重备课的老师以将课本知识传递给学生为己任。注重教学设计的老师则把自己看成一位"工程师"，在考虑学生获得知识的同时，更关注获得知识过程的情感体验，学生的创造以及学生的发展潜能。

注重备课的老师，关心的是课堂上如何按预计的方案完成任务，不期望教学中有意外的事情发生。而注重教学设计的老师则以不断体会和把握教学规律为目的，在追求预设目标实现的同时，更加追求课堂教学中的生成性目标。不断追求课堂教学的创造性，教学的魅力也因此而不断闪现。

（三）鼓励学生思考与创造

夸美纽斯有一句名言，"教一个活动的最好方法是演示。"他主张打开学生的各种感觉器官，包括眼睛看甚至手的触摸及动作，弗顿登塔尔将这一理论发展为"学一个活动的最好方法是实践。"二者没有太多的区别。但后者的重点是从教转向了学，从教师的行为转到学生的活动。从感觉效应转为运动效应，更深刻地反映出教育过程必须通过教师与学生双方的积极参与，才能解决问题。

有意义的数学学习，必须建立在学生主观愿望和知识经验的基础之上。有效的数学学习活动，不能单纯地依赖模仿与记忆，动手实践、自主探索、交流反思是学生学习数学的重要方式。因此，数学的学习不应成为简单的概念、法则、公式的掌握和熟练的过程，而应该更具有探索性和思考性，鼓励学生经历数学的学习过程，让学生在解决问题的过程中，发展探索与创新精神。从这个观点出发看我们的教学，同样是"圆的周长"一课，不同的教育观念决定着教师不同的教学方式。

第一种方法，教师为学生提供大小不同的用硬纸剪的圆和相关的学习材料，如直尺、彩带等，学生分成小组，按教师所提的要求，先测量出每个圆的周长和直径，再通过计算，寻找圆周长与直径的关系，进而得出圆周长的计算公式。

第二种方法，教师也为学生提供大小不同的圆和相应的材料，所不同的是这些圆有的是用硬纸做的，有的是用软布做的，有的直接画在一张纸上而没有剪下来，同样是让学生分小组探索圆周长与直径的关系。

粗看，这两种方式并无太大差异，都注意了让学生通过动手操作积极参与学习过程。但细细分析，两者为学生提供的探索空间却有着明显的差别。

第一种设计，虽然也为学生的主动探索提供了一些机会，但依然将关注点放在了计算公式的导出和运用上。因为，无论学生测量多少个圆的周长，由于每个圆都是用硬纸剪裁，只是大小不同而已，得出周长的方法无非是滚动法或绕绳测量法两种方式，在这样的情境中，学生只能进行同一层次的思考，欠缺对问题的探究。

第二种设计，更关注学生主动探索与创造的可能，而不仅仅是为了计算公式的得出。"想办法找出这些不同圆的周长",学生在这个问题的导引下,通过积极合作,硬纸做的圆,可用滚动或绕绳的方法测出,但软布剪的圆,则不能这样量,怎么办呢?学生在欲罢不能的情境中,大脑细胞得以激活,诱发了学习探索与创造的欲望。在小组合作学习中,通过相互启发,用折叠的方法,先量出圆的 1/2 或 1/4 周长,再推算出整个周长。面对纸上画的圆不易直接测量周长这一问题,学生又自然转入探索周长与直径关系的研究,整个活动充满着挑战。教师为学生提供了充分的从事数学活动和交流的机会,学生则在自主探索的过程中,真正理解和掌握了数学知识、数学思想和方法。在这一过程中所获得的数学活动经验,又有助于学生形成一种积极的正确的情感和态度,为进一步的学习不断积累有效的经验。

知识的学习过程是一个接受的过程,更是一个创造的过程。每节课怎样让学生发现、探索、创造,是教师首先要考虑的核心问题。教师应该用学生的眼光来看教科书,精心选择学习材料,合理设计活动程序,让学生能借助已有的知识和经验主动获取知识,探求解决问题的方法,课堂教学才能显现出应有的活力。

(四)组织有"活性"的数学练习

数学练习是学生学习数学中一项最常用的形式。数学练习对于学生的发展有着至关重要的作用。不同的数学教师具有不同的情意和思维价值。有的教师只意识到练习题的技能性,坚信"熟能生巧",其教学行为必然是题海战术。如果建立以"学生发展"为本的教学观,则必须挖掘练习题的发展性,即有选择的练习形式,使练习题具有较高的知识含量。

我们帮助学生猜想、创造和解决问题,帮助学生学习数学推理,帮助学生发现各部分数学知识间的内在联系,帮助学生发现数学与现实生活的联系。这一切都要建立在不断帮助学生理解数学基础知识、掌握数学的基本技能之上。而学生则应通过一定的、有效的练习达到内化数学知识、熟练数学技能的目的。

在练习题的内容上强调知识的"活性",即通过学习,使学生明确数学的作用,学会在问题解决的过程中检索信息、提取已有知识的能力,学会综合运用、灵活运用知识,而不是花大量时间演练与升学考试相类似的题型。教师应向学生提供解决非常规的数学问题,解决与日常生活有关的问题,解决开放的或没有固定结论的问题。

我们学过百分数后，曾组织学生开展了一些调查活动，从调查的数据中提出数学问题并解答。学生走向社会调查的范围很广，商品打折、利率、税收，等等。从提的问题来看，也反映出学生的思维灵活和对这部分知识的深刻理解。这比那些"实际完成计划的百分之几?""三月份比二月份节约百分之几"来得生动。在此后，我们就下面的问题展开了数学交流。

商店所有的商品都打七五折。但星期日则在此基础上再降 10％。如果你是在周日买东西就可以得到 35％ 的优惠，你说对吗?

如果你想买一件衬衣，原价 80 元，首先增了 10％，又减了 25％，你认为是比原价多了，还是少了?

在练习的形式上，也力求能够多样化，增大练习的密度。加大密度不是一般意义上的题量的增加，而是知识的密集度。即用尽量少的习题，练习尽可能多的知识。过去学生学到的知识，往往不知道在什么情况下使用，也就是说在利用某种知识去解决实际问题时，却不知道去提取相应的知识信息。因此，学到的知识是僵化的，而僵化的知识只能在一个限定的背景条件下才能提取出来。要改变这种现状，教师的责任就在于编制出"知识密度"大的练习题型，使练习的功能扩大。在练习方式上，更多地采用了书面练习、口头练习，实际操作练习相结合的形式。

例如：有关比例尺的练习。一般的教师通常采用题组的形式让学生去熟练掌握有关比例尺知识的运用。这也是我过去教毕业班时常用的。虽然学生经过练习，可以非常熟练地计算各种习题，虽然学生可以应付各种考试，但是学生发展中许多可贵的品质却在"题海中淹没了"。

当我重新面对这个知识时，首先考虑到的是，如何让学生体会到比例尺的作用，学会利用这项知识设计自己的生活。这样一种新的练习形式产生了，而课堂的活力也充分地显现了。

每个小组一份地图，有的是世界地图，有的是中国地图，有的是林州市地图，还有的是英国或美国地图。相同的地图大小又不一样。

练习要求：

1. 说一说图上所标比例尺是什么意思？

2. 设计一个旅行路线，算出两地间的实际距离。

3. 选择一种交通工具，计算行程时间。

飞　机：900 千米~1300 千米/小时

火　车：80 千米~150 千米/小时

汽　车：60 千米~130 千米/小时

自行车：15 千米/小时

步　行：5 千米/小时

这种练习形式，兴趣盎然，练习题的情意功能得到很好的体现。学生全力投入练习时，他们又遇到了书本上所未讲过的实际的问题；有的小组在比例尺的相互转换时，始终不能一致，"怎么回事?"大家凑在一起，边量边说，时而兴奋，时而懊丧。最后终于发现一般的地图上是用 1cm 长的线段表示实际的距离，而有的地图是用 0.5cm 或 0.8cm 来表示，这一问题的解决带动了学生思维的活跃。

任选两地算出实际距离又为学生提供了较大空间，如有的去观光游览他们选择了名胜地区，有的要出国考察，有的到乡下考察，并根据比例尺计算出了两地的实际距离。

第 3 个学习要求同时赋予了最大的选择功能。有的学生为了图快捷，去林州也毫不犹豫地选择飞机做交通工具，一计算只要 0.03 小时，连 2 分钟都不到，显然坐飞机不合适，进而改用其他工具。在这种练习中，学生初步体会出什么是"合计合计"。更可喜的是，当他们用文字表述自己的作业时，相当一部分学生用到"两地距离至少是多少""至少用多长时间"，反映出学生对"理论"与"实际"的理解。

数学练习在每节课、每个环节中都占有相当重要的位置。学生主体性的发展也正是在这一节一节、一环一环中得以培养的，而现行课程具有"情意和思维"价值的题目太少了。

主体教育实验发展到今天，要求教师，而且是每一个教师都要充分地创造，使"教材"更适合学生的发展，也可以提升教师的职业价值观。"乐业"高于"敬业和精业"，而"乐业"的基础就在于不断地有一种探索和创造的冲动！

（五）数学课要上出数学味

目前，人们看一节课是否成功，更多的是看学生表现是否积极，课堂气氛是否活跃。可以说在不同的课上，学生的发展应有所侧重，数学课则应注重学生的思维是否活跃，即数学思维是否得到充分发展，离开这个前提，数学课也就失去其独特的价值了。

在一个宽松的学习气氛中，多数学生都会表现出兴奋、活跃的状态，随之思维也积极地运作起来。这只是一节课成功的前提。数学课还应更多引导学生参与数学活动，在活动中不断"数学化"。数学思维是"动"的数学，而数学知识本身是"静"的数学，学生的数学学习和研究应该看作数学思维过程和数学思维结果这二者的结合。

数学教材是数学知识的体现，数学教学中如何正确地使用教材、科学地处理学习材料是数学教学研究的重要内容。

现在我们的数学课开始走向活跃，我们同时还应该时刻意识到这种活跃，实质上应是数学思维的激活，而不是一般情感上的宽松和学生毫无数学意义的回答。如果在数学教学过程中，教师把教材内容的安排不做处理而是直截了当地呈现在学生面前，则会掩盖学习数学知识中的思维过程。只有当数学思维过程充分展开之后，教师的主导作用才能体现在学生思维的"数学化"上，使数学课真正上出数学课的味儿来！

现行教师的思维方式是注重学生计算结果是否正确。改变一下思维方式，我们会发现其中有许多宝贵的教育资源，而资源的开采和利用全赖于教师的教学设计能力。我们在研制数学课程标准的时候，听了一位在美国做研究的学者介绍了一节美国小学四年级的课，当时，我对这节课很感兴趣，所以就把它及时整理了出来。

第一组：计算　　$4 \times 4 = ?$　　　　　　$3 \times 5 = ?$

$7 \times 7 = ?$　　　　　　$6 \times 8 = ?$

$8 \times 8 = ?$　　　　　　$7 \times 9 = ?$

第二组：如果　　$26 \times 26 = 676$　　　　$25 \times 27 = ?$（不计算）

$19 \times 19 = 361$　　　　$(\ ) \times (\ ) = 360$

第三组：上面的题目有什么特点，你能再找出一些像上面这样的题目吗？

第四组：（建立在学生大量思维背景的基础上）你能用一般的形式表述这些题目的规律吗？你能对你的发现加以证明吗？

$$n \times n = n^2 \qquad (n-1) \times (n+1) = n^2 - 1$$

透过这个片断教学，我们看到，即注重的是归纳、猜想、寻找规律、寻求证明，并形成一般的表达式，对发现的规律加以证明。可以说，学生参与了一个数学研究的基本过程。

我们应该追求把教学看作师生共同学习、共同探索数学规律的过程，在这个过程中，师生共同形成数感，共同建立数学模型。

每个人的思维方式不同，学生对数学的理解也以不同的方式进行。教师只有置身于学生当中，才能给予恰当的引导，从这个角度讲，每个活动的展开，都力求使学生从活动中，看到自己参与的价值，看到自己学习的结果。

以能被3整除的数的特征举例。学生利用提供的小棒、数位表等结构性强的材料开展探究性的学习，教师要真心实意地把学习权还给学生。相信学生能够在操作活动中，在小组交流中找出被3整除的特征。同时提供思维含量较高的学习问题引导学生的思维。

1. 用几根小棒摆出的数能被3整除？用几根小棒摆出的数不能被3整除？

2. 小棒的根数与所摆的数有什么联系？

3. 猜想能被3整除的数有什么特点。

4. 写几个数验证你的结论。

如果说数学知识是学生主体性发展的基础，那么，让学生经历数学知识的发生、发展及掌握的过程，则是发展学生主体性所必不可少的前提条件。数学教学侧重于思维的发展。只有通过数学活动，才有可能激活学生的思维，使之不断迸射出创新的火花。在活动中体验数学的逻辑美，进而形成一种求真、求新、求美的科学态度。

基于这种思想，我致力于创设学生活动的情境和提高活动质量。为学生提供探索和创造的材料，让学生在探索中"再创"数学知识，而不是把现成的知识塞给学生。也就是要让学生自己去积极探索，学习创造。唯有这样，才符合人的认识规律。学生的创造兴趣和创造智慧，也只有在这种探究性很强的活动中才能得到培养和发展。

（六）数学活动中的再创造

活动，是主体身心参与的主客体相互作用过程，是学生积极能动地获得切身体验的过程。如果把数学教育作为一个活动过程来加以分析，在这个活动中，学生应该处于一种积极、创造的状态，这个"活动"的性质是"再创造"，而不是简单模仿接受。这个"活动"的形式有外部的感官动作，更注重内隐的思维活动。弗赖登塔尔的"再创造学"，就是重在课堂上创造条件使学生处于活跃、自由、有创造欲望的状态。根据教师提供的实例或具体的"数学现实"，由学生自己发现数学结论，即让学生参与"数学化"的过程。从而使教学成为一个趣味盎然的活动。学生在思考中活动，在活动中思考。

我们怎么认识活动？

就学习数学而言，分外部活动和内部活动两类。外部活动指形体操作，耳、目、口、手等参与下的运算、交流等。它是引起内部活动的条件。内部活动主要是智力操作，一般包括思考、观察、独立解题等。

一切都是内外渗透、相互转化的。教师应把导思和导行有机结合起来。同时，须明确内部与外部活动的终极目的，是使学生爱"思"会"想"，发展其思维品质和能力。

比如：学习长方形的面积计算，学生探究计算公式是重点，如何激起学生的参与的欲望呢？我设计了两个问题：

①比较两组长方形面积的大小，明确长方形面积与它的什么有关。经过学生观察、思考得出与它的长、宽有关系；长边相等，宽边长，面积就大，或长宽都长，面积就大。

②再出示一组长方形：一组长边长、宽边短，而另一组长边比较短，而宽边长，学生不能很快判别出到底哪个图形的面积大。自然引出须研究长方形的面积与长、宽有什么关系。这一环节的活动，对学生而言是内部的，以思考为主。

　　探究公式一环，则以内部、外部活动交替开展。学生在教师提供的结构性较强的材料之中，通过合作学习、互相启发，"再创"数学公式。而每个学生则积极动手拼摆，独立思考面积与长、宽之间的关系，以外部的操作活动，促进内部的思维活动。

　　当学生面对长为8cm、宽为6cm的长方形，而手中只有20个$1cm^2$的小正方形时，全部的脑细胞都激活了。"不够摆，怎么办呢？"有的小组竟然提出几个小组合作就够了，如果只能用这些小正方形又该怎么办呢？学生经过思考终于得出只要沿着长边摆8个、宽边摆6个，就可推算出它一共能摆48个$1cm^2$的小正方形，因而它的面积就是$48cm^2$。为推导长方形面积公式奠定了良好的思维基础，可以说学生的活动是有效的，是直接指向"思维"的。而最后的公式得出，自然是水到渠成的事，丝毫不会有教师塞给学生的痕迹。学生体验自己探索的兴趣和成功的喜悦，这些远比单纯获得这一公式的价值要大得多！

　　引导学生"发现"数学中的个别知识或发现计算法则、适当的定义，或独立地推导公式，或多种解法是实现创造教育的核心。虽然学生是在发现着人们久已熟知的东西，但就学生自己来说，却无疑是对某种新东西的发现、发明和独创的成就。在某种意义上说，这种活动十分肯定也是数学创造能力的一个部分。而且这种"发现的体验"对学生而言，不仅可加强他们创造思维能力的自信，同时对于发展和强化创造思维能力也将起很大的作用。

　　数学思想和数学方法领悟是实施创造教育的关键。数学思想比其成果更为重要。成果主要以知识形态出现，而知识是容易陈旧、过时的，知识的有效性是短暂的，而思想的有效性却是长存的。对于学生来说，将来工作中用不到的数学知识很快会忘记，数学知识本身在人脑中存留的时间不会太长，而数学思想和方法对他们的影响却是长久的。

　　我发现，当我们解放学生时，学生就会不时显示出对某些数学问题的真知灼见，闪现出数学思维的绚丽火花。即使学生对某个问题的认识是粗糙的，甚至有某些错误，但经过适当的点拨，可能会获得创造性的见解。学生也会朝着我们所期望的目标发展。

（七）教应着眼于学生的学

审视现在的课堂教学，不难发现存在着两种误区：一种是认为教学方法的优化纯粹是教师的事情，于是绞尽脑汁思考"教"的招数，脑子里盘旋的尽是怎样把学生"讲"懂"教"会。另一种是知道"教学就是教学生学"，于是不顾及学生的知识水平和接受能力，一味强调自学，采用"放羊式"教学，以为这就是"教学生学"。前者发生的频率较高，尤以公开课为甚，大家一同琢磨"奇"招，以"奇"制胜。陷入这两种误区的根本原因就是教师没有树立发展的观念，只以知识的传授和掌握决定教学的出发点和归宿。

我认为"发展"的观念，至少包括两部分：

其一，知识是发展的。教材上的某项知识只是相对稳定的一个点，是知识发展中的一个点，而且是运动的。

其二，学生是发展的。教学不是为了单纯掌握某项知识，而是通过获得一种知识，达到发展思维，促进情意、态度的健康发展的目的。不同阶段学生又有着不同的发展现状和不同的发展目标。

具备这两个发展观之后，重新审视我们的教材，必然会认识到，教材乃教学材料，与"教学内容"有着不同的界定。教师不是将教材上的内容原封不动地"塞给"学生，而要分析教材，理解和把握教材。这时，教师眼中的教材，已经包含了教师自身许多知识和情感的因素，自然比原来丰满了许多，才真正成为"教学内容"。这也就是体现了"知识"是发展的，教学生的内容自然也应是发展的。这是教的前提。

解决了"教给学生什么"的问题之后，就该考虑"怎样教"了，即如何体现"学生是发展"的这一观念。教学效果的好坏不是取决于教师教了多少，而是取决于学生有效地学到了多少。离开了学生自己的积极活动，教师的一切努力都将成为泡影。因此，教师要根据学科特点，大纲的要求，从不同的教学内容，不同年龄学生的心理特征，去合理安排以学生怎样"学"为轴心的教学活动。即促使学生能够在学习活动中，经历一个把外部知识、感情材料通过头脑进行的内部言语活动，转化为内部心理智能这样一个内化过程。

从这个意义上说，教师在教学中的提问、板书、讲解、布置作业都包含着如何从"教"的角度去唤起学生的"学"。

以循环小数为例。就知识而言，属于纯概念性的，只需告诉学生，熟记，再举两个例子应用，一般能达到掌握知识的目的，却远达不到"发展"的目的。我在教学这部分内容时设计了以下的教学环节。

1. 课始"诱"发学生学的欲望，提供4组题目，让学生分组比赛，学生急于算出答案，无奈，每组中都有一个除不尽的商。

A. $2.7 \div 4$ $70.7 \div 33$ B. $0.75 \div 1.5$ $1 \div 3$

C. $34 \div 35$ $123 \div 37$ D. $7.2 \div 5$ $19 \div 150$

故而很想知道这是怎么回事。

2. 新知的展开并未因学生急于知道而全盘托出，而是由学生根据教师的提问，一步一步寻找答案。以 $70.7 \div 33 = 2.142$，除到第三位时，学生开始讨论：

①谁能很快看出万分位上商是几？为什么？

②接着该商是几？为什么？

③若要你再写几位，能写下去吗？

④写不完怎么办？省略号表示什么？

学生的思维目标明确，有力度，孕育着循环出现的思想，这样教学既符合学生的认识与能力，又使学生体会到这项知识是自己寻求的、发现的，这点更为可贵。可以说整个教学内容的确定、教学环节的设计，体现了教师的"发展教学观"。学生获得的也不是纯教材上干巴、枯燥、逻辑性强的纯理性知识了。

如果我们每一次的教都能立足于学生的学，可以想象师生都应该走上一条高效的通道。教师舍去了许多低效的、花样繁多的教学形式，朴实中见真功。学生也少了许多低效的不利于发展的重复的读、写、算作业，但却学会了学习。

（八）知识的活性在哪里

我们说学生的发展离不开知识的学习，问题是怎么样的知识学习才能有助于学生的发展。一般来说，知识可能有两种状态：一是作为僵死的学问堆放在人的脑子里；二是作为工具经常运用。在第一种状态下，学生的学习会变得越来越困难，对知识的态度会越来越冷淡，知识多了，不是变聪明了而是愚笨和僵化了。

在第二种状态下，学生越来越渴求知识，酷爱知识，越来越醒悟、机灵，他们变得聪明了。

形成第二种状态的知识学习，关键在于教师是否赋予知识以活性。而"活性"的源头应该在教师的心里。

九九乘法表，可以说是让学生非死记不可的一个知识了。这样的知识活性在哪里？怎样体现呢？对于一年级的学生，我出了一个挑战性的题目：

猜一猜，$12=\triangle+\triangle+\triangle$
　　　　$12=\square+\square+\square+\square$
　　　　$25=\bigcirc+\bigcirc+\triangle+\square+\bigcirc$

经过思考，学生利用乘法的知识猜出$\triangle=4$，$\square=3$，$\bigcirc=6$，很快得到$\triangle+\bigcirc+\square=13$。按理问题到此也该结束了，但是学生们的思维正在兴头上，我应该将他们向更深的一步引入：

谁还能想办法把$12=\square+\square+\square+\square$写成乘法形式？

孩子们经过思考马上说到用3×4。

不，谁能换成另外的形式，不给别人说出$\square=3$。

孩子们经过短暂的沉默，忽然说："是不是要用符号表示数？""$\square\times4$，对不对？"同样"$\bigcirc\times2$，$\triangle\times3$"，"哦，原来是这么回事。"

可以说，这样获得的知识是有活性的。一年级的学生空谈代数是不现实的，但是他们确实在生动地体验代数的思想，这样的学习是有生长力的。

挖掘知识的活性，才能够真正地使学生成为知识的主人，他们不断获得知识，还会不断地更新、再造。学生在这样的知识情境中学习，从内心能够体会出自己作为一个发现者、研究者、探索者，从而形成了一种对待知识的积极态度。同样一个知识，是否能赋予它活生生的、有思维价值的形式，关键在于每个教师对待知识学习与学生发展是否建立起一种正确的观念。

（九）讲清楚？还是想清楚？

提起复习，首先想到的如何由教师重新组织各知识点，很清楚、很系统地讲给学生。而今天则应首先想到怎样在教师的引导下，组织学生进行积极主动地复习。

学生数学知识的获得，是靠教师讲清楚，还是靠学生想清楚？建构主义学习观认为，数学学习并非是被动的吸收过程，而是一个以已有知识和经验为基础的建构过程。

从数学学科的特点看，学生所学的数学知识是前人思维的结果。学习这些知识，不是简单地吸收，而必须通过自己的思维，把前人的思维结果转化为自己的思维结果。这个转化就是"建构"。弗赖登塔尔称为"再创造"。也就是由学生本人把要学的东西自己去发现或创造出来，而不是把现成的结论灌输给学生。

从这样的认识出发，数学知识的复习，应由学生自己梳理、归类，自己建构各知识间的联系。教师的任务是设计情境，提供学习材料，适时点拨。其中情境的创设立足于思维情境，即激活学生思维，主动回忆，再现已学知识。如"圆的周长和面积"单元复习，公式很多，不同的条件选用不同的公式，这些公式之间有什么联系呢？教师提出："如果你们认为有联系的话，请用图画出来。"学生在这样的问题引导下，会主动再现已有的知识，积极构建"知识图"。经过独立思考，组内交流，班级的讨论，使自己的"知识图"清晰、科学，而这正是学习的真正意义所在。

教师提供的学习材料，也力求多样化，而不只是练习题型的。可以是只给条件，让学生根据条件解决相应的问题。也可以给一个问题，让学生主动寻找相关条件加以解决。这样学生才能在练习中提高能力和应用的意识。学生在构建"知识图"的过程中实现了再创造，在知识的运用中形成了技能。

所以，复习课的设计也应立足于学生的再创造，只有通过自己的再创造活动而获得的知识才能真正被掌握和灵活应用。在"再创造"的过程中，学生的创造兴趣和创造智慧才能得到培养和发展。而这一切正是建立在学生想清楚的基础上，而非仅仅是教师讲清楚。

五、关注学生直接经验的获得

事实上，学生并非上学后才接触数学，也不仅仅是在数学课上才接触数学，他们在日常生活中会碰到各种数学问题，从而形成自己的数学认识，这些数学知识虽然是非正规的、不系统的，有的概念是模糊的、不清楚的，甚至是错误的，但对学生来说是生动有趣和真实的，是进一步学习数学的基础。

教师应该意识到，学生对数学现象的理解表现出稚嫩、不成熟是非常自然的，但是，这种水平的理解又是最具有个性的，是学生对自己心目中数学的真实反映，学生基于经验的不那么完整、不那么精确的表述会逐步走向对数学真正的理解和表达。今天这些自然真实的表达，将有助于教师找到有针对性的教学方向。研究学生的经验，鼓励学生用自己的方式表达对数学的理解，是引领学生从现实世界一步步接近抽象数学门口的钥匙。

如果一个教师认为数学就是公式、法则、记忆、练习，那么他的课堂教学行为必然是满堂灌、注入式。如果一个学生产生了数学艰深难懂、枯燥无味的思想，必然会导致失败，形成回避数学课，回避数学老师，不接触数学读物的自闭行为。可见，不同的人有着不同的数学观，不同的数学观会导致不同的学习或工作行为。面向新世纪的教育就应该使学生树立热爱数学、自觉运用数学方法和思想的意识和行为。而这一目标的实现，有赖于一节一节数学课上积累的数学经验。

所以，强调数学教学应从学生已有的生活经验和个人知识出发，让学生亲身经历将实际问题抽象成数学模型，并进行解释和应用的过程。积极创设充满趣味的、生活化的、富有探索性的问题情境，是新课程着力追求的一个目标。重要的是我们不仅要重视学生的生活经验，而且还要创设条件让学生有机会表达出来，使这些经验不断地升华为他们的数学现实。

在这个意义上，教师要意识到生活中蕴藏着丰富的数学课程资源，要在促进生活中的课程资源与书本上的知识两者相融方面，投入足够的精力。这样，才有可能引导学生感受数学知识的意义和作用，进而增强学生的学习兴趣与动机，并不断提高对自己能力与责任的认识。这样原本枯燥的数学学习，就有可能成为一项乐在其中的有趣的活动了。

（一）关注学生的个人体验

因为只有个性化的学习，才能使不同的人学到不同的数学，得到不同的发展。教师所要做的，就是让这些具有不同思维特点的学生有机会表达自己的思想。

比如在淡化大数目运算的同时，强调算法多样化，为不同的学生提供不同的发展空间。

当学生面对 24 筐苹果，18 筐梨，过去强调的是单一的纯运算，一共有多少筐，而今则尽可能多地赋予它生活的气息："王叔叔的车一次最多装 40 筐，请问这些水果能一次运走吗？"

先让学生估计一下，进而产生计算的愿望：24＋18。

"你是怎样算的，交流一下。"

学生不仅掌握了一种竖式运算的方法，而是呈现出丰富多彩的计算方法。如：

(1) $4＋8＝12$ (2) $24＋6＋2＝32$

          $20＋10＝30$ $32＋10＝42$

          $30＋12＝42$

(3) $22＋20＝42$ (4) $24＋18＝42$（竖式）

$$\begin{array}{r} 24 \\ +18 \\ \hline 42 \end{array}$$

交流中，学生思维活跃，根据自己的情况，选择适合自己的算法，计算不再是一种单纯的操作技能。算法多样化，增加了思维的含量，又促进了个性的发展。

（二）尊重学生的差异

与以往教学强调共性、忽视个性相比较，主体性发展教学强调尊重差异，并把学生间客观存在的差异，看作一种教学资源而加以开发和利用。这是主体教育的一个基本思想。

每个学习者都有他的特点，根据个人特点进行学习，才会获得最佳效果。这就要求赋予学习者要有一定的自主权。以作业布置为例，教师不应简简单单地向学生宣布今天的作业是什么，而应想方设法将学生的愿望与学习任务有机结合起来，经常与学生共同讨论"根据自己的特点，从这些题中任选几道"或"为了明天的学习，今天的家庭作业应选什么内容"，使学生既保证基础知识的学习，又能通过自我选择达到多方面的发展。

各科的作业也要有弹性，既可在某个时期内共同完成一项作业，也可鼓励学生根据自己的特长爱好自己选择科目，能力强的学生选择多种形式，能力弱的也至少要选择一项。学生的发展应呈多样化，我们也可从中看到学生间差异的光彩。

不同的学生，有不同的思维特点、不同的生活经验和不同的知识背景，应让这些处于不同水平、不同层次的学生都能体验到成长的快乐。

"因为有了你，我才喜欢当老师。""你"不仅包括天资聪颖、活泼开朗的"好学生"，更包括那些较为木讷迟钝、学习吃力的"困难生"。我们更应该看到后者身上蕴藏的发展潜能，同时应认识到教师对他们表现出的尊重、信任、宽容和接纳，会为其带来成长的动力。教师的权威不是建立于学生的被动与无知的基础之上的，而是建立在理解、宽容、尊重学生的能力之上。

（三）用数学眼光看生活

学习数学，一方面要使学生了解和掌握数学的最基础知识和基本技能；另一方面要使学生逐步建立起正确对待周围事物的态度和方法，即学会用数学观点和方法来认识周围的某些事物。

图1　学生眼中的数学

我们过去的教学往往比较重视解答现成的数学问题，即课本上已经经过数学处理的问题（如应用题），学生只要按照学会的解题方法，一步一步地去解决就可以了，不需要考虑这些问题的来源和作用，更不需要自己去发现和寻找现实生活中的数学问题。长此以往，自然形成一种惰性，只习惯于解现成的数学问题，而缺乏发现和认识现实生活中存在的数学问题的能力。

实验中，我们学习了国内外数学教改的经验，给孩子们创设各种情境，并鼓励他们用数学眼光去观察生活，用生活中收集到的数据自编应用题，结果孩子们编的题目情节丰富，内容充实。从一年级开始，他们就试着用不同的方法，交流他们眼中看到的数学问题，小到家里有几人吃饭、家具都有哪些形状，大到根据超市调查销售情况做一个销售预测分析。他们表达的方式也是多种多样，数据、图表、语言、图画，将学生们看到的丰富世界中蕴含的数学问题形象地表达出来。学生自己从生活中抽象出的数学问题，解答时自然乐此不疲。我们称这种自编应用题为"数学作文"。在充满着生活气息的学习中，孩子们逐步感觉到生活中处处有数学，逐步认识到运用数学知识可以解决很多现实问题，同时也减少了学生对数学的神秘感，增强了学好数学的兴趣和信心。

由于一向的熏陶，许多同学都喜爱用数学日记的形式，与大家交流自己对生活中数学问题的感受，老师们也在其中通过与学生的不断对话，引导学生的进步。透过这两幅师生作品我们可以看出，学生是那样的喜爱数学，数学已走进他们的生活，数学不再陌生。

有一次我看到我班的学生小莹在数学日记里这样写道："我经常坐地铁，我看见地铁里贴着许多交通示意图。从图上我看出北京已经有三条地铁线路。有一线地铁是从苹果园到四

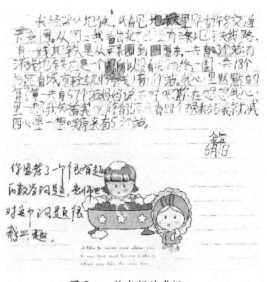

图2　一位老师的感悟

惠东，一共有 23 个站；环线地铁应是一个圈，所以没有头没有终，一圈共有 18 个站，还有城市轻轨（13 号线）有 16 个站。我心里默默的（地）算了算，一共有 57 个站。妈妈说不对吧？你在（再）想想。我心里一想，我知道我哪错了！原来有四个换乘站，就减了 4，心里一想，噢！原来有 53 个站。"

看到孩子在日常上下学的途中也这么爱动脑筋，思考与数学有关的问题，我由衷地喜欢这个孩子。而且说实在的，我自己还没有思考过这样的问题，即换乘站是两条路线都经过的站，因此在求和时只能计算一次，否则就重复了。这是多么好的来自生活中的一道数学问题呀。我当时很自然地写下了这样的评语：

"你思考了一个很有趣的数学问题，老师也对这个问题很感兴趣。"

看来，教师只要为学生打开一扇通往数学的大门，孩子在行进的路程中会不断地给我们带来惊喜。

（四）观念比方法更重要

重视知识结果的教学，往往侧重于学生解题技能的训练。既重结果，又重过程的教学，更侧重于学生数学思想的熏陶和数学意识的形成。因为数学学习不仅是指知识的学习和能力的提高，而且也是观点、信念、态度等形成的过程，这些将对学生今后的数学学习乃至整个人生都产生重要影响。从这个意义上说，让学生形成必要的数学思想和观念，比单纯的解题方法重要得多。

数学成果主要以知识形态出现，知识是容易陈旧的、过时的，知识的有效性是短暂的，而思想的有效性却是长存的。对于学生来说，以后工作用不到的数学知识很快就会忘记，数学知识本身在人脑中存留的时间不会太长，有用的主要是数学的影响，作为数学教师真正需要他去做的，就是要把潜存于教材的数学思想、数学观点提炼出来，让学生得到教益。

当然，并不是说方法不重要，应明确认识到，一旦学生形成某种观念之后，其解题思路就会打开，解题方法和策略会更灵活和多样化。

以一道常用的数学题为例："一本书，已看了 20 页，已看的和剩下的页数一样，全书一共多少页？"如果教师只关注学生是否会解答此题，学生的方法只能局限于几种。

而当学生长期受一定数学思想的熏陶，就可自觉用转化思想实现解题策略的多样化。

将分数 $\frac{2}{7}$ 转化为已看的与剩下的比为 $2:7$，可得到如下解法：

$20 \div 2 \times (2+7)$　　$\dfrac{20}{2} = \dfrac{x}{7}$　　$\dfrac{20}{2} = \dfrac{x}{(2+7)}$

$20 \div 2 \times 7 + 20$　　$20 \div 2 \times (7+2)$　　$20 \times \dfrac{(2+7)}{2}$

这多种解题方法可使学生思维灵活，对数学知识间的联系运用自如。

数学思想与观念是在数学知识充分获取的基础上形成的。数学思想是学生数学思维模式内化的结果。数学基本思想包括集合思想、函数思想，等等。我们常说一个人有没有"数学头脑"，主要是指这个人是不是能用数学知识来处理具体问题。在日常生活中，人们常说"心中有数"，就可以认为是量化观念在日常思维中的反映。而常说的"举一反三"，就是一种"依存"观念的形成。它是数学科学最鲜明、最重要的观念。数学中反映时空位置关系的"坐标"，对于认识人类社会和自我意识都具有非常重要的现实意义。一个人只有意识到自己生存空间中所处的坐标位置，才能正确处理复杂的人际关系。因此，为实现数学的教育功能要求每个数学教师应时刻意识到："观念比方法更重要"。

（五）在具体实践中获得认识

数学来源于现实，也必须扎根于现实，并且运用于现实。因此，小学数学教学应本着从现实中来，到现实中去的观点，努力为学生创造丰富多彩的背景材料，让学生自身参与到活动过程中，主动获取科学知识，发展多种能力，促进主体性发展。

新课程中加强了对学生的统计意识、空间观念、估计的意识等方面的培养。要知道，学生拥有这些数学观念，很大一部分靠的是在不断的实践中体会、调整、感悟，最后形成自己的认识。所以，数学教学就要注重体验性的、过程性的数学内容的学习。

通过学生自身的体验和活动，把教材内容与"数学现实"活动结合起来，使学生成为积极的学习者。"千克的初步认识"是学生第一次接触重量单位的起始课。衡量学生重量观念建立的一个重要标准就是能结合生活估计一下 1 千克大约有多重。

为达到这一目标，教师首先应充分了解学生在生活中对重量已有哪些了解，哪些认识。

"你们听到过家里人曾说过物体重量的话吗？"教师提出这一问题，在于诱导学生将原有的、模糊的、无意听到或用到的有关重量的言语充分讲出来。一则使教师了解学生原有的生活经验，以便有针对性地开展教学；二则学生在谈话中也充分体会到，我们将要学习的知识与生活有很密切的联系。同时可降低学生对新知识的陌生程度，提高学生的参与意识。

1千克究竟有多重呢？新知的学习核心则围绕这一问题进行，按小组每人体验1千克沙子的重量。每人都用手掂一掂，接着根据自己的体验，估计所带物品大约多少重1千克。这一环节中学生的参与达到高潮，两手分别拿标准的1千克沙子和自己估计的1千克物品掂一掂，感觉一下。最后由老师再称量一下，看谁估计得准。学生置身于这样的环境，热情自然高涨，学生获得的"1千克"的重量观念也比较真实、准确，而且能根据自己的生活体验估计一下。教师完成这些环节之后，又将学生参与的积极性延伸于学生的生活，因为"4个大苹果的重量约是1千克""8个不大不小的橘子约重1千克"。学生对"1千克"的体验成了具体、生动的生活原型，自然会运用于生活，会主动接受、运用。这样的课堂教学活动体现了来源于生活，又回到生活中去的一个认识过程。

现在的数学课堂正在改变着过去那种"复习——引入新知——例题——练习"模式，课堂开始变得有趣、活泼。我们为学生的学习创设了丰富而又形象的学习场景，有的充满着神秘的童话色彩，有的洋溢着浓厚的生活气息，还有的是充满着很强的探索性，从上课的开始就吸引着学生，引导着学生进行积极的思考活动。

例如：教学元、角、分一课时，不是从所谓知识点出发进行系统的讲授，即怎样认识人民币，人民币的分类，元、角、分之间的关系等，而是利用学生已有的生活经验"在日常生活中你见过、用过哪些人民币？"引导学生互相交流，将学生在生活中积累的知识再现：与爸爸妈妈上街购物时见过人民币；在购买文具时使用过人民币；在过年时得到过压岁钱……

这些体验正是学习本节课的基础。学生交流在生活中使用人民币的经验和认识不同币种的方法，在师生互动中完成了对已有经验的归纳和引申。然后通过讨论"买1元钱的笔记本，有多少不同的付钱方法？"探索元、角、分之间的关系，最后通过模拟购物活动，进行实践运用。整节课洋溢着浓厚的生活气息，学生在一系列鲜活的事实和生动直观的感受中，建立了对人民币的深刻体验。两个大的问题构成了本节课学习的主线，学生主动调动生活中积累的经验，教师不再像过去那样将这些内容分成许多细小的知识点，一步一步地教给学生，缺乏思考性和挑战性。

新课程提倡要创设贴近学生生活的情境，同时强调数学教学应从学生已有的生活经验出发，让学生亲身经历将实际问题抽象成数学模型，并进行解释和应用的过程。积极创设充满趣味的、生活化的、富有探索性的问题情境，正是新课程着力追求的一个课堂教学改革的目标。让学生感受数学与生活的密切联系，感受学习的必要性，进而产生学习的需要。可以说，生活中蕴藏着丰富的教育资源，只有将生活中的教育资源与书本知识两者相融，学生才有可能感受到学习书本知识的意义和作用，才会增强学生的学习兴趣与动机，从中意识到自己的责任与价值，学习就有可能成为一项乐在其中的有趣的活动了。

（六）用自然语言表达对数学的理解

我们说，儿童对数学的理解常常是稚嫩的、不成熟的，但是这种理解又是最具有个性的，是学生对数学的真实反映。教师正是从这些自然真实的表达中，实施有针对性的教学，学生也只有通过不完整、不准确、不成熟，才能逐步加深对数学真正的理解和表达。

例如，学生在学习《认识物体》一课上，通过小组学习中的摸一摸、比一比等操作活动，用自己朴实生动的语言表达对不同物体特征的认识，他们认为：

长方体长长的、边上有点扎手；

正方体6个面一样平，长方体不一样平；

（学生认为的平就是这些面的大小是相等的）

长方体有一点儿长，而且左右跟上下不一样长，正方体上下左右一样平，还有8个角；

圆柱体只能向前滚，而球体是可以乱滚的；

圆柱体有两个面平平的，四周还没有棱，球体没有平平的面，也没有棱；

……

从这些言语中，孩子们已经对这些物体的特征有了基本的直观认识，教师没有必要归纳几条标准的让学生记住，更没有认为学生回答的不完整或是不准确而加以限制。这些自然而又真实的语言不仅有利于学生直观地理解数学，有利于教师了解学生思维的真实状况，而且，有助于激发学生创造性火花的闪现。

课堂上，学生随时可能会闪现出与众不同的想法，这些想法有些是比较常规的，有些确是"特异"的。当有的学生受到表达能力所限，不能把自己的想法完全表达清楚时，教师也应给他留下一定的时间，作为一个平等的倾听者，细心倾听每一个学生的发言，这样才可能理解学生的真实想法。否则，就有可能忽略学生的创新思维，泯灭学生的创造意识。尤其要认识到，在教师自己也没有完全理解的情况下，要相信学生的潜能，请小组内其他同学帮助解释，以保护学生的创造意识。

我们应该清醒地认识到，随着社会的发展、人类的进步，人们将面临更多的机会和挑战，人们所应有的基本的收集整理数据、加工处理数据以及获得结论和做出选择，并进行有效的表达和交流的能力，都将成为未来公民的必备素养。为实现这些目标，我们不仅应该重新审视数学教育应有的价值和目的，还应重新认识我们的学生，研究学生数学学习的方式和过程，通过变革教师的教学方式，全面改善学生的数学学习方式，逐步建立一个学生主动探索、自主学习、体验数学的再发现过程，让学生在数学学习中体会数学的价值，增进对数学的理解和应用数学的信心。

我心中的教师

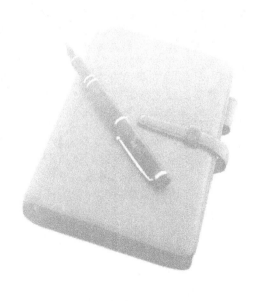

因为有了你，我才喜欢当老师

这是我们在主体教育八年的实验中，用心血和智慧谱写的让每个人都心动的一句话。它表达了我乐于做一名小学教师的最朴素的情感。课堂深深地吸引着我，"学生"已构成我生命中不可缺少的部分。

听说当老师有三种境界。

第一种是传授知识。以传道、授业为己任。一切遵循着"书上这样说的"，每天就就业业，把前人总结好的东西传给学生。在他眼里，讲得清楚的就是好老师，听得明白的就是好学生。我要尽力做个好老师！

第二种是启迪智慧。在传道、授业、解惑的过程中，想方设法让学生学得更聪明、方法更好、策略更多。他在不断地追求教学的技巧和熟练度。在他眼里，教师的教学要有"道"，学生的学习要得"法"。我要努力做这样的优秀老师！

第三种是点化生命。这样的老师在不断地实践着再熟悉不过的、而又时时被遗忘的一个普通的话语——教书育人。在他的眼里，知识、能力、方法，等等，都成为学生发展中必不可少的营养素，他能够不断地让学生保持对知识的浓厚兴趣，他能够不断地激发学生的自信和对事物的探索欲望，他能够在学生遇到成长障碍或失去动力时，用智慧之光唤起学生对希望的追求！他也许做不到爱每一个学生，但他懂得并做到了尊重每一个学生；他珍惜和孩子的每一次和每一刻，精心营造快乐的校园生活，使孩子生活得更快乐、率真、明澈。

我一直在用心学做这样的老师！

一、真心接纳每一个学生

人被接纳，才会有被理解的感动；人被理解，才能从中体会什么叫宽容；在宽容的氛围中，人与人之间就少了一些排斥，又多了一些包容。这就叫作人对人的尊重。在这份尊重中蕴含着一种信任，这份信任又会带来自尊，而自尊又会产生一种自我发展的动力，这不正是教师期望的结果吗！

做教师，就要对儿童最终掌握知识的能力和行为充分信任，并坚信他们能积极主动地练习各种必要的技巧，相信儿童有能力来调整自身的行为和进行自我评价，允许儿童独立地自我思考、决策，自己解决问题和表达他们的思想。其实发展正在于克服困难，当我们有意识地留下一些困难时，才能使学生最大限度地处于思维激活的状态之下，使学习真正成为学生自主的活动。

做教师，就要学会与学生建立一种包容的关系、对话的关系、共享的关系！

（一）选择学生，还是选择教法?

教师爱学生是施教前提，但怎样才能做到爱学生，不同的教育观念下的教师又有着不同的行为。主体教育理念强调爱学生首先是能接纳学生，接纳学生的一切，包括他们暂时表现出的缺点和错误。

当学生注意力不够集中，无法像其他同学那样全身心投入学习时，这是许多老师遇到的最常见的事。你是一味责备、埋怨，还是反躬自省：怎样使课上得让每个学生都喜爱？你是置之不理，还是积极引导，设法吸引他，设法唤起他学习的欲望？

有的教师，视班上出现这样的学生为"倒霉"，"天下的笨蛋怎么都到我班上来了呢？"这些挑三拣四的教师，最终自己的路越走越窄，"笨蛋"也越教越多。

其实只要转换一下视角，你会发现每个学生都有他可爱之处。世界的丰富多彩，正是得益于人与人的差别，而教师也正是从这许多的不同中，体会到挑战的乐趣。正视学生间的差异，不带任何功利色彩的教师则能从内心深处接纳他们，然后创造机会和条件帮他们不断进步。这时你就会发现，他们在一天一天地进步，路子越走越宽。

当学生因年龄特点——爱动、好动不慎办了一件错事，你是着急上火，还是首先接纳学生这个人，然后主动、真心地与他一起承担这件事的后果？往往一些老师要么对学生严厉批评，责令下次不许了；要么认为自己无能为力，向家长、校长告状，以推卸自己应承担的教育责任。其实，教育的艺术应在于将问题转化为机会，学生的问题恰是教师不断修正自我、不断进步的契机，只有在真心接纳学生的前提下，你才会利用和把握好这些契机。

当学生课上回答问题与教师想法不一样时，怎么办？是为了一味地赶教学进度，把学生牵回到预设好的问题上，还是千方百计让他的想法、他的结论和他的疑虑有一个表述的机会，使得课堂因他提出的问题而更加精彩？

当学生终于举起手来，在众目睽睽之下，回答错误时，你是批评，是不置可否，是简单地让其他同学给予纠正，还是对于课堂上经学生思考后的东西无论对错都先予接纳，然后再引导学生加以讨论、辨析，使之认识得到升华，使得课堂溢满温情又彰显活力？

……

我常想，当老师的就要"爱学生"。从一般意义上说，每位教师基本上都能做得到。但是，若要一种大智慧的爱，却又十分不易。因此，我们就要不断修炼自己，使自己面对学生时，能够抛弃一切功利色彩，纯洁教师灵魂，有一种独特的教师情怀，包容、接纳、鼓励、宽容、引导、激发、唤醒、感召，真心接纳孩子，才会为孩子们创造一个一个发展的机会，让每一个学生能按着我们的教育目标健康成长。

教师只有做到大智大慧，才能用积极的眼光看待学生的差异，正视学生的困难和不足，真心扶持学生从成功走向成功，从失败走向成功。

（二）设法走进孩子的心灵

小雨，在学习上表现出最大的障碍就是注意力不集中，常常一道题做不完就"溜号儿"，做事不能善始善终，经常不交作业，任务意识淡漠，对参与群体活动没有热情，总是站在一旁观望小伙伴们的游戏。小伙伴们也很少邀他一起活动。我曾多次与他谈心，都无济于事。"你怎么又没交作业？"

"对不起，刘老师，我忘了。"

"今天把作业补上，少玩一会儿。"

"好的。"

结果，一个不留神没看住，他跑了。

"你昨天怎么没做作业，就跑了？"

"……我不会，上课没听懂。"

"那你怎么不注意听讲？"

"对不起，我上课脑子里总想一些很奇怪的事。"

"什么奇怪的事，能说给老师听吗？"

"我说不出来。"

他还是摇摇头，我依然叹口气！

"当你用了 100 种方法，还不见效时，请寻求第 101 种"，这同样是我的一种信念。我对他暂时的不满意，只能说明这些方法对他不适合。我一直在寻找一种机会，转化这一僵局。

一次家访，小雨的姥姥谈起了他："他爸爸对他很严厉，也不亲，稍有犯错，常常打得非常狠，他妈妈还在一旁数落，身上的疤痕很多。"

之后，利用在学校吃午饭的机会，我和小雨聊天，谈家中的一些事，撩起衣服看看，果然，孩子的背上有伤疤。我明白了，孩子在家里缺乏应有的爱，如果在学校又得不到老师和同伴的爱，他会渐渐远离我们。我一定要唤起他的自尊，让他感到关心和关爱。当他课上的作业再没完成时，我小声提醒，同时用手摸摸他的头和背，而不是大声呵斥。遇到他不会的题，我耐心讲解，有时干脆告诉他答案，以使他能写完作业和小伙伴同时玩耍。渐渐地，他养成了按时写作业的好习惯。两个月过去了，一次他的作业，四道题全做对了。我禁不住夸奖他，而他却说："我字写得不好，要不再写一遍吧。"我为他的进步和我们心灵沟通的成功而感动。

我还听说，有一个老师与班上的同学一起在教室里种了一棵"心情树"，上面爬着"45"个小动物，孩子们根据自己的个性挑选小动物，把自己的名字写上去。如果觉得自己这一天内表现棒、心情愉快，就在小动物身上挂一颗闪光的金星；如果认为表现一般，就在小动物身上挂一颗绿色的星星；如果认为没有得到机会表现，心情不愉快，就挂一颗红色的星星。放学前，老师和同学及时关注星星的颜色，想方设法给挂红色星星的学生创造展示的机会。在这个过程中，孩子们学会了表达自我的感受，懂得了关心与互助，而且还知道什么叫调整自己的心情，星星的颜色变化周期也由一天换成了一周，甚至更长时间。

每一个孩子都有自己的个性，每一个学生的个性都是一片纯净的蓝天，这个稚嫩的生命只有在体验中不断受到滋润才能健康地成长。作为教师，有义务更有责任为每一个生命个体搭建展示的平台，为他寻求成长的机遇，呵护他们的对美好事物的向往之心。

（三）要精心呵护学生

我们常常以成人的眼光看待学生，以成人的标准指责学生，以成人的语气训斥学生，而又常常意识不到这会给学生带来多大的刺激或伤害。

一天，在课堂上我走近一位正在写作业的学生，低头看她的作业，发现其中一处少写了一个0，我用很轻的语气（自以为是很轻）说："看这儿有问题了!"只见她一惊，一下不知所措。我一看，急忙拍拍她的头："没关系，过一会儿你再找找看错在哪儿了。"这是一个很优秀的学生，相对其他同学来说，她与老师接触的机会多一些，距离要近一些，可仍然会被突如其来的指责吓得惊慌失措，更何况那些经常"犯错"的孩子呢？

这件事让我想到，对待孩子一定要耐心细致，至于用什么语气都应讲究，尤其是批评、指责（必要的），也要在学生有充分心理准备的情况下进行，以免他们幼小的心灵受到伤害。

伤害学生的自尊是教育上最大的失误。当然，这不是说可以放松对学生的严格要求，而是要在保护其自尊心中进行教育，使学生明白道理，而又不丢面子；认识错误，而又不失去信心；知道问题的严重性，而又不因此而惧怕老师，疏远老师。

（四）发展在于克服困难

阿莫纳什维利认为，学习总是伴有一定的困难的，试图把困难从教学过程中排除出去，这不仅是不可能的，也是教育的错误。

教育的首要目标应当是使严肃的事情变得有趣味。发展在于克服困难，就是克服困难要像学习本身一样，是不能强迫的。在强迫学生学习的情况下，他们的学习积极性很快就会扑灭，容易学习的任务也会变得困难起来。如果学生的学习愿望与教师的教学意图吻合，即他们乐意接受教师建议的学习活动，并感到是自己选择的，他们就会不怕困难，竭力去克服困难，在克服一个个困难的锻炼中达到真正发展的目的。

这就需要我们创造条件吸引学生参加到各种各样的学习活动中去，让他们自己去获取知识，进行观察、研究得出结论，自由表述自己的思想和意见，这样他们就会兴致勃勃地学习。尤为重要的是提供一定的时间，让学生将自己发现创造的知识转化为一项技能——为了更好地战胜更多的困难。从这个意义上说，学生的学习应该是受强制的。不管他们愿意不愿意，他们必须上学，必须完成老师布置的作业，必须养成认真思考、书写规范的习惯，只是教师在提出这些强制要求的同时，让他们有一种自由选择感，一种自尊感。为了达到发展的目的，不断战胜自我的心理，战胜懒惰的行为，而且还要舍弃一些休息和娱乐时间，投入到严肃的学习中去。当学生既有积极的热情探索新知，又有坚强的毅力完成一些基本训练时，才能够更好地发展自我，这就是教师的引领！

二、发自内心地欣赏、激励学生

我发现很多教师面对学生时，往往首先板起面孔。我问："刚才我们说话时，你还笑容满面，怎么看见学生却一下子严肃起来呢？"

"您不知道，这班孩子特上脸，你不厉害点儿，他们不知道天高地厚。"

我明白了，这就是教师的威严！怪不得许多教师当久了，忘记了什么是微笑。

我发现很多教师总是在不停地"帮助"（说批评可能更贴切）学生，他们走进教室时，严厉的目光可以洞察一切：

"小宁，你在做什么，快点儿，就等你了！"

"小莉，看你的桌上摆得乱七八糟的，还不快坐好！"

"小毛，昨天你的作业错得一塌糊涂。我看你上课就没好好听，今天注意啊！"

那些按要求做好一切准备的学生，或作业、学习上没问题的学生，却始终没有进入教师的视野。或者说，就是因为这些学生没问题、没差错而无须引起教师的关注。因而很少听到教师当面赞美他的学生，因为他们担心学生会因此而骄傲。

也曾看过一篇文章，文中写道：当我们在教某人时，不知怎的，我们总是较多地对他的错误做出反应，而不是对他的成功做出反应。"做得对"意味着"合乎标准"，做错了，则就要纠正和批评。可以说文中所反映的是目前多数教师对待学生的一种心态。这种对学生持否定的态度，师生之间成为"裁判与运动员"的关系，很容易导致一些学生产生心理抵触情绪，使教师的教育成为苦口婆心，而又终难见效的局面。这种教育观念下的老师，有的只是忙碌，恼人的问题越看越多，学生做的总是不尽"我意"，很难享受到教育的乐趣。而对学生也很难谈得上快乐、和谐的发展了。

（一）善待学生

做教师，要善于捕捉学生的优点，善于发现每个学生所表现出的各具特色的价值。比如，一位小姑娘虽然在学习文化知识上很吃力，也缺乏好的学习方法和态度，但她却十分友好，善解人意，关心集体。作为教师就应从这些优秀的品质入手，对其进行指导。尽管她暂时在学习上落后，但不能影响她健康成长。学生以学习为主是对的，但学习并不能代表学生的全部生活。在这种观念影响下的教师面对的是从容、是愉悦，学生也容易与教师建立一种友善的合作关系。

应该相信所有的学生都能学好，只要考虑学生的个别差异，因材施教，就可使每一个学生得到最大限度的发展。所以应该确定综合发展的观念，尤其对待学生中暂时出现的问题，更要用发展的眼光来对待。正如有问题不是问题，如何对待问题才是教育的大问题。教师的教育职能就是要把问题转化为学生发展的机会。

教师要尊重每一个学生的特点，用发展的态度来看待他们的各种能力。尤其应关注学生家庭、文化、社会以及以往的生活经历、知识经验和现实环境对他们的影响。教师要认识到每个学生的发展速度是不一样的，儿童的发展具有可塑性（正是教育的用武之地）。

尊重儿童蕴含着这样一种信任，即对儿童最终掌握知识的能力和行为充分信任，即使他们有时走了一些弯路，也要坚信儿童有能力来调整自身的行为和进行自我评价。

学生小伟，在新学期失去了原有的风采，我便选了一个精美的书签，上写："曾经有一个伟同学，上课积极主动，解答问题从不满足于一种解法，独特的思维，常令大家羡慕，令老师欣慰，可这一学期我很少见到他，你能帮我找到他吗？刘老师和班里的同学都十分想念他。"小小的书签传递着老师的期望和情意，小伟的心灵受到极大震动，他又重新振作起来，迎头赶上。

每个学生都是特殊的个体，都需要充分的尊重、信任和关怀，教师只要给他提供思考、表现、创造的机会，他最终就能获得成功。是啊，作为一个学生，还有什么比得到老师的"尊重、信任和关怀"，把握"思考、表现、创造的机会"最终赢得成功更开心的事呢？

英国哲学家亚当斯说过，一个教师的影响是永恒的，谁也说不清他的影响何时何地终了。一个教师只要把自信的火种播进学生的心灵，它就会生根发芽，成为照耀他们人生之路的一盏永不熄灭的灯！

（二）传授知识更要传递积极的信念

单纯以传授知识为目的的课堂教学，着重于某个知识的组织、理解和再现，教师以讲解示范为主，向学生"灌"知识，很少有机会让学生自主地交流和发现。教师也常因信奉知识是客观的，学生是严肃的，就板起面孔，不苟言笑地把一个又一个知识传授给学生。在这种场合，学生的自主精神和创造精神得不到充分发挥，学生更多体验到的是学习的辛苦和知识的神圣，由此也造成了学生对数学学习活动的许多错误认识。如：

"学习数学就是练题。"

"学好数学先要搞懂例题。"

"学习数学的方法就是记忆的模仿，因此要熟记公式、定律和法则。"

"学习数学很枯燥。"

这些错误的数学信念直接影响着学生的学习质量（不是成绩）的高低。

在学生接受某项知识的同时，教师更应注意学生对这项知识的态度，让学生时刻能感受到："这是怎么回事，真奇妙""我要试一试""我猜测应该怎样……"经常在这种意念的熏陶下，学生获得的学习数学的经验将会逐步转化为一种数学信念。

学生学习乘法，原本是件很枯燥难懂的事，可是当教师放弃传授"乘法"有关知识的打算，代之以"乘法"的学习为载体，让学生体会乘法的内涵及学习的快乐时，教学竟变得那样生动有趣。

例如：以生活中常见的事例引出连加的问题。4个5相加，或5个4相加，3个

6 相加或 6 个 3 相加，再到一张门票 3 元钱，9 个小朋友要多少钱的实际问题的解答。这些题学生体会到用加法算起来有些麻烦，"有没有好的办法呢？如果有那是什么呢？"这种意念随着课的进行越来越强烈，我在学生感受最强烈的时候，鼓励学生"猜一猜可能是什么方法？"有的学生猜"用计算器"，有的说，"用乘法口诀"，"因为在生活中常听大人说，几几得几"。

"怎样用乘法计算，乘法表示什么意思，学会它对我们的生活有什么帮助"之类的想法又驱使孩子们继续下面的学习。分析这一环节，纯知识的东西之外添加了许多情感、情意、智慧的色彩，学生在这样的学习中可以形成"数学真有趣""数学真奇妙"等体验，加强对数学本身的认识。学生在数学课堂的学习经验以及在现实的数学活动经验，将逐渐形成对数学或数学活动的基本认识和看法，这就是我们所说的数学信念，一种积极的持久的信念。

教师的重要任务不仅仅是传授知识，更重要的是培养一个有激情、有信仰、富有创造力的生命个体，让学生获得健康的发展。

教学一旦注入了教师的激情和期待，就会调动学生无限的潜能，就会激活学生的思维，就会让学生充满创造激情。这就是教育：激励、唤醒、鼓舞！

（三）用学生的眼光看教科书

我们太习惯用成人的眼光看待学生，看待知识。而我们的教育实践却忽视了这一点。许多教师以"死的教案"去教"活的学生"，重教师的教而不重学生的学；重统一而不重多样；重管教而不重自觉；忽视学生生命个体的需要。以致在学习过程中常常用自以为是的观念引导学生学习，很少考虑学生是如何看待、如何思考的。知识的学习过程是一个接受的过程，更是一个创造的过程，每节课怎样让学生发现、探索、创造是教师首先要考虑的核心问题。教师应该用学生的眼光来看教科书，精心选择学习材料，合理设计活动程序，让学生能借助已有的知识和经验主动获取知识，探求解决问题的方法，课堂教学才能显现出应有的活力。

一次听课，五年级的"平行四边形的面积计算"。课本列举了两个例子，一是平行四边形，用方格数出有几个面积单位，另一个是与平行四边形等底等高的长方形，同样用方格图的形式数出面积是多少。编排的意图很明显：让学生通过数方格的方法，寻找出平行四边形的面积与长方形的面积相等。做课的教师在谈及他的教学设计时，认为当学生面对一个平行四边形求它的面积时，用数方格子的方法脱离孩子的实际，因此在教学中没有安排这一环节，只让学生设法求出平行四边形的面积。他设计了很好的课件，让学生发现公式。虽然教师在备课时有了一个好的设想，但教学效果却不理想，学生对公式的探究依然停留在形式上，实质的东西却没有很好地领会，原因何在呢？

一个重要的因素是教师在备课时没有站在学生的角度，考虑学生会怎么想，尤其是学生的第一感觉。没有用学生的眼光来看教科书。只看到了教科书中成人编排的意图不适合学生，那么学生是以一种什么样的眼光看待这个知识呢？这是我们在设计教学时应充分认识到的。实际上，无论教师对学生的知识背景是否给予关注，孩子们都会将其带到课堂上来。仅就平行四边形这节课的学习来说，学生的知识背景是长方形的面积计算，长乘以宽，这个知识背景在课堂上的影响有两方面：一个是积极的，即设法将平行四边形转化为长方形，将未知转化为已知是一种常见的数学思考方法，这是教学所期望的；另一个是消极的，称为负迁移，即长方形面积是长乘以宽，平行四边形面积就理所应当的是底边乘以斜边，可以说这是学习这部分知识的一个最大障碍。

后来，我们学校一个教师上这节课，我们首先就考虑如何处理这个难点，以使活动更具有挑战性。我们设计了一个活动：用一个对边相等的四边形做实验：拉动四边形，逐渐由长方形变成不同高度的平行四边形，让学生思考：在这个过程中什么变了？什么没有变？从而悟出平行四边形面积的大小与它的底和高有关，而与斜边的长度无关。在此基础上，只需引导学生研究：怎样计算平行四边形的面积即可，这样的教学可以使学生利用原有知识的积极影响，去学习获得新的知识。

用学生的眼光看待教科书，看待知识，是一种教育思想的进步，更是一个教师教学功力的最高体现。

（四）教师的智谋

经常有人说：当教师就是哄小孩。其实真要哄小孩也需要一些教育技巧，如果再加上一些教育思想的指导，那就应称为"教育智谋"了。

从开学到现在，小青学习数学比较吃力，做作业常常左顾右盼，显然对待学习的自信心不够。一年级的小学生又没有多大的自控力，唤醒她的自信是最为重要的。

一天写作业时，我一直站在她的附近，不时地加以关照。果然，小姑娘在我的督促下很高兴地写完了作业。第二天、第三天都是这样，我有意识在其他任课老师的面前夸奖她：你们发现了没有，最近小青进步可大了，作业写得又对又快，题目算得又很专心。两位老师自然也加以肯定和激励。小青学习渐渐自主起来了。这表明学生表现出的不足，教师先要施以针对性的帮助，然后再用一种激励的语言予以肯定，使学生体会到教师的期待，这难道不是一种教师的智谋吗？

小舒，由于父母离异，从小跟着爷爷在一起，养成了特别强的依赖性。表现在学习上往往比别的孩子显得被动，作业从来没有按时完成。为了改掉这个毛病，老师没少下功夫，可收效不大。当我听说后，首先要认一认这个小姑娘是谁：她上课发了两次言，还有一次说得很精彩。

我问小舒："你还记得刚才课上说的什么话吗？"小姑娘大大方方的，说得很清楚。

"你们看她记性很好呀，学习也一定会好的。"我对她的班主任说。

"你现在干什么？"我又关注地对她说。

"写作业，补昨天的作业。"

"别人都玩呢，你在补昨天的作业。这样吧，昨天的作业可以不补，现在你可以有两个选择，一是与同学玩；二是写今天的作业，干什么都行。"

小姑娘快乐地选择了写作业，当然只写今天的就行了。此后的每天，她是在老师的陪伴下写作业，当然不是看着写，而是请老师记录一下每次写作业的时间。一个月过去了，我再见到小姑娘时，她高兴地说："刘老师我的作业得了许多小红花，你看看吧。"在与她的老师的交谈中，老师自豪地说："每次都是她主动找我，我们一起写作业，有时实际用了十分钟，比前一天还多。我则告诉她：又比昨天快了，只用了八分钟。这样她一天一天地慢慢地走向了独立。"

为了使学生体验到因自己的付出而带来的快乐，教师机智地将目前的实际情况加以美化，使学生体验到了一种喜悦又暗含着教师的一种期待。这难道不也是一种教育的智谋吗？

三、巧妙地维护学生的自尊

常常，有一些事情，我们做过，却没有仔细想"该不该"和"怎么样"。

常常，有一些习惯，我们不以为意，却在不经意间直接或间接给学生带来种种影响和伤害。

教师每天面对的是一个个活生生的生命，所以值得去思索。

我们应该提醒我们自己，在日常生活中，在家里或在学校，我们的许多活动和与孩子的互动活动都是常规化的，我们还会有某些个人的习惯，它们也成了我们教育生活中的一部分了。在很多情况下，这些不变通和枯燥的迹象，常常会支配着孩子们的生活。

所以，教师应该在我们的日常教学实践中加入更多的反思和革新。

教师作为学生成长道路上的合作者、指导者、激励者，等等，这类的说法，不应仅停留在口头上，应该深入每个教师的内心。真诚地去发现、欣赏、激励孩子的每一点进步，真心地在学生遇到障碍时，给学生一些具体的建议或帮助。利用上课、下课、活动等机会，让孩子感到你在远远地守望着他们，并不时地传递着你的期望、关心以及你对他们的关爱。

作为教师要牢固地确立一种意识，即每一个学生都有权利获得充分的发展机会。我们要善于创造使学生感到有安全感、能自由表现自己的空间，发自内心地鼓励你的每一个学生、真诚地欣赏他们的每一个进步。

正如苏霍姆林斯基说：保护学生幼小的心灵要像对待荷叶上的露珠一样小心翼翼。

（一）让孩子体面地坐下

作为教师，要善于捕捉学生微妙的心理活动。比如，检查提问，是学生精神上最为敏感的一个环节。学生害怕回答不好、回答有误时，会当场出丑或受到老师的批评。教师要充分理解这种心理，创造条件消除他们的种种顾虑，使他们敢于回答问题、乐于回答问题。

　　教师的耐心应该达到这种程度：使学生能自觉地发现，当他们在回答有误时，教师没有任何伤害他们自尊心的语言和表情，也没有嫌弃他们的脸色，甚至没有让人听了感到委屈的语调。必须造成这样一种气氛：让比较差的学生也敢于回答那些过去只有好学生才能回答的问题。

　　教育的终极目标是让学生在人性的关怀中得到心灵的慰藉，让每一个学生感受学习的快乐；让自我建构的学习历程、自主完成的探究之旅、独立阅读的个性感悟，成为学生的精神享受。

　　教育是一种过程，只有经历这个过程，孩子才有体验，有了体验，才有所感悟，有了感悟，才有所收益，才能达到教育的目的。于是课堂教学就应界定在学生自主体验的基础上，让每节课程成为学生终生难忘的记忆。

　　教师的权威不再建立于学生的被动与无知的基础上，而是建立在理解、宽容、尊重学生的能力之上。巧妙地维护学生的自尊，是每个有主体教育观念的教师必备的能力。当学生站起来答错时，我们不能只关注知识的对与错，首先应想到孩子为什么答错，轻易指出其错误会给他带来什么样的伤害，然后设法引导孩子的思维。

　　在一次听课中，一位教师请同学判断哪组线段是互相垂直时，有一位同学将延伸后相交的两条直线也说成是互相垂直。显然教师没有预料到在课的最后，学生还会出现错误，就简单地采取了"谁同意他的判断请举手"，班里只有三个人举手同意。教师则以多数同学不同意，而说明这4名同学错误的方法。那位学生由积极举手而争取到的机会，却因答错了，不得不涨红着脸坐下。另3名同学也因属于明显的少数派，而感到沮丧。显然教师的处理方法于简单之中不见情理。

　　怎样巧妙地维护学生的自尊，正是在这样的时机才显示出较高的水平：

　　生：第二组中的两条线也是互相垂直。（错误的答案）
　　师：（并不急于指出是错的）我们用什么办法检验它们是不是互相垂直呢？
　　学生在教师的进一步启发下，会想到用三角板检验一下，进而知道它们不是互相垂直。（可能是尚未掌握概念或视觉带来的误差。）
　　教师仍不能轻易指出这是错的，而应用非常宽容理解的口吻对他说："看来有时只凭眼睛观察是不准确的，可能你坐的位置靠后，造成了这种误差。"这样既纠正了学生的错误，又维护了学生的自尊，而自尊必将产生自信。

第44届国际教育大会通过的《行动纲领草案》，把"减少学习失败"作为一个优先事项，提出教育以适应学生的个人潜能，培养自尊心和增强学习成功的意志。正说明"维护学生自尊能力"的重要性。

教师要提高这种能力，首先要树立主体教育观念，并在这种观念的指导下实践，在实践中不断丰富主体教育观念，进而化为一种自觉行为。

（二）铭记你的宽容

《中国教育报》曾刊登了一篇文章，名字是《铭记你的宽容》，它如此地打动我，每次的阅读都给我的教育生活带来一种震撼。文中老师的教育智谋如此精妙而动人。而他的宽容，又让文中那位无助的小姑娘的尊严立于天地之间。

文中讲的是一个乡村小姑娘上小学时候的故事。小姑娘学习成绩不错，是老师眼中的好学生。

临近期末考试了，小姑娘在走廊里遇到了她的老师，老师抱着一摞卷子走进了办公室。小姑娘心中一动，100分对一个孩子来说，诱惑太大了，何况她是老师眼中一贯的好学生，更想考100分，得到老师和家长的表扬。她家离学校很近，她决定晚饭后到办公室来看看明天的考题。

趁着夜色，她从窗户刚跳进办公室，就听到有人上楼的脚步声，她想可能是跳窗户的声音太响了，惊动了楼下的美术老师。她心里清楚，只有美术老师住在学校里。这下糟了，小姑娘怕极了。心想这下可完了，怎么见人呢？她找不到藏身的地方，忙乱中钻到了桌子底下，桌子正对门口。

她听到了门开的声音，立刻，看到了老师的脚。她很担心，如果老师再往前走两步就可以把她从桌子底下揪出来，看看她到底是谁？这时的小姑娘是多么无助，多么希望自己没有来办公室呀！但她却没有勇气从桌子底下钻出来，承担"偷卷子"的责任太重了，也太丢人了。

然而，并没有像她想象的那样，老师没有走进办公室，只是站在门口说："你不要露出脸，也不用说话，你回答我的问题只需要摇头和点头就行。"小姑娘点点头。

"你是在这个学校念书吗?"小姑娘点点头。

"你来找一件对你很最重要的东西,是吗?"小姑娘点点头。

"这个东西属于你吗?"小姑娘摇摇头。

"不属于我们的东西,不管它的价值如何,我们都不应该拿,对不对?"小姑娘点点头。

"记住我的话,走吧。明天你上学的时候,依然是个天真可爱的小姑娘。"

我在很多场合,与很多教师谈起这个故事。如果假设是你、我、他遇到这样的事情,又会用怎样的方法?对可能出现的结果,每一个教师凭着多年的经验都能做出充分的想象和判断。本来一步之遥,老师就可以把这个"坏孩子"抓出来,使她记住以后不再犯这样的错误。但是,他不让小姑娘露出自己的脸,也不用回答问题,因为他能从声音中听出是谁。这位老师在用自己的宽容和爱,保护这个孩子的自尊,确切地说老师想通过保全她的尊严,以唤醒她的自励。

多么善良的老师,多么宽广的胸襟!可贵的是,当我们谈起这个故事时,有许多教师因为"明天你来上学时,依然是个天真可爱的小姑娘"这句话,而对文中的老师充满敬意。

教师要努力使自己变得胸襟开阔,气度恢宏,头脑灵活,思想鲜活,眼界宽阔,尊重多样性，珍视生命，要从多种角度看待事物，用一颗宽容的心容纳孩子的一切，包括愚蠢的错误。引领不同个性的孩子从成功走向成功，从失败也走向成功。

四、平凡的教学，不平凡的感受

教师的工作，尤其是小学教师，每天琐碎而又平凡。有一段时间，我记录了每天除正常上课批改作业之外要干多少事，只坚持了一个星期，我发现一天最多要完成 15 项工作。

小同最近有点儿不对劲，要与其他老师聊聊；

小萱最近忽然长大了，竟然组织了一个故事团要到六年级演讲，需要先和六年级的老师私下约好，使他们的演出成功；

best 小队筹划已久的"我之最"擂台赛明天就要开始了，他们要我做嘉宾，趁此机会，听听他们的想法，适时提供点儿帮助，使他们有一种成就感；

教师每月一次的"主体论坛"征集话题和主持人工作；

······

正是在忙碌中，我学习着如何走向主动与从容，正是在这平凡的小事当中，我寻找着做教师的感觉！

（一）试试做学生

学生和我商量他们来做小老师，我来当学生。虽然有些担心，看到学生热情高涨的样子，我让他们试一试，在讲三年级上册"有关 0 的乘法"的时候，我只给了学生 10 分钟的时间。真没想到，他们比我还要厉害。

小老师信心十足地走向讲台说：

"今天我们来研究和调皮的'0'有关的乘法问题。$0 \times 5 = ?$，请大家小声讨论一下。"

大家就在小老师布置的任务中，开始讨论了。小老师轻轻地巡视着，我笑着点头鼓励。

"我们大家交流一下自己的想法吧!"小老师的话音刚落，学生就争先恐后地发言，积极表达自己的想法：

生1：0×5＝0，因为5个0相加还是0。

生2：我同意生1的意见，我是用乘法口诀求出来的，大家仔细想一想：4×5＝20，3×5＝15，2×5＝10，1×5＝5，0×5＝0。这样就能推出来0×5＝0了。

生3：我还可以这样解释一下，比如刘老师给我们小组5个人分糖果吃，刘老师一个糖果也没有，所以是0×5＝0。

生4：每家都没有人，5家有几个人呢? 就是0×5＝0。

……

学生的思路令我惊异，他们能利用自己的生活经验来解释这样的算式，思路清晰，娓娓道来，使我欣慰。我们的小老师具有大将风度，他给大家交流的空间，而且能进行总结性的发言，我们来看一看小老师的风采：

小老师：大家的想法都很好，我感谢大家能把自己的想法说出来，大家的数学脑瓜真不错，很注意联系自己的生活学习数学。但是学数学很重要的一个问题就是要提出数学问题，你能从我们刚才的讨论中提出数学问题吗?

小老师令我刮目相看了，确切地说，是我的学生令我刮目相看了，小老师的陈述性发言激发了他们的思考，问题应运而生：

生5：0和其他数相乘是不是也等于0呢?

生3：按照刚才大家的解释肯定是这样子的。

生6：那么0×0等于0吗?

生1：0个0相加肯定等于0。

小老师：我们来做一组题目，也许会更清楚了。

学生在小老师的带领下做书上的"试一试"的题目。题目是：

$0 \times 3 =$ $7 \times 0 =$ $0 \times 26 =$

学生很快就完成了这些题目，小老师又说$0 \times 100 = ?$，学生大声说0。这时，有学生插嘴道："$0 \times 9999 = 0$"。小老师满意地笑了，我也禁不住乐了，大家大笑。突然一个声音响起来：

生4：会不会有一句口诀，让我们了解关于0和别的数相乘都等于0？

听了生4的话，大家若有所思地点了点头。我禁不住感动起来，为我的学生积极地思考所感动。对学生而言，在不断地思考中不断地生成一些新的问题，他们真了不起。这个问题是一个数学思想上的升华，他们已经渐渐接近目标了，也就是发现了"0和任何数相乘都等于0"这个定论，只不过学生还不能用自己的语言准确表达。我刚想站起来发表自己的意见，学生的交流使我引退了。

生8：0和别的数相乘都等于0。

生6：你说的别的数是不是包括任何的数，（生8点头）那就可以说"0和任何的数相乘都等于0"。这样我觉得比你说的别的数好一些。

生8点头，大家鼓掌鼓励，表示赞同生6的说法。

学生的思路已经相当准确了，我忍不住为学生叫好。小老师也特别兴奋，教室里沸腾了。

学生的思路不仅如此，在这种宽松、民主的氛围中，学生在不断地生成新的数学问题和数学思想。

生3：生6的想法我可以这样表示：$0 \times (\quad) = 0$，（　）里面可以是任何数。

生5：$0 \times a = 0$，我在家里看《X探长的故事》（一本数学方面的读物），知道了可以用字母表示数。用这样一个算式，我们就能明白生6的想法了。

……

学生的思路在延续，我惊奇学生的想法，他们居然能想到用一个数学的算式来表达这样的一个规律，在这里面，蕴含着许多数学化的思考。有时我在想，数学教育的目的是什么？是仅仅让学生会算几道题目，解决几道数学问题吗？我想不仅仅如此，更重要的是一种数学思想和数学方法的渗透，一种数学的交流和表达，让学生在数学的学习中获取一种自信和快乐，从而指导自己的生活，使数学成为一种文化，渗透在学生的生活之中！

下面的讨论更有意思，小老师居然让大家评价一下他的表现如何：

生 1：有点像刘老师，不抢着与我们说话，让我们自己想问题。

生 3：对，还鼓励我们积极提问题，这一点我们建议刘老师向小佳（今天的小老师）学习。

……

学生建议我向小老师学习，这句话给了我更多的思考。在我自认为我的课堂宽松、民主的时候，在我自认为我的课堂给了学生更多的机会的时候，我有时却忽略了让学生从问题中去质疑，从而去生发出更多的问题。我在为学生敏锐的洞察力而叫好的同时，也深深地思考，我的课堂缺少了些什么？怎样让课堂成为学生的乐园，让阳光布满教室的每一个角落？

当我还在担心让学生当小老师的时候，我没有想到，这样的 10 分钟给了学生后，却生成课堂中一道最美丽的风景线。学生在小老师为数不多的言语中积极地思考、踊跃地发言，让我这个真正的教师汗颜。我居然没有机会（准确地说是不敢惊扰）去插话！相信学生，他们就会给你一个天空。这句话给了我更多的思考——把我们的课堂营造成一个心智交融的殿堂。

我们做教师的，总是担心学生学不会，包揽太多的课堂时间。从学生的评价中，我们能感受到学生喜欢自由的课堂，不喜欢教师和他们抢着说话。课堂其实占据了学生一天生活中的大部分时间，学生在课堂中通过与同伴、教师进行交流，通过挑战性的探索知识的活动，通过质疑、解疑，通过相互间的欣赏与鼓励，获得的这些积极的体验，将直接影响他们一天的快乐感受。

课堂是师生共同成长的地方，有时不妨坐下来当当学生，你会发现在自己的课堂中，有许多需要注意的地方：也许在不经意间伤害了学生；也许在不经意间包揽太多。做做自己学生的学生，你会很幸福地感觉到：做一名教师真好。

（二）纪律是什么

每个数学老师都有一个相同的感觉：即自己所教的两个班的学生不一样。这些不一样，往往表现在课堂气氛、完成作业的积极性、与老师的亲密度等。面对这些不一样，我们想些什么，做些什么，其实这就是我们日常教学中经常面临的最平凡的小事了。教师正是在这些小事的思考中慢慢成长起来。

我教的一班和二班在开学不到一个月时，就反映出两班的差异。一班学生课上投入程度不如二班高，而下课玩起来却比二班放得开。二班学生对老师讲的每一句话都充满了惊奇和向往，因而课堂上也表现得极为主动和投入，课下多数同学会围到讲台边，玩弄我带来的学具，一切都那么好奇。两班的差异还不仅仅在此。

每节课，只要我一走进教室，二班的学生即对我提出各种各样的问题：你为什么没带小红花来？为什么你讲课时总有老师要坐在一边听？学习数学有什么好处？什么时候才学习乘法？今天是不是该认识比 100 还大的数了……而几乎每一个问题，我都是先让同学之间发表见解，然后再根据不同情况予以解答或点拨，这是我追求的一个境界。可以说，课未开始，我已陶醉。在我的夸奖鼓励下，他们更为出色。

而一班的学生，从一上课就表现得很散乱，中间需要不断地提醒，师生心智不能合一，故而也很少出现意想不到的高潮。面对这种情况，诱使我对这种差异现象加以研究，以求能寻找到问题的症结。我听了这个班的其他课，发现学生依然如此，而对学生的一些基本要求，每个老师又各有一套。在班级会议上，我们共同分析，先从教师自身找原因，最后我们发现是对"什么是纪律"认识不统一，带来的行为不一，影响学生行为的一致性，表现出来即为无所适从，导致"散乱"现象的产生。

看来，怎样教育一年级新生学会遵守课堂纪律，逐渐具备一定的规则意识，首先应该解决教师的教育理念——对纪律的认识。最后，老师们达成了共识。

纪律是什么？认为纪律即服从的教师，无论发生什么情况，最终以自己的决定来解决问题。教师强调的是："别乱说了，都坐好，听我说。""为什么不听老师的话。"学生只有服从，最好反抗的方式就是捣乱，以发泄自己的不满。师生关系对立。

认为纪律即约束。那么，教师强调的是："你不要……不该……以后要……"显然一年级小学生自我约束能力本来就弱，加上老师的许多"不"，他很可能会产生厌烦情绪。

认为纪律即教育的老师，会按照孩子的想法，从孩子的情感出发，设计适合学生的语言、教学情境，使学生一开始就体验学习是快乐的，偶然"犯纪律"，老师也是教育而不是斥责，不断地营造一个氛围，使每个学生在这个氛围中提高对"纪律"的认识。在和谐的氛围中，学生学习知识、学习规则、学习自控。

因此，纪律就是建立秩序。

在教师们统一思想、行为一致下，一班的学习状况开始照着我们期待的方向发展。而老师们却在这极寻常的小事中，体悟到了什么是教育。

（三）学会做研究

我曾经与一些老师谈过，如果能收集 100 个自己的教育案例，你对教育的感受一定会有一个新的认识。很遗憾，我自己都没能很好地收集那些曾经给我带来欣喜和教育灵感的案例，以至于当了校长才忽然感觉自己做老师的经验那样的贫乏，过去与学生在一起的景象仿佛也变得模糊起来，这是为什么？细细想来，还是当时采集得不够、总结得不够，确切地说是发现得不够。

其实，我们生活在一个故事的海洋，天天有故事，时时有故事，只要关注，只要倾听，就能够体会出发生在我们身边的这些故事中所蕴含的教育真谛。做教师就要善于捕捉生活中点点滴滴的小故事，学会从普通的小故事中体会怎样做老师，尝试着把自己的小故事和小经验及时总结，在不断的总结中，我们的教育认识才能逐渐升华，才能不断地丰富自己的教育知识和教育智慧。教师需要逐步养成教后反思的习惯，带着研究意识从事教学，用专业的眼光看待学生、尊重学生、帮助学生发展。这样做才能从一个单纯的"教者"，转化为一个自觉的研究者、主动的实践者、严肃的反思者，逐步成长为学习型、研究型的教师。

教师要用专业的眼光来看待日常教学。教师要成为研究者，首先要有敏感的问题意识。敏感的问题意识来自教学实践。能不能提出具有研究价值的、有意思的问题，本身就是教师研究意识、问题意识的反映。比如，老师们都说现在的孩子难教，却很少考虑自己的教学方法是否得当，这就说明自身的问题意识不够。

我们做研究不能太大太空，要结合教学实践，针对自己印象较深的或感兴趣的方面提出问题。不妨写一些有价值的、真实的教学故事，写你和教学，你和课堂，你和学生之间发生的事情或案例，随时记录下来。一个孩子一个故事，一节课、一周、一学期里面的一个小片断，把它记录下来，原来是怎么想的，而实际上是怎样做的，那么多孩子，可以记录的事情就很多了。在写作方式上也可由论文的形式改成向别人叙述，目的是保持教育事例的朴实风貌，在平凡中寻找教育的真谛，在平凡中进行自觉的教育反思。在点滴的反思中，悟出怎样做老师。

我们学校提出让每个教师作为一名研究者，带着研究的眼光看待日常的教学，在研究的过程中，修炼自己的师德品性，即做一名崇尚师德、自主学习、勤于探索、善于合作的研究型教师。

崇尚师德。意味着每个教师要善为"人师"，而不是"经师"。时刻牢记"身教胜于言教"这一朴实的道理。要关心学生身心的全面发展，而不仅仅是学科知识，在教书育人的过程中，不断提升自己的精神境界。

自主学习。"学习"是教师专业成长的"保鲜剂"。要做研究型的教师，而不是经验型的教师。每个人都要有学习的计划，将学习渗透到人们所做的每一件事情中，成为日常工作的常规部分，而不是额外的事情。

勤于探索。教师的研究价值在于开展行动研究，在对自己和别人经验反思的基础上，大胆实践，才能不断改进，使内化的教育理念，外化为看得见、摸得着、学得来的经验。

善于合作。合作精神、团队意识在今天越来越成为人们成就一番事业的必不可少的优秀品质，只有教师具有这种品质，才有可能去培养、发展学生的合作意识。教师要学会与同伴、学生、家长、领导进行多方面的沟通与合作，在交流中、在倾听中、在相互的启发和思想碰撞中，达到相互学习、相互理解，形成良性互动。善于合作的人，是开放的人，而不是封闭的；思维方式是多向的，而不是单一的；不是在竞争中证明我比你强，而是相互促进、共同发展。

在教师、学生、伙伴的角色选择中，在教书、学习、研究、思考的实践中，我做教师的感觉也一天一天丰厚起来，眼里可供思索的问题也一天一天多了起来，一个个鲜活的教育事例和经验将伴随我们一同成长。

五、追寻做教师的幸福

什么是幸福的人生？答案可能因人而异，千差万别，财富的积累并不等于幸福的增加。我们看到有些教师在繁忙的工作中，显得却很充实，他们的脸上始终洋溢着一份从容的笑意，使人不禁想起做教师的使命与神圣。作为一个一般职业的人，他的人生如感到不幸福，也许影响不大，但作为一个教师，一定要会集聚生活中的点滴幸福，只有发自内心的幸福，才有一种穿透力。因为这种力量可以使一代人对生活充满追求与向往。

事实上，很多事情使得我们的老师感到苦恼：差生多，学生之间的矛盾牵扯教师很多精力。上课学生太乱，难于控制学生。上课没激情，找不到感觉，生命的活力在哪儿？

……

我们不得不去追问：教师的幸福从哪儿来？

（一）来自自己良好的心态

我们要笑着做老师。不会笑的教师，学生是不会喜欢的。教师发自内心的微笑，正是在传递他内心拥有的教师这一职业所独具的人性感召力。这种感召力透过教师一句一句智慧的语言，使学生感受到来自教师的关爱、重视、指导、暗示、欣赏和接纳。

我们常常可以听到教师充满爱意又富含激励的言语："你是怎么想的？""你能讲给大家听吗？"表现出教师与全班同学一致的倾听态度。"你的思维很独特，咱们再听听其他同学的意见。""这是答案的一部分，但不是全部，你的思路是正确的。""我们对你的想法很感兴趣，你能再给大家说一遍吗？"

当一个学生面对全班同学读书困难时，老师可以说：谁愿意帮助他？通常另一个学生会替他读书，但学生会因此而感到"没面子"；如果能唤起同伴与之合作，说"你愿意××同学跟你一起朗读吗？"，学生反而没有感到难堪，因为他是××的合作者，而不是被动地接受帮助，他的尊严将会得以保全。

当学生的想法有道理，但表述得不够清楚时，教师没有全盘否定，而是说："你的想法很有道理，老师已经明白了你的意思。如果说得更明确些，那么大家都能明白你的意思了，试试看。"

如果学生的想法完全错误，教师也会用委婉的口气说："看得出，你正在积极思考，但这种结论是错误的。没关系，再想想。"

如果有的学生的想法出乎教师的意料，但很有道理，教师可以欣喜地说："好！有创意！老师也从你的想法中长了见识。"

……

正是这些充满倾听、欣赏和期待色彩的评价语言，使学生的思维处于一种开放状态。师生间、学生间这种充满人文色彩的情感沟通，有利于思维的撞击和智慧火花的迸发，有利于学生掌握多种学习策略。学生也在交流中积极、主动展示自己的认识过程，使之远离消极、被动、防范的心理，使学生的学习更具有主动性和自信心。

这时，你会发现学生会每天给你一个惊喜，幸福之感油然而生！

（二）来自富有童心的视角

我们要蹲着看学生。要反思我们习以为常的以"批评、说教、禁止"为主的教育方式。我们的学生，首先是儿童，儿童犯错误是一件再正常不过的事情了。教师所要做的就是如何把它转化为学生发展的机会，把这些错误变成儿童成长中的经验。因此，我们的课堂应该是一个允许、包容、甚至鼓励儿童"犯错误"的地方。儿童需要在关心、安全、理解、支持和保护的环境条件下，体会发现、探究、交流、合作、反思、调整等学习的乐趣。教师应该学会等待和抓住教育时机，而不是迫不及待地、随时随地地去教育"别人"。

蹲着看学生，意味着童心回归，意味着教师应该拥有宽容、信任、理解、等待的人师情怀；意味着教师要能够适时引发学生、师生之间平等对话，在相互倾听与交流中学会学习的人师智慧。

荷兰一位著名的数学教育家曾经说："不要对学生正在做的事横加干涉，你所能做的就是观察，认认真真地观察。"细细地品味这句话，思考教师应该怎样去"有所为"和"有所不为"。课堂中生命的活力恰恰体现在：学生在课堂上是否拥有足够的自主思维的空间；教师能否为不同观点的交锋创造交流的机会；学生是否能够平等地与教师和同伴对话，大胆地表达自己的理解；学生能否在不同观点的交流中主动调整自己的思路……

在这种充满着灵性的课堂生活中，你会享受到教师的最大快慰！

（三）来自对事业的一份追求

教师是一个充满激情又不乏理性的职业。教师的专业成长仅靠师徒之间的"口传心授"和单一的经验积累是很难习得教育的真谛的。因此，教师要走向研究，积极地寻找教育的智慧，用研究的眼光看待每天的平凡小事，在一件件平凡而又简单的教育小事中，寻找真正的教育，发现属于自己的教育学。在平凡中不断超越自我。

教师作为研究者，意味着他对习以为常的事情有着自觉的思考：

是这样吗？还能怎样？

我的方式适合学生吗？

今天的学生有什么样的特点？

自己的个人特征对教学有好的还是坏的影响？

自己以前的教育经验帮助还是阻碍了学生的发展？

大多数情况下自己是怎样创造教学情境的？我应该改进自己的哪些方法？

为了寻求一个合适的答案，我应该学习哪些资料，读哪些书，与哪些人进行交流，等等。

正是在这样的过程中不断提升自己精神生活的品质，不断增强对问题的理解程度，增强对教育教学的洞察力和见识。

这时，你会体会到从"众里寻他"到"蓦然回首"的甘苦之美！

（四）来自一个充满生机和活力的学校

任何时候校长对一个学校，都是至关重要的。校长作为领导者，应该体现在以下几方面。

第一，是思想上的领导。校长应该站在高端，不断地传播现代教育思想和理念。教师在这样的校长领导之下，广泛地吸收各种信息，不断丰富自己的教育素养，在工作中学习、研究、成长，学校的每个人都能永远保持学术和思想上的年轻。学校的老师思维是开放的、信息是畅通的、眼界是开阔的，他们感到在这个学校有奔头！

第二，是专业上的领导。校长应该走进课堂，与教师共同谋求一个专业交流的氛围，在教育理想与教育现实之间搭建一个桥梁，使先进的教育思想和理念，不断地转化为多数教师的教育行为。使教师能够大胆地、主动地调整或变革自己的教育教学方式，感受到理论对于实践的指导作用，同时又在实践中发展和丰富着理论。学校逐步成为一个不断产生教育知识和教育智慧的场所。教师有一种事业上的归属感，他们感到在这个学校有干劲！

第三，是人格上的影响。校长是教师的教师，这意味着校长要有自己的人格魅力。用自己的具体行为引领全校教师朝着共同的目标努力。大家的愿望不再受到限制，人们不断地探索如何共同学习。校长努力创造一个环境，让每一个教师施展抱负，为每个教师搭建平台。

不但自己追求卓越，而且派生出一个优秀团队去上场参加比赛。校长要关注教师的个性、尊重教师的差异，尊重教师在教学上、发展上和问题看法上的差异，鼓励创新、鼓励形成特色、鼓励发表不同意见。不用一种或几种固定的模式去评价所有的教师，为教师营造一个相互接纳的、支持的、宽容的，既心情舒畅又严于律己，既利于扎实工作又利于不断创新的工作环境。最终使学校的每个人走进研究状态——把工作的过程变为研究的过程，把研究的过程变为理智与情感相融的工作过程和自我发展的过程。使学习、研究、实践、反思、交流、合作、共享、创新等核心词，成为学校多数人主动追求的目标和行为方式，使学校的改革发展与教师的专业成长建立起一种共生的关系。

在这个过程中，提高个人修养，提升人生境界，使每个人不断追求卓越，让教师有一种情感上的依托，他们感到在这个学校很幸福！

（五）努力成为研究型的教师

一个教书型的教师，可以及时指出学生哪些是对的，哪些是错误的，哪些应该做，哪些不应该做，但却在无意中抑制了学生的好奇心和创造性；而一个研究型的教师知道什么时候鼓励比批评更为重要，什么时候倾听比说服更为重要。

一个教书型的老师，能够告诉学生解决问题的多种答案，但培养的学生唯书、唯上，缺乏开拓和进取精神；而一个研究型的教师能够自己不说话，少说话，设法鼓励帮助学生自己思考出多种答案。

一个教书型的教师，是热情的谈论家，而一个研究型的教师当指导学生能够用自己的语言来形成他们的思想时，会保持冷静和沉默。

一个教书型的教师认为自己的天职是传授知识，应像春蚕那样"到死丝方尽"，像蜡烛那样"燃烧自己，照亮别人"；而一个研究型教师在不断探寻教育规律的过程当中，发现学生的头脑不再是等待填充的容器，而是一支需要点燃的火把。教师是火种，在照亮学生生命历程的同时，看到自己生命的灿烂。

让我们走向研究，共同享受做教师的幸福！

在新世纪到来的第一个教师节，我的学生小洋用毛笔字工工整整地抄写了一个大大的条幅，并在妈妈的帮助下挂在了教室，这是一首令我和我的老师们感动不已的教师节礼物：

不老草

听说有一种仙草，

吃了就不会变老，

我要把它寻找。

老师吃了就不会变老，

皱纹不会爬上老师的额头，
岁月不会染白老师的鬓角，
老师的嗓音永远那么清脆，
老师的脸上永远挂着美丽的微笑。
不老的心，不老的笑，不老的老师永远不会老！

数学——我们的朋友

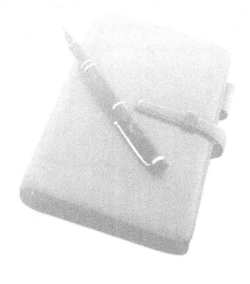

"

　　我的学生在升入五年级时，把他们的数学作品汇集成一本书，同样征集书名也自然成为孩子们讨论的一个话题，有的说叫《数学大探秘》，有的说不如叫《我＋数学＝聪明》，等等，诸如数学乐园、数学王国之类的题目更是繁多，说明孩子们喜欢上了数学，习惯了每天与数学相伴的学习生活，讨论的结果大家认为《数学——我们的朋友》做书名更能表达他们对数学学习的情感，这本书将每个学生在家庭生活、学校生活、社会实践活动中看到或想到的数学问题，用稚嫩的笔墨展现在人们眼前，我为之惊喜。这种浓厚的兴趣和积极的态度显然得益于快乐的课堂生活体验，才使得他们主动把课堂学习延伸至课外，把课本的东西变得生动而又丰富，他们发自内心地爱上了数学和数学学习。感谢这些每天带给我丰富灵感的小精灵，他们的出色表现使我更坚定了追求一种朴实无华又贴近学生的课堂生活的信念。

一、在有趣的活动中探索数学

我期望创设一个激励探索的数学活动和数学交流的场所，让学生去探索各种各样的数学概念，鼓励他们用各种各样的方法证明他们的答案、思考过程和推测，以鼓励学生保持对数学的欣赏和好奇心。

我应该设计什么样的数学活动，提供什么样的学习材料，围绕哪些数学话题引导学生探索活动，学生在活动中又会遇到哪些问题……在不断地思索与调整中，数学"活动"渐渐成为连接我与学生、我们与数学的主要纽带，学生越来越多地感受到"做数学"的乐趣，我越来越多地从讲台走下来，与孩子们共同研究数学、发现数学，共同享受数学的美妙！

《数豆子——百以内数的认识》

课堂实录

【教学思路】

发展学生的数感，是本次数学课程改革中倡导的一个重要方面，这对于提高学生的数学意识、增强学习数学的兴趣起着积极的作用。本节课不再是学生孤立地学习认数和写数，而是结合数豆子的过程，让学生体会每个数的实际含义，使数、写、认、读有机融为一体，并逐步建立"一把豆子大约有多少粒"的感觉，因而学生的学习背景变得更为丰富和有趣。

教学中，我先让学生估计老师"先抓一把豆子大约有多少粒？"，然后数数看，再让每个学生也抓一把豆子，估计有多少粒。由于缺乏经验，学生的估计会相差很大，这实际上体现了学生对数量的原有感知水平。这样组织学生在小组内经过几次的抓一抓，估一估，数一数的实践活动，帮助学生逐步建立自己的一把大约抓多少豆子的观念，在此基础上再组织学生交流自己的感受，使学生形成清晰的数量感觉。通过这样的过程，学生不仅可以借助"自己一把抓多少"的这个标准估计出一杯豆子的数量，而且还可以建立用其他物品（如将杯子里的豆子分成几部分，数其中的一部分，或先数一小杯有多少，再看一大杯有多少等）做中间量去估计这杯豆子有多少粒的方法。这恰恰是学生建立数感的重要方面，是在活动过程中体验而获得的。

【活动过程】

活动一：学生在活动中数数，初步体验估数

一、谈话

师： 今天我们每组的桌子上都有两盆豆子，上数学课，拿豆子是干什么用的？

（学生小声议论，有的学生说：豆子是让我们数数的；豆子是帮助我们学数学……）

师： 对。今天的数学课，我们就在玩豆子的过程中学习数学，看谁会思考、会观察。在玩豆子的时候，同学之间要会合作，要互相谦让；玩豆子的时候要小心，千万不要让豆子掉在地上。听明白的孩子点点头。

（学生微笑着点了点头）

【教学反思】

学生的合作意识和能力，不是靠说教能获得的，必须渗透在每节课每个活动中，让学生体悟怎样合作，数学教师正是通过学数学的过程潜移默化地传递给学生做人的道理。

二、同桌两人玩豆子

（一）介绍游戏规则

1. 两人轮流玩，其中一人抓一把豆子，先猜猜有多少粒？

教师示范：抓一小把豆子，不要让豆子漏出来。

2. 再数一数有多少粒豆子？

教师示范：在你桌子上的盒子里数，数完后就把豆子轻轻地放回盆中。

3. 看看谁猜得最接近。

（二）学生小组活动

教师活动在小组中间，边巡视边低声进行指导。

一小组活动记录：同桌两人，其中一人抓了一把豆子说："我猜有 20 多粒，你猜一猜有多少粒豆子？"同桌低头想了想说："我猜有 40 多粒。我们数一数吧。"两人一起一个一个地数豆子，数完后是 25 粒豆子，猜的接近的学生欢呼了一声。接着，他们交替着玩豆子。

另一小组活动记录：有一对同桌在争着谁先抓豆子，小组长在协调建议，通过剪子、布包、锤来解决谁先抓豆子。大家接受这建议后，有序地开始了活动。这一小组同学估数的感觉不错，他们估计的大约在 20～40 粒之间，他们数豆子时，基本上是两个两个数的，也有个别的是十个十个数的。

……

教师巡视了每个小组后，就站在了教室前面的一小组前，微笑着望着大家，有的学生看到了，马上就坐好了，没有看到的学生，经过其他同学的提醒，也很快就坐好了，教师向大家竖起了大拇指。

（三）教师小评

刚才我们大家在玩豆子的时候，都玩得非常开心，同学之间合作得非常愉快，有的同桌出现矛盾了，经过大家的协调，也找到了解决的方法。而且大家还记着我们的约定，没有一粒豆子掉在地上，非常好。

【教学反思】

在这一活动中，教师关注的是学生之间的合作与交流，教师注意走近学生，并且用积极的语言去评价学生，学生获得的是一种积极的情感体验，有兴趣继续下面的学习。

活动二：在师生互动的活动中，让学生学会读、写数

一、师生互动活动

师：你们玩得真开心，我也想抓一把豆子（教师顺手在一个小组内抓了一把豆子），猜一猜，我一把抓多少粒豆子？

（教师把抓的一把豆子放在实物投影仪前面）

生：可能是 70 粒。

生：50 多粒。因为我一把抓 30 多粒，老师的手比我的大，所以大约有 50 多粒。

师：他用了一个很好的词"大约"，谁还有别的方法？

生：（走到实物投影仪前，用手数了 10 粒豆子）10 粒豆子是这么多，我估计老师抓的这一把豆子大约是 60 粒左右。

（同学们有的鼓掌，有的说真棒，有的竖起了大拇指）

【教学反思】

这是学生进行的自主的表扬，是学生之间的自主欣赏。在这个估计的过程中，教师没有进行评价，这是有用意的，因为这只是学生对估计的一种最直接的感受。

师：怎么知道有多少粒豆子呢？

生：可以一个一个地数。

生：还可以五个五个地数。

生：十个十个地数最快。

生：因为豆子是圆的，我认为两个两个地数最快。

师：（把实物投影仪前的豆子放在一个小组内，边走边给每个小组抓一把豆子）我给你们每组都抓一把豆子，数一数老师的一把大约有多少粒豆子？数完就坐好。

二、教师巡视，小组内数豆子

一小组活动记录：

生 1：我们先商量用什么方法来数，我建议十个十个地数，这样数得快。

生：（三人点头）：我们同意。

生 6：那我们就开始数吧。

学生六个人，头都碰一起，其中两个人数豆子，两人把十个一堆的豆子放在一边，另外的两人在仔细地观察，不让漏数了豆子。

另一小组活动记录：

生：（两人）：一个一个地数。

生 3：五个五个地数吧。

生（两人）：我们不要争了，我们选一种方法快点儿数吧，第 5 小组的学生都已经数完坐好了。

生（小组长）：我们就两个两个地快点儿数吧。

学生开始数豆子，很快他们就数完坐好了。

……

全班交流：

小组 1：我们是十个十个数的，一共有 57 粒豆子。

小组 2：我们是两个两个数的，有 66 粒。

小组 3：我们是五个五个数的，有 60 粒豆子。

小组 4：我们也是两个两个数的，有 64 粒豆子。

小组 5：我们是一个一个数的，有 58 粒。

小组 6：我们的方法和第 5 小组一样，是 62 粒豆子。

师：看来老师一把大约能抓 60 粒豆子。

三、在计数器上拨数并写数

师：请在计数器上拨出你们小组内数出的数，拨好了小组内互相看看拨的一样不一样，不一样的就调整一下，一样的就坐好了。

学生在计数器上拨数，教师巡回在小组中间，指导个别学生拨数。有的学生拨完数后，主动地走到老师身边，让老师看看是否对。小组内的学生也互相检查拨的数是否一样。

一小组数的数是 66，拨数的时候学生出现争议：

生 1：十位上拨 6，个位上不拨了，和十位上的是一样。

生 2：我认为你说得不对，个位、十位上都得拨 6 个珠子。

生：我同意生 1 的方法。

生（三人）：我们同意生 2 的方法，如果是生 1 那样拨，就是 60，就不是 66 了。

生 2：我们看看别的小组是怎么拨的，你看他们小组拨的是 61，十位上拨的是 6，个位上拨的是 1，我们的和他们的是一样的。

（小组内其他学生点了点头，表示同意该生的看法，教师也微笑着点了点头）

师：怎么写这个数呢？请你试着写一写。

学生在纸上写数，教师巡视。

【教学反思】

小组活动时，教师深入到学生中去倾听、观察，必要的时候才给予指导或肯定，这样有助于学生同伴之间的交流，在交流中主动调整自己的思维，这样学习才更有效。

师：谁先写完了，谁就到黑板上把这个数写下来，一个小组来一个人就行了。

师：大家写的数真整齐，真好看。我们一起来看 64 这个数，谁来拨出这个数？

生（边拨边说）：十位上是 6，就在十位上拨 6 个珠子，个位上是 4，就在个位上拨 4 个珠子。

师：谁来试着解释一下这个数？

生：6 在十位上，表示 6 个十，就在十位上写 6；2 在个位上，表示 2 个一，就在个位上写 2。

师：说得真清楚。我们再来看看 66 这个数，两个 6 表示的意思一样吗？

生：不一样，左面的 6 在十位上，表示 10 个六；右面的 6 在个位上，表示 6 个一。

生：我和他的不一样，左面的 6 在十位上，表示的是 6 个十，不是 10 个六。

师（笑着）：对。66 这个数，左面的 6 在十位上，表示的是 6 个十；右面的 6 在个位上，表示 6 个一。

（学生开心地笑了）

师：（手拿计数器与学生一起拨数）：60 这个数，个位上一个也没有，就不拨了，十位上 6，就在十位上拨 6。表示的是 6 个十。

师：现在回过头来，看看老师一把大约抓多少粒豆子呢？

生：不超过 70 粒。

生：40 以上。

生：大约是 60 粒，因为你刚才抓了好几把，有 57 的、66 的……这些数都最接近 60 了，所以说你一把大约抓 60 粒豆子。

师：说得真好。

【教学反思】

学生学习的热情很高，学生有写数、读数的基础，在教学中，我尝试让学生自己从活动中体悟知识，通过"老师一把大约抓几粒豆子？"这一活动，让学生体会到估数的必要，从学生的情况来看，大部分学生能很好地掌握读数、写数的方法，学习的效果是不错的。

活动三：在估数的活动中，理解读、写数的方法

一、同桌两人玩豆子

要求：

1. 其中一人抓一把豆子，一起猜有多少粒豆子，然后数一数有多少粒豆子？两人一起在练习本上写出这个数。

2. 每人多做几次，看你一把大约抓多少粒豆子？

一个小组中同桌两人活动记录：

生1：怎么又是你先抓，上次就是你先抓的。

生2：好吧。这次你先抓，你抓完了我再抓。

生1（把抓的豆子放在盒子中）：我猜是20多粒，你呢？

生2：我估计是30粒左右吧。

生2：我们一起数一数吧。

其中一人是用手两个两个地拨豆子，两人一起轻声数数，数完后是29粒，两人欢呼，并把数字写在练习纸上。接着两人又轮流做了几次，他们用符号表示两人每次抓的豆子数，例如○25、27、23；△31、34、28。注：○、△各代表一个人。

教师活动在每个小组中，针对小组中出现的问题进行低声的指导。

二、全班交流

师：通过刚才的活动，你知道自己一把大约抓多少粒豆子吗？

　　学生自主地站起来说。

生1：我一把抓30粒左右。

生2：我一把大约抓20粒。

生3：大概是40粒吧。

生4：我一把抓90粒左右。

　　学生小声议论，一学生说："你的手比老师的手还大呀！"

　　教师微笑着看着学生。

师：你一把抓这么多呀！你是怎么抓的，抓一把试试。

　　学生高兴地抓了一大把，举起来让大家看，豆子还在不断地往下掉。

生2：原来你是这样抓的呀！我们是这样抓的（学生2抓了一小把豆子），不要让豆子漏出来。

　　生4点了点头。

师：你再抓一把试试看，其他同学互相说说自己一把大约抓多少粒。

学生活动，教师走到学生 4 的身边，一起和他数豆子。学生 4 明白了该怎么做，他小声说，我一把大约是 30 粒。

【教学反思】

对于这个孩子来说，很容易用劲地抓一大把豆子，而且每次不均匀。所以要及时地调整教学思路，让学生把他抓豆子的过程再现出来，在一种宽松的氛围中调整学生的做法，效果还是不错的。

三、指定物体量豆

师（教师在实物投影仪前装了一小桶豆子）：猜一猜，这一小桶豆子比老师抓的一把豆子多还是少？

学生七嘴八舌地说：肯定比一把多，这是一小桶；那也不一定，要比一比才知道……

师：大家想办法猜有多少粒豆子？

要求：

1. 两人一组，装满一小桶豆子。

2. 看谁猜得最接近。

3. 小组内交流你是怎么估计的。

小组及教师活动记录：

学生先商量着怎么想办法，然后动手做。有的学生把这一小桶豆子平均分成了两部分，数其中的一部分，然后加起来；有的是把豆子平均分成了三部分，数其中的一部分，然后加起来。教师走近学生，倾听学生的方法，并轻声加以指导。

师：全班交流你是怎样估计的？

（学生走到实物投影仪前）

生 1：我们把这一小桶豆子分成一样多的两部分，数其中的一半是 40 粒，加上没有数的一半，大约是 80 粒。

生 2：我们的方法和生 1 的差不多，是分 3 部分，这样可以数得快一点，数一部分是多少，再加上没有数的两部分。

生 3（特别激动）：我有一个好方法，我数这一层大约是 10 粒，我还数了数大约是 9 层，我就一层一层加起来，大约是 90 粒豆子。

（教师向他竖起了大拇指，其他学生也自主地鼓掌）

生 4：我也有一种方法，我一把大约抓 30 粒豆子，两把是 60 多粒，剩下的不够一把了，数一数是 15 粒，大概是 90 粒吧。

【教学反思】

学生的思路是很广阔的。只要教师给学生足够的时间和空间，放手让学生去想、去做，而这个活动恰恰可以埋下创造的种子。

师：大家真能干，有这么多的估计的方法。我们数一数到底有多少粒豆子，并写出这个数。

学生数豆子，并在练习纸上写这个数，教师有针对性地进行指导。

活动四：在游戏中，进一步激发学生读、写数的兴趣

一、拨数游戏

（一）一人拨数，两人同时读并写出这个数

有的学生拨完数后给老师和学生说自己拨的数，并把写出的数给小组的同学或老师看；有的是同桌两人互相检查。教师巡视，指导学习困难的学生拨数、写数。

（二）认识百位

（有一个学生举手，教师用目光示意他发言）

生：老师，我拨了一个有趣的数是 99。再添一个数就是 100 了。

师：真是棒极了，你们认识 100 这个数吗？

生：我会在计数器上拨出 100。个位和十位上一个也没有，就不用拨珠子了，百位上是 1，就在百位上拨一个珠子。

学生边说边走到讲台前，在计数器上拨出 100，其他学生也主动在自己的学具计数器上拨出 100，教师走在学生中间，进行指导。

生：我还会写 100 呢！

师：大家在练习纸上写一个吧，写完就坐好。

师：100 是个三位数。

　　教师边走边巡视。

【教学反思】

　　我观察学生在拨数、写数的时候，没有困难，包括写 100 这个数。个别有困难的学生，也在同学、老师的帮助下，能比较轻松地完成学习任务，所以我针对学生的情况，放弃了原来由教师来讲 100 这个数，就放手让学生自己来研究 100 这个数，学生的学习热情很高，人人争当小老师，来给大家介绍，教学效果不错。在这里交代 100 是个三位数，是为猜数游戏做准备。

二、猜数游戏

（一）全班一起做猜数游戏

师：请在你的纸上悄悄写一个两位数，不要让别人看到，写完就坐好。

　　　（学生写数，情绪很好）

师：我们来猜一个同学写的数。

猜数活动记录一：

生：是 20 吗？

生 1：比 20 大得多。

生：是 70 吗？

生 1：比 70 少一点儿。

师：是 60 吗？

生 1：快了，比 60 多几个。

　　　（学生很兴奋）

生：是 63。

生 1：比 63 多 1 个。

　　　（学生和老师都笑了）

生（一起）：是 64。

生：对了。

　　　（学生欢呼。）

猜数活动记录二：

师：真有趣，我也想猜一个数（指名猜一个学生写的数）。

师：比 50 大吗？

生：是。

师：比 70 小吗？

生：不是。

师：比 60 大吗？

生：是。

师：比 65 大吗？

生：是。

生（其余的学生一起）：是 66。

生：对了。

（学生欢呼。）

（二）小组做猜数游戏

要求：其中一人心中想一个两位数并写下来，其余的人猜这个数。轮流做这个游戏。

学生和老师活动记录：

学生有的是小组做猜数游戏；有的是同桌两人玩；有的是三人在一起猜数等。学生猜数的方法很多，教师边巡视、边指导、边和学生一起做游戏。

活动五：交流以增加学生积极的情感体验

师：谈谈你对这节课的感受。

生 1：这节课我认识了很多数，还认识了 100。

生 2：猜数这个游戏很好玩。

生 3：我学到了别人估计的好方法。

生 4：这节课我过得很高兴。

生 5：玩豆子中数数，写数，很有趣。

师：今天，我们大家一起学数学，非常开心。大家很用心，我很愉快，谢谢大家给我带来的欢乐。

专家评析：

数学与人类的生活息息相关，数学作为现代文明的重要组成部分，其语言也日益成为人们进行交流的科学语言。重视培养学生数的意识，使学生养成主动地从数量上观察、分析客观事物的习惯，体会到数的产生与发展来源于人类对客观事物的数的把握，是生活实践的总结，这是非常重要的。《数学课程标准》倡导自主探索、合作交流、实践创新的数学学习方式，强调从学生的生活经验和已有的知识背景出发，为学生提供充分的从事教学活动和交流的机会，促使他们在自主探索的过程中真正理解数学和掌握基本的数学知识、数学思想和方法，同时获得广泛的数学活动经验。

本节课为学生提供了现实而又有趣的数学学习内容和学习形式，具体体现在以下几个方面。

1. 注重从学生的生活经验出发

过去的教学，对学生认读100以内的数，重视的是读、写数的算理，训练学生的是技能，忽略了学生的生活基础。事实上，学生在生活中，积累了许多百以内数的知识，这是学生学习100以内数的重要资源，在教学中教师紧密联系学生的生活实际，从他们自身的知识背景出发进行教学活动，让学生自己尝试着读、写数，在此基础上教师进行适时的指导，使学生进一步感受到数的意义。

2. 注重引导学生在活动中学习

儿童的年龄特点就是爱动，让学生在活动中学数学，是课程标准中提倡的学习方式，在过去的教学中，教师过多地强调示范的作用，学生的学习是知识模仿性的学习。如今，我们强调让学生在活动中学习数学，重视学生学习的过程，提倡让学生亲身体验知识的形成与发展，本节课设计了几个结构性的活动，帮助学生建构并逐步形成自己的知识体系，通过大量地感知，形成表象，进一步体会数的意义。

活动一：是让学生进行数数，初步体会到估数。学生看到豆子，肯定很好奇，教师让学生先玩豆子，这是符合儿童的年龄特点的，在玩豆子的过程中，学生进行了数数的练习，初步感知估数。学生的合作意识和能力，不是靠说教能获得的，必须渗透在每节课每个活动中，让学生体悟怎样合作，数学教师正是通过学数学的过程潜移默化地传递给学生做人的道理。在教学中，教师很重视学生之间的交流与合作，注意学生学习习惯的培养，这些都是值得肯定的，都是可取的。

活动二：是在师生之间、学生之间交往互动的过程中，使学生初步体会数的意义。学生在猜、数豆子的活动中，认、读、写100以内的数，教师给了学生思考和表达的空间，让学生尝试着自己来写100以内的数，在学生原有的基础上，教师进行指导，学生体悟知识的过程就是一种建构，这种学习的指导是有效的，教师并没有停留在学生认、读、写的层面上，而是更深一步地让学生体会估数的方法，让学生估计老师一把大约抓多少粒豆子，学生的学习思维的含量是比较高的。不过，教师在学生估计的活动中，处理得有些仓促，如果再给学生一些时间，让学生进行交流，学生的体验会更深，会为下面的估数活动打下更好的基础。

活动三：是在估数的活动中发展学生的数感。这个活动的设计是不错的，学生在估计自己一把大约抓多少粒豆子以及估计一小桶豆子有多少粒，都让学生进行了充分的实践与交流。但是由于学生生活经验的不足，学生体验还是不够，教师花了大量的时间让学生进行活动，让学生在活动中进行感知，这点是值得肯定的，但是同时也给我们大家一些提示，在平时的教学中，一定要提供机会，让学生进行这一方面的活动，积累学生的生活经验。

活动四：通过游戏，激发学生对数学学习的兴趣，特别是猜数游戏，让学生学到一种解决问题的策略，逐步建立良好的数感。游戏是一年级学生学习的一个重要方式，这两个游戏活动，不仅激发了学生的学习兴趣，而且帮助学生更好地理解和运用知识。教师需要明白的是，在游戏的过程中，一定要关注学生之间的合作与交流，让学生体会到同伴之间合作的快乐。教师对百位数的处理，联系学生的生活实际，放手让学生自己认读，并在学生认读的基础上进行指导，还是不错的。

活动五：增加学生积极的情感体验以及学好数学的愿望。这个活动很好，是师生共同回顾这一节课，教师和学生就是在这样的活动中，一步一步成长起来的。

3. 重视发展学生的数感

逐步发展学生的数感是《数学课程标准》中的基本要求。在这一节课中，教师特别重视这一点，体现在活动中发展学生的数感，努力做到让学生在具体的情境中感受数的意义，用数进行表达与交流，突出学生估数的意义，发展并丰富学生的数感。

4. 关注学生的情感体验

对学生数学学习的评价，不仅要关注学生知识与技能的理解和掌握，更要关注他们情感与态度的形成与发展，关注学生之间的合作与交流，注重学生之间的个性差异，保护学生的自尊心与自信心，用积极的语言评价学生学习的过程，提供适时的机会让学生获得一种积极的情感体验，树立学好数学的信心！在这一节课中，师生的关系非常融洽，教师重视与学生之间的情感交流，在鼓励、等待、欣赏中，用内在的感召力激发学生对数学保持浓厚的学习兴趣。

5. 值得研究和思考的问题

这是一节有新意、有创造性的课。教师借助教材这一媒介，开发符合学生发展的课程资源，并大胆地实施，这对教师和学生来说都是一个挑战。学生的学习方式发生了很大的变化，教师通过一系列的活动，让学生充分感知和体验100以内的数，对学生数学知识技能的形成，情感态度和探索精神的发展，思维能力和思考方法的培养均取得了较好的效果。

估计的策略是什么？让学生在充分体验和经历之后，有一个估计的策略，就是估计要有一个标准。学生的学习过程是探索和创造，小组之间、同学之间的差异，如何进行有效的交流？这些都是值得我们教师研究的问题。

（中央民族大学教授、义务教育数学课程标准研制组负责人之一　孙晓天）

《分数的初步认识》

【教学思路】

以主体性发展为目标的课堂教学一个本质的特点是有效的学习活动，让学生积极投入到每个学习活动之中，自己发现问题，主动探索方法，自己"创造"数学，在活动中不仅掌握数学知识，提高数学能力，更重要的是获得数学思想和方法。主体教育的核心是要创造一种适合儿童发展的教育，并以此为依据确定教育内容和教学目标。这意味着我们要尊重儿童的特点，用发展的态度来看待他们的各种能力；意味着把每一个学生看成是一个具有鲜明个性的活生生的人，而不是一个同年龄群体。正是立足于这样的认识之上，重新组织教学内容：在学习分数的第一课时，既要认识几分之一，又要认识几分之几（九年义务教育教材人教版第五册认识几分之一的分数）。虽然难度有所增加，但学生对分数有了一个较全面的认识，而且在"克服困难"的同时，达到发展的目的。

基于这样的认识，本节课四个学习活动，让学生经历分数的产生，分数的创建，加深对分数具体含义的理解。其中对 $\frac{1}{2}$ 的认识，在教学中放在了突出的位置。$\frac{1}{2}$ 是

个最简单的分数，教学中也往往采用简单的方法。我认为对 $\frac{1}{2}$ 理解的深度，正是后

面建立分数概念的生活基础，只有在"易的不易的"学习中，才能达到"难的不难"

的效果。学生有了这一认识基础，在后面几个活动中自己利用自己的思维加工创造

出"几分之一"和"几分之几"的分数。

　　数学能力正是在数学活动中发展的，数学思想也是在数学活动中形成的，本节

课正是对构建以"学习活动为中心"的数学模式的一次积极的实践。

　　【教学过程】

　　一、情境创设：体会学习分数的必要性

　　（每个学习小组摆放大小一样的两个水杯，其中一杯盛满水）

　　师：现在你们每组都有一杯水，这一杯水就可以用数"1"来表示。

　　师：如果将这一杯水平均分成两份，你们会吗？小组活动将 1 杯水平均分在两
　　　　　个水杯里。

　　师：1 杯水可以用数"1"来表示，那么，这半杯水该用哪个数来表示呢？

　　　　　（学生自由发表自己的看法）

　　师：半杯水已经不能用过去学过的整数来表示了，这就需要引入一种新的

　　　　　数——分数。半杯水可以用 $\frac{1}{2}$ 来表示，读作"二分之一"。今天我们一起学

　　　　　习有关分数的一些初步知识。

　　二、自主活动一：进一步认识 $\frac{1}{2}$

　　1. **师**：结合刚才的学习，说说 $\frac{1}{2}$ 是什么意思？

　　生：$\frac{1}{2}$ 表示这半杯水。

　　生：$\frac{1}{2}$ 表示把一杯水平均分成两份，这一份就是 $\frac{1}{2}$。

　　师：把 1 杯水平均分成两份，1 份就是 $\frac{1}{2}$，另一份呢？

生：另一份也是 $\frac{1}{2}$。

师：如果分的不是一杯水，换成其他物体，你们能找出它的一半吗？

2. 小组活动。（剪好的图形放在每个学生的纸袋中）

活动要求：每个学生任取一件图形。

①动手折一折，找出每个图形的 $\frac{1}{2}$。

②组内互相说一说，你把一个什么图形怎样分，哪是它的 $\frac{1}{2}$。

班级交流：

师：把△上下折，这一份是它的 $\frac{1}{2}$，行吗？

生：不行，只有在平均分的情况下才能用分数来表示。

师：请看你们每个同学都找出了哪个图形的 $\frac{1}{2}$，为什么大小、形状却不一样呢？

生：因为原来的整体不一样。

生：我这个 $\frac{1}{2}$ 是圆的 $\frac{1}{2}$，那个 $\frac{1}{2}$ 是三角形的 $\frac{1}{2}$……

师：所以我们说分数时要看"是谁的" $\frac{1}{2}$。

师：通过刚才的活动，你们可以知道什么？

生：把一个物体平均分成两份，每份就是它的 $\frac{1}{2}$。

【教学反思】

$\frac{1}{2}$ 是一个最简单的分数，人们往往重视不够，教学中多是教师演示，学生看。

$\frac{1}{2}$ 虽然简单，但学生对它的认识应该避免简单化。数学本身是抽象的，但数学的原型是具体的，是来源于生活实际的。教学与学生的生活紧密相连，有助于激发学生的学习兴趣和学习自信心。课中先让学生亲自动手实践将"一杯水"平均分成两份，得到"半杯水"，而这"半杯水"用一个什么数来表示呢？唤起学习的欲望，初步体验"分数是由'分'而得的"。为后面学习几分之一建立丰厚的表象基础。只有在"易的不易"学习中，才能达到"难的不难"的学习效果。

三、自主活动二——认识几分之一

1. **师**：我们已经认识了 $\frac{1}{2}$，下面请小组继续合作学习。

学习要求：①说说每个图里阴影部分用哪个分数表示。

②每人练习说一句话，讲讲你是怎么想的。

把（　　）平均分成（　　）份，每份是它的几分之几。

2. 学生按要求合作学习。

3. 班级交流。

师：说说第一个图形用哪个分数表示？

说说第三个图形用哪个分数表示？

师：写分数时要先画一横线，然后写下面的数，再写上面的数。试着把这些分数写下来。

【教学反思】

当学生有了 $\frac{1}{2}$ 的认识基础后，及时引导学生实现知识的迁移。在这个活动中以学生个体及小组合作为主要形式，通过对一组等分不同份数的图形，促使学生思考阴影的一份应该用哪个分数表示。学生经过独立及合作性的思维活动，认识会趋向一致，舍弃"图形形状"这一非本质特征，抽象出"将一个物体平均分成几份，每份就是几分之一"这一分数的本质特征。值得指出的是，这样的"数"是学生自己"创造"的。其教育价值远比教师的"直接告诉"要大得多。

4. 提高。（投影）

师：请看 ☐☐☐ 老师把这个长方形怎么了？

生：把这个长方形平均分成了 3 份。

师：你可以想到什么？

生：每份是它的 $\frac{1}{3}$。

师：☒☒☐ 阴影部分是几个 $\frac{1}{3}$，是这个长方形的几分之几？空白部分呢？

生：阴影部分有 2 个 $\frac{1}{3}$，是这个长方形的 $\frac{2}{3}$，空白部分是长方形的 $\frac{1}{3}$。

师：☒☒☒ 现在阴影部分是长方形的几分之几？为什么？

生：阴影部分是长方形的 $\frac{3}{3}$，因为它有 3 个 $\frac{1}{3}$。

（结合讨论，介绍 $\frac{3}{3}$，$\frac{2}{3}$ 的读写方法）

四、自主活动三——认识几分之几

1. 小组合作学习。

学习要求：①说一说每个图里阴影部分用哪个分数来表示。

②在每个图下面的（ ）里，写出相应的分数。

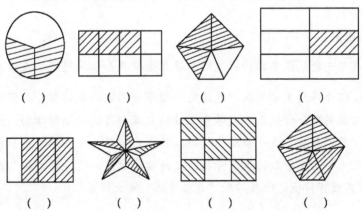

（ ）　　　（ ）　　　（ ）　　　（ ）

（ ）　　　（ ）　　　（ ）　　　（ ）

【教学反思】

"分数"是数概念的一次扩展。它不像以前学过的整数那样可以一个一个地数出来，而是通过对一个确定的单位进行等分，既要表示等分的份数，又要表示所取的份数。所以让学生动手折一折，画一画，有助于学生获得更直观的理解。

2. 班级交流。

师：请每个小组推荐代表汇报本组的学习情况。

（小组代表汇报本组学习结果，初步建立几分之几的概念）

3. 动手操作。

师：每个同学有一张长方形的纸，请先折出它的 $\frac{2}{3}$。

（学生动手，教师指导）

师：同桌讲讲你是怎样折出这张纸的 $\frac{2}{3}$。

师：再折出这张纸的 $\frac{2}{4}$。

师：为什么说这部分是长方形纸的 $\frac{2}{4}$？

生：因为把这张纸对折再对折，就平均分成了 4 份，所以这两份就是它的 $\frac{2}{4}$。

师：好极了！继续学习。

4. 微型小组合作（2～3 人）。

学习要求：任意涂色，并用适当的分数表示出来。

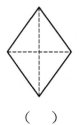 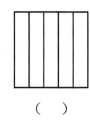 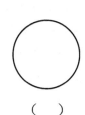

　　（　　）　　　　　（　　）　　　　　（　　）

5. 班级交流，各小组代表登台讲解自己的思路。

（教师结合学生的讲解，介绍分数各部分名称）

五、课堂小结

1. 今天我们学习了什么知识？你知道了什么？

2. 同学们重点要清楚：一是必须把一个物体"平均分"才能产生分数；二是把"谁"平均分了，所产生的分数就是谁的几分之一或几分之几。

【教学反思】

本课设计的几个学习活动都以小组合作学习为主要形式。为保证小组合作学习的有效性，每次活动又都提供了结构性较强的学习材料，同时又给学生提出了目标明确的学习任务。其目的也是让学生通过合作学习，相互启发，共同研究数学，将学生的个别差异作为一种积极的教育资源加以利用，建立多向交流的课堂教学氛围，有助于增强学生对己、对事、对他人、对群体的情感体验和情感控制能力的健康发展，这虽不是一节课能完成的，但必须通过每节课来实现。

专家评析：

"分数"作为一个起始概念的引入，对小学生说来，是一个完全崭新的内容。这堂课的教学很有特色。

第一，体现了教一点学许多，教师以 $\frac{1}{2}$ 为核心，当学生初步领会 $\frac{1}{2}$ 以后，其余几分之一及几分之几均让学生自己去探索。

第二，在"活动"中学习。根据小学中年级学生的心理特征，多让学生动手实验，边做边想，教师的设问有较大的启发性，引而不发。

第三，加大小组合作学习的比重，以此加大人际交往的频率。教师面对全班的授课则选择一些必要的内容做出较精练的讲解。

这种教学模式的探索给我们大家提供了新鲜的经验。

（北京师范大学教授　周玉仁）

二、在民主的氛围中讨论数学

在与孩子们相处的时候，我时刻寻求着一个个能给学生带来兴趣的话题，并适机营造讨论的契机。期望透过一种富有活力的课堂讨论，使更多的孩子融入一种浓浓的学习气氛中。我知道，没有问题，无法讨论；问题贫乏，讨论缺乏魅力；火候不到，讨论没有激情；教师过早表态，学生容易唯师、唯上，没有讨论的价值。因而，不论学生观点正确与否，我都用欣赏的目光望着他们，倾听他们的陈述，久而久之，孩子们有什么疑问，从不隐瞒；有什么想法，期望与大家交流；有不同的观点，敢于争辩；听到好的方法，乐于修正。随着年级的升高，他们居然对我说："数学课，太痛快了！"我想更为重要的还是学生通过各自对数学问题的不同理解，在倾听与交流中，体会着人与人之间的差异与包容；通过对数学问题的讨论，学习着怎样表达自己的观点，学会一种针对观点而不是对某个人的争辩技能，学会在反思中不断调整自己的策略，以使自己能够发展得更好。

《6 的乘法口诀》

【教学过程】

一、引出问题、激发兴趣

师： 一个小孩到公园买门票，一张门票是 6 元钱，那么，你们知道两张是多少钱吗？

生：（齐答）12 元！

师： 三张应该是多少钱呢？

生：（齐答）18 元！

师： 看来，大家都知道，那么，要买 4、5、6、7、8、9 张门票需要多少钱大家能算出来吗？

生：（齐答）能！

（此时，学生又具有了积极的学习的状态）

师： 好，书上已经列好了要买的门票数，请同学们将所需要的钱数填到空格里。

（学生开始紧张地计算，每个人都神情专注——因为这是一项自己有能力也自愿要干的工作。教师对个别同学进行辅导、校正个别同学的错误。同学们很快就完成了自己的工作）

教师将同学们一齐报来的数据写在黑板上。

1	2	3	4	5	6	7	8	9
6	12	18	24	30	36	42	48	54

二、自编 6 的乘法口诀

师： 观察表中的数据，你们发现了什么规律？

（学生们纷纷举手回答）

师： 我们可以根据这些数据来编 6 的乘法口诀，是自己编，还是老师领着编？

生：（齐答）自己编！

（学生自编 6 的乘法口诀，做完的自觉在小组内交流、修正）

师： 真不简单，你们已经在算式和口诀之间建立了联系。

三、熟记 6 的乘法口诀

师： 这些口诀有什么变化规律？

生： 下面一句都比上面一句多 6。

上面的一句比下面一句少 6。

师： 噢，你发现了数学的美。

生： 每相邻两句口诀的得数都相差 6。

师： 请大家互相介绍一下，用什么方法能记住这每一句口诀。

生： 比如"二六十二"，"十二再加六就是三六十八"。

生： "六六三十六"，"三十六再减去一个六就是五六三十"。

师： 你们发现了口诀内在的秘密。

四、用 6 的乘法口诀进行计算

1. 用卡片计算。

    6×2 6×1 6×5 6×4 6×3 6×6

2. 口算，并说说是怎样计算的。

$6×1+6$ $6×3+6$ $6×5-6$ $6×6-6$

生：$6×3+6$就是 3 个 6 再加 1 个 6，是 4 个 6 四六二十四。

3. 教师在黑板上贴 18 个图片，不规则排列。

师：这里有许多圆片，谁能很快地告诉大家一共有多少个？

（圆片散乱地放在黑板上，学生思考一会儿就按规律摆成了右边的样子）

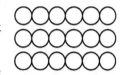

师：求一共有多少个？你是怎样看的？怎样列式？用哪句口诀？

生：横着看每排 6 个，一共是 3 个 6。$6×3=18$ 三六十八

生：竖着看每排 3 个一共是 6 个 3。 $3×6=18$ 三六十八

师：为什么 $6×3$ 和 $3×6$ 用同一句口诀？

生：因为它们得数都是 18。

师：对！和过去学过的一样，每句口诀可以计算两道乘法。

4. 讨论：我们可以有几种方法计算 $6+6+6+6+5=$？

生：把算式改成 $6×4+5$，算得就快了。

生：也可以把后面的那个 5 看成 6，算 $6×5-1$。

生：把每个 6 看成 5 也行，算 $5×5+4$。

（此时学生开始平静，看着自己得出的成果颇有得意之色，忽然，有一学生站起）

生：我又想到了一个方法，把 5 分给前面的 4 个 6，就成了 4 个 7，余下 1，算 $4×7+1=29$

（学生情不自禁为之鼓掌）

师：我为你们的聪明感到惊喜。想一想，这节课你有哪些收获？

下课后重点练习什么？

专家评析：

我有机会跟随刘老师进入他们的课堂，这是一节平常的课，正是透过这种"居家过日子的课"，看到了在师生合作的教学交往形式下，学生的主体地位得到了承

认，学生的认识能力得到了充分的发挥、发展，学生感受到自主活动带来的自尊与自信，得到了自己成功发现的快乐，体验到了克服困难带来的喜悦，教师也从学生的快乐情绪中体验到了教学的愉快和喜悦。这节课的可圈可点之处很多，有两处集中体现了教师与学生合作性交往的精神。

其一，教师发动学生自己发现"6 的乘法口诀"的秘密，使学生感到自己有与教师进行实质性交往的内容和资本，体验自己选择活动方式的自由和责任。

其二，教师在教学过程中，处处让学生感到自己有很强的认识能力，让学生体验自己发现"秘密"的快乐。教师用了这样一些肯定性评价的话语："真不简单，你们已经在算式和口诀之间建立了联系""噢，你发现了数学的美""你发现了口诀内在的秘密"，等等。

在这节课上，教师没有过多的问题，却使每个学生都积极地参与到教学活动中来，与教师进行着有声或无声的交往。学生感到 6 的乘法口诀是有他们自己发现的，他们感到愉快，同时也在宽松的气氛下完成了认识任务，对自己的认识能力更增强了自信。

从这节课中，我们体会到，教师合作性交往的关键在于教师能够调动学生主动参与教学认识活动的愿望。师生间的合作性交往可以有各种具体的方式，甚至可以采用"告诉"的方式进行交往（在这种方式中，学生以内隐的思维方式积极参与教学认识活动），但其追求是一致的，即学生积极的参与，教师与学生之间的平等、合作。

（北京师范大学教授　郭华博士）

《加法运算定律》

【教学思路】

现代教学论认为，教学过程要符合儿童的认识过程并使儿童成为认识的主体。这就意味着教师的主导作用应体现在启迪思维、激发情感，使学生积极主动地参与认识过程之中，正是基于这样的教学思路，我竭力追求一种让学生在学习知识过程中体验认识，以及在交往中体验成长的教学意境，并努力体现于自己的教学过程中。

加法运算定律，包括加法交换律和加法结合律。这两个定律，学生早已接触，在一二年级已经积累了丰富的感性知识，本节主要归纳出定律结论。结论的得出固然重要，而在结论形成的过程中学生抽象概括能力的培养更为重要。

【教学过程】

一、引入新课

1. 教师谈话：大家都知道 1 加 2 等于 3，如果把 1 和 2 的位置交换一下，2 加 1 计算结果呢？（等于 3，结果没变）在数学里，这是一个规律，数学里规律很多。今天我们一起研究加法里的运算规律——加法运算定律。

2. 看到这个课题后，你想到了什么？

生 1：我想什么是运算定律呢？

生 2：我能否学会加法运算定律呢？

生 3：我想知道加法运算定律对计算加法有什么好处？

生 4：我想运算定律就是说运算中的规律吧！

师：对！加法运算定律，就是加法中的一些规律，掌握这些规律，就可以提高我们的计算能力。

二、学习加法交换律

1. 观察、比较。

师：$16+5=21$　$5+16=21$ 这两个算式哪儿相同，哪儿不同？

生：两个算式的计算结果相同，不同的是两个加数的位置交换了一下。

师：说得好，$16+5$ 与 $5+16$ 得数都是 21，我们可以写成 $16+5=5+16$

师：请同学们再举这样一些类似的例子。

生：$57+8=8+57$　$400+280=280+400$　$1305+24=24+1305$

2. 归纳概括加法交换律。

师：请大家观察这组算式有什么共同特点？

生 1：都是两个数相加。

生 2：等号两边算式得数相同。

生 3：都是把两个加数的位置交换了一下。

师：谁能够把这些特点连接起来，准确地说出这组算式的特点？

生：两数相加，交换两加数位置，和相等。

师：说得好，和相等，我们可以说成和不变，谁能再说说？

生：两个数相加，交换加数的位置，和不变。

师：这就是加法运算中的一个定律，我们来试着给它起个名字。

生：叫它"加法交换律"比较合适。

生：我不同意，我认为叫"加法换律"更简练。

生：我认为应叫"加法交换律"更准确，因为换和交换的意义不完全一样，"换"就是换一下，可能是换成了别的东西，而交换只能是它们两个交换。

师：对，应叫"加法交换律"更准确，简练。

【教学反思】

学生用积极的语言概括数学定律也许不那么准确、精练，但这个过程却对学生体会数学的严谨和数学思维的发展，起着积极的作用。

3. 用加法交换律在下面各□中填上适当的数。

$$29+17=\square+29 \qquad 128+\square=15+\square$$
$$\square+\square=323+186 \qquad 54+x=\square+\square$$

师：请大家回想一下，过去我们在什么地方运用到加法交换律？

生：做加法验算时，把两个加数交换重加一遍，就是用的加法交换律。

三、学习加法结合律

1. 出示例题：学校图书馆买来科技书 400 本，故事书 800 本，连环画 200 本，共买多少本？

师：怎样列式求学校图书的总数呢？

生1：先算出科技书与故事书的总数，再加上连环画的本数。

$$400+800+200=1400（本）$$

生2：也可以先算故事书与连环画的总数，再加上科技书的本数。

$$800+200+400=1400（本）$$

生3：也可以先把科技书和连环画的总数求出来，再加上故事书的本数。

$$400+200+800=1400（本）$$

师：大家的思路都正确。如果在一个算式上表示出两种不同的思路，比如：400＋800＋200 怎样来表示出计算步骤呢？

生：请小括号帮忙，（400＋800）＋200 或者 400＋（800＋200）

师：这两种方法的结果相同，所以两个算式也是相等的。

　　（400＋800）＋200＝400＋（800＋200）

　　像这样的例子还有很多，你能再举一些吗？

生 1：（28＋36）＋43＝28＋（36＋43）

生 2：（329＋27）＋65＝329＋（27＋65）

生 3：（484＋200）＋100＝484＋（200＋100）

生 4：507＋（38＋15）＝（507＋38）＋15

2. 观察这一组算式有什么共同特点？

生 1：都是三个数相加。

生 2：三个数相加，而且先加哪两个数都行。

师：谁能试着用自己的话概括这类算式的特点？

生 1：三个数相加，把前两个数相加再加后面的数，与后面两数相加，再加前
　　边的数，结果不变。

生 2：三个数相加，先把前两个数相加，再加第三个数，与先把后两个数相加
　　再加第一个数，它们的和不变。

师：（教师板书后）请大家读一读。

生 1：我觉得两句话之间不连贯，应加上"如果"。

生 2：加上"如果"就不对劲了，应该加上"等于"。因为后边说它们的和不
　　变，也就是说相等嘛！

生 3：那也不行。

师：大家的意思已经很清楚了，三个数相加，要么先加前两个数，要么先加后
　　两个数，结果一样，和不变。再想想，究竟用哪两个词连接这句话就连
　　贯了？

生：用"或者"就可以了。

师：大家轻声读一读，看是否合适。

生：我同意，很好！

师：看来我们在用语言表达数学的规律时，要力争做到既准确，又简练。今天

大家总结得很好。下面我们来一起给这个定律起个名字。

生：应该叫加法结合律。

3. 运用加法结合律在□里填上适当的数。

$(5+6)+7=5+(□+□)$　　　　　$35+(15+19)=(35+□)+□$

$18+36+64=18+(□+□)$　　　　$68+(32+25)=(□+□)+□$

师：4. 想一想，如果计算 $168+62+38$ 时，你先加哪两个数，为什么？根据是什么？

生：先把 62 与 38 相加。这样正好是 100，算起来很方便。

生：这根据的是加法结合律。

师：对，我们应用加法交换律和加法结合律就可以使一些计算变得简便。下节课我们专门研究加法运算定律的运用。

《辨认方向》

【教学目标】

1. 借助辨认方向的活动，进一步发展空间观念。

2. 结合具体情境给定一个方向（东、南、西或北），能辨认其余的七个方向，并能用这些词语描述物体所在的位置，体验数学与现实生活的密切联系。

一、认识方向

教师出示情境图——某一街区的地图。

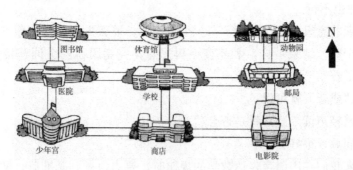

师：观察街区图，你能给大家介绍这些场所的位置吗？

生1：我从方向的标志知道，在这幅图上，上面是北，下面是南，左面是西，右面是东，学校在正中间。

生2：我知道体育馆在学校的北面，商店在学校的南面。

生3：医院在学校的西面，邮局在学校的东面。

生4：图书馆在动物园的西面，动物园在电影院的北面。

生5：我有一个问题，动物园在学校的哪面呢？

师：这是个好问题，我们大家讨论一下。

生6：我想动物园在学校的北面。

生2：是体育馆在学校的北面，不是动物园在学校的北面，动物园的方向是向东面斜的。

生7：动物园在学校的北面偏东。

生3：我给生7补充，动物园在学校的北东面。

　　（一些学生表示同意）

生8：能不能说动物园在学校的东北面，这样比北东面顺口些。

生6：我同意生8的意见，我在指南针上面见过这个方向，就是东北。

师：大家讨论得很热烈，动物园就是在学校的东北面。

　　（学生欢呼）

生5：我知道少年宫在学校的西南面。

生9：图书馆在学校的西北面，这个方向与东北面正好是相对的。

生4：电影院在学校的东南面，这个方向与东北面也是相对的。

师（边说边板书）：东北、东南、西北、西南这四个方向就是我们今天要学习的四个新方向，我们靠着大家的努力自己解决了，我真为你们高兴。

【教学反思】

　　学生学习的过程是一个不断建构的过程，学生已经学习过东、南、西、北这四个方向了，放手让学生进行讨论与质疑。在这个过程中，学生提出新的问题，即动物园在学校的哪面。学生积极地进行思考，在学生"茶馆式"的讨论中，逐步地接近答案，最后得出正确的结论，可喜的是学生把认识东北这个方向中的学习体悟，迁移到其他方向的学习。在浑然不觉中学习了新知。

二、制作方向板

师：通过大家的努力，我们又认识了四个新方向，加上我们学习过的四个方向，我们来制作一个方向板，帮助我们辨认方向。

（学生开始动手制作方向板大部分学生制作好了方向板，教师把一些有问题的方向板贴在黑板上，让学生进行观察，交流自己的想法）

生1：我发现有个方向板的方向写错了，东和西反了。

生2：这个方向板漏了东北和西北两个方向。

生3（边说边走到讲台）：东和北之间的方向应该是东北，怎么写成西北了。

师：观察一下自己的方向板，是否有问题，想一想怎么会出现这些情况呢？

生4（有点儿脸红）：我的方向板上只有六个方向，我制作的时候，就是随便写的，想到哪个方向写哪个。

生5：我的方向板对了。按照一定的规律写就不会出错了。

生4：我有一个问题，在制作方向板时，怎么确定各个方向呢？

生1：先确定一个主要的方向，根据这个方向确定其他的方向，就可以制作方向板了。

生2：我同意生1的意见。我们看图的时候，都有一个方向标志，制作方向板也是这样的。

生4：我明白了。我举个例子，比如先确定方向北，根据北就知道南、东、西面了，然后再确定东北、东南、西北和西南。有规律地写出各个方向，就不容易漏掉了。

（大家开心地笑了，自发地给生4鼓掌）

师：谢谢生4。这些生病的方向板给我们提供了讨论的话题，我们现在请小医生把病人带回去，把病治一治。

学生把方向板领回去，大家重新修订方向板，教师巡视发现刚才出的错现在都避免了。

学生修改好后，我们利用方向板说一说教室里的八个方向各有什么，自己的八个方向分别是哪位同学，学生在开放的、民主的课堂氛围中开始了学习。

【教学反思】

讨论与交流中，学生可以逐步修正错误的知识，建立正确的知识概念。怎样让学生体会到确定方向标志的重要性呢？在制作方向板时，我让学生先自己制作，我不提供任何帮助，学生制作的方向板是错误百出，根据这些我们进行交流。在逐步交流与体会中，学生明白要先确定一个方向，然后再确定其余的方向，这样就不容易出错了。学生通过这样的一个认知过程，会很好地掌握这方面的知识。学生在这种交流中学会了怎样与人交往，怎样去质疑，这种数学品质的养成对学生而言是非常重要的。应该认识到，学生的思维方式、智力活动水平是不一样的。同龄的学生之间在各个方面都存在着差异，不同的个体思考问题的方法、解决问题的策略都有着各自的特点，而这些个性化的方法和策略是教学活动中最有价值的教学资源。教师的责任就在于提供机会，组织交流，鼓励学生大胆地将这些个性化的策略和想法展示出来，让不同的思路在碰撞中擦出火花，给每一个人以启发，促进不同个体的共同发展。同时还应看到，为学生的学习活动建立安全的心理环境非常重要。当学生在发言中出现错误或遇到困难时，教师不要太快地做出反应，也不应简单地说"谁能帮帮他"，而应恰当地切入学生的讨论，引导他们在交流中弄懂道理，在讨论中分享别人的收获。教师在关注知识交流的同时，要注意引导学生间的相互理解与欣赏，注重让学生在交流的过程中增进人与人之间的相互理解和尊重。

专家评析：

下课了，学生围绕在刘老师的身边，久久不愿离开，我与案例中的生4（出错的学生）交流上课的感受，他说像在家里看电视一样舒服。第一次听说上数学课的感觉像看电视，如果不是亲自走进教室，我是不会相信有这样的"神话"，现在我信了，一些想法不经意间流露出来，和大家一起分享。

一、教师给了学生学习的空间

我们可以感受到，刘老师通过创设平等对话的平台，引导学生民主、和谐地共同讨论，营造了热烈而有序的学习气氛。鼓励学生说自己的感受，谈自己的发现。教师是学生学习的催化剂，在学习时，教师不是把某些问题都设计好，而是留给学生思考的空间，给学生制造问题的机会，尝试着让学生用自己的语言描述对问题的解释，当学生的思维遇到障碍时，教师这时才走向前台，帮助他们厘清自己的思路。

学生们就在这种交流中发现自己的问题所在，这种学习过程其实就是学生运用自己已有的知识不断地探究、修正、解决问题的过程。

二、延缓评价的时间，形成一种辩论的气氛

教师对同学中不那么正确的想法，也未采用当场纠正的简单处理方式，而是以合作者的身份提出了一些自己的建议，供学生参考，让他们自己做出判断和选择。《数学课程标准》呼唤课堂民主、平等的氛围，呼唤教师转变角色，走下讲台到孩子中去，俯下身来与孩子双眸对视，成为孩子们的朋友。教师要学会倾听、学会接纳、学会欣赏，让孩子们大胆地发表自己的见解，展现自我，这样课堂就会成为孩子灵感涌动的空间。在倾听和提问的同时，启发学生分享彼此的思想和成果。对于学生的对与错，教师不轻易发表任何意见，不去进行评价，给学生创造了安全的课堂环境，让持有不同观点的孩子进行辩论。从案例中可以看出，学生们在辩论中调动原有的一切感官去积极思考，并且调动自己所有的知识去解决这一问题，力求用自己的观点，去说服别人。在这一过程中，有利于培养学生的群体合作意识，虚心地接受别人的观点，经过辩论，最后获得一种合理的、正确的结论。

三、帮助学生调整心态，获得一种自信

教育的一个重要的任务是使学生们对生活、学习抱有积极的态度。孩子做错题了，说错了，本来就有一种不自信的心态存在，这时，教师要做的，是帮助学生调整好自己的心态，让他们获得一种学习上的自信，而不能不理不睬。在刘老师的课堂上，一句："谢谢生4，这些生病的方向板给我们提供了讨论的话题，小医生把它们带回去，治一治。"风趣幽默中透出一种善良，这时学生可以体面地领回自己的方向板，同时认识到自己的价值，获取一种自信！刘老师善于抓住每一次教育的契机，谈笑风生间使学生们获取积极的人生体验。

（河南省实验小学教师　新世纪版小学数学教材编写组成员　位慧女）

《大数的大小比较》教学赏析

当代数学教育首要提倡的就是把课堂还给学生。强调在教师的引导下，由学生通过一系列动手、动脑的实践去做数学，运用数学的思维方法去自己亲自得出相应的结论。这就要求教师充分挖掘出课堂中的可操作性，给学生创设一种可供实践的

情境。"大数的大小比较"一课，真正让学生成为课堂的主人。

（课前，教师在黑板上写出了六组生活中的大数，让学生通过自读、互读及齐读的方式，将这几组数反复读熟）

师：你们读数读得这么大声，是不是想告诉我："读数实在太小意思了，我们都会。"那好，现在交给你们一个任务：将这六组数横着看，用符号表示每组数的大小，在本子上写下来。

（师给学生们创造了一个自己探知的情境，使学生自主地进入思考中）

师：咱们班的孩子真会思考，都在自己想，没有一个人说："刘老师，我不会的"。学数学就得会思考。抓紧时间，再给1分钟！

（约1分钟后）

师：刚才经历的时间大约就是1分钟。谁先说说，告诉大家你比较的结果是什么？

（生自由汇报比较结果）

师：比得还真好，有谁愿意到前面学做一次小老师，说说你的"小窍门儿"，其他同学坐端正，这样，小老师就更有信心了。

（无意识地使学生注意力集中起来）

生：3492和6030，我是这样比较的：千位3比6明显要小。

师：用了一个"明显"很好！继续。

生：百位4比0大，十位9比3大……

（学生陷入问题之中）

师：咦，有问题了，我也糊涂了，快帮帮忙，谁能帮老师解释清楚……

（此时，引起了学生的争论，教师不多加干预，让学生尽量发表自己的观点，有疑问提出来，再通过争论去解决问题，此期间出现了多种说法，问题基本得到解决）

师：我终于明白了，谢谢同学们。谁还有绝招没讲够，可以继续说。

（教师用"绝招"一词，鼓励学生大胆发表自己的想法）

生：（补充）应该先数数位，数位多的数大。

师：这个同学说了一句很重要的话，要先数数位，然后呢？数位相同怎么办？

生：数位相同时由高位比起，高位数大这个数就大。

（学生说时，教师板书 1. 比数位；2. 比高位）

师：同学们，比较大小数的规律我们自己就总结出来了。

赏析：

在本节授课过程中，刘可钦老师打破了旧的比较大小的模式，避免了灌输式的教学方法。整节课由复习式的读数开始。让学生自己先动手试一试，比一比，在总结中引发争论，直到最后得出结论。在此过程中，教师完全处于一种引导的状态，一直是耐心、虚心地听取学生们的意见，把求知、探知的主动权交给学生，与学生进行平等的对话、交流。很明显，教师把比较大小的"小窍门"的总结过程作为本节课的一大亮点。学生自己先动手去比，比完了自然就会探求比的规律和方法，让学生在比较的争论中锻炼思维的敏捷性，口语表达的流利、完整性，从而培养了学生的数学思想。更重要的是，学生在这个过程中通过自己的努力解决了问题，这比老师干巴巴地把知识直接教给学生的教学效果要好很多。在讨论过程中，老师对学生的观点给予了充分的肯定，对其中出现的问题一概交由学生大胆讨论，给学生营造了一个自由探究的氛围。

同时，作为一位有经验的优秀的数学教师，刘老师在教学中还随时注重数学理念的渗透。如通过语言提示学生对"1分钟"时间概括的感知，时刻向学生灌输数学无处不在的概念，培养了学生的良好数学思维习惯。

（《现代教育报》2004 年 5 月 19 日听名师讲课栏目　陈百秋）

《约分》教学片断

【教学背景】

周玉仁老师随同北京师范大学的一些专家到校指导教学实验，我上了这节课，可以说这是一节再平常不过的课，没有精细的教学设计，也没有什么课件和教具，一切都是遵循着在朴实无华中感受充满活力的一种学习与生活。正是透过这节课，专家们看到了"大学生上课都难看到的景象"，他们同样为学生的大胆和直率惊讶！认为孩子们的主体性发展水平超出他们的想象。

【教学过程】

一、复习引入

1. 说一说 $\frac{1}{3}$——$\frac{4}{12}$——$\frac{8}{24}$ 三个分数是怎样变化的？依据是什么？

2. 引入"约分"课题，让学生谈从课题中想到什么？

二、建立约分概念

先让学生说出与 $\frac{16}{24}$ 相等的分数，教师有意分成两排：

$$\frac{16}{24}=\frac{32}{48}=\frac{48}{72}=\frac{64}{96}$$

$$\frac{16}{24}=\frac{8}{12}=\frac{2}{3}=\frac{4}{6}$$

观察讨论，学生明白，根据分数的基本性质，既可以化成与原分数相等、分子分母较大的分数，也可以化成与原分数相等、分子分母较小的分数。像第二排这样把一个分数化成分子分母较小，而与它相等的分数，这个过程就叫"约分"。第一排暂不研究。

三、建立约简概念

通过把 $\frac{30}{45}$ 约分，使学生了解把分数化简及最简分数的概念。在判断一个分数是否是最简分数时，学生对 $1\frac{2}{7}$（1 又 7 分之 2）展开了激烈的争论：

小雨：$1\frac{2}{7}$ 是简分数，因为 $1\frac{2}{7}$ 可以化成假分数，9 和 7 是互质数，所以 1 是最简分数（一派的代表）。

小琛：虽然 9 和 7 是互质数，但它是假分数，不能说 $1\frac{2}{7}$ 是最简分数（另一派的代表）。

小言等：请问什么叫最简分数？7 和 9 是互质数，所以 $1\frac{2}{7}$ 是最简分数。

（这时众人不由得点头表示赞同）

小飞又站起来反驳：我认为 $1\frac{2}{7}$ 不是最简分数，因为它不是真分数。

小楠毫不犹豫地站起来说：我们概括的最简分数并没有说必须是真、假分数，只要分子、分母互质即可。

小霄：只要分子、分母是互质关系就是最简分数，而不是说一定是真分数，其实只看带分数的分数部分即可判断是否最简。

大家点头表示认可，讨论趋于平静。

【教学反思】

在孩子们辩论高峰时，我有意退出，站在一边笑眯眯地望着他们，像是在欣赏一场精彩的演出，而在辩论初起时，我有意创造气氛、抓住契机，对双方观点都不表态，矛盾的激化，带来了激烈的辩论。在辩论中，他们对概念的本质、理解得更加透彻。知识之外的收获更不必多说。

《平均数》教学片断

【教学过程】

一、理解平均数的含义

问题：第一小队 15 人，第二小队 13 人，两个小队平均每队多少人？

师： 谁能用自己的话说一说 14 人是什么意思？

（围绕这一问题，学生展开了讨论）

生： 假设两队人数一样多，那么每队是 14 人。

生： 我是这样理解的：把第一小队调到第二小队 1 人，那样两队人数就一样多了。

生： 我想 14 应该是 15 和 13 这两个数的平均数。

师： 请很快说出下面几组数的平均数。

①99、10、11

②100、120、130、140、150

③85、96、101

（第三组很难一眼看出，用计算的方法求出它们的平均数）

二、班级讨论为主，掌握求平均数的基本方法

问题：第二小队 13 人，共种树 49 棵，第二小队 12 人，共种树 48 棵。

师：请根据条件，提出求平均数的问题。

（学生提出很多问题，教师及时将学生的问题板书）

1. 第一小队平均每人种多少棵？

2. 第二小队平均每人种多少棵？

3. 两队平均每队多少人？

4. 两队平均每人种多少棵？

（随着问题的不断涌现，学生的思维也在积极活动，很快得出解决问题的算式，疑问也就随之而来）

生 1：我认为第三个问题不成立，因为得出每队 12.5 人，半个人是不可能的。

生 2：第一问也不能成立，那样每人种的不是整棵树。

生 3：我认为可以成立，平均数也就是假设一样多，而实际上是不一样多的，那是我们想的一个数。

生 4：我认为平均数就是几个数均匀下来的结果，当然它可以是小数了。

　　……

【教学反思】

　　平均数是用来描述一群事物的客观状况的一个重要的统计量，是现代统计观念中的一个基本概念。教学中，我让学生充分发表对数据的看法，目的就是让学生能够掌握活的数学知识，而不仅仅满足于做对习题。就这节课的知识本身而言，要求学生既要理解平均数的含义，即能根据结果，对问题做出合理的解释；又要掌握较复杂的平均数的计算方法，即获得一定的处理数据的技能。同时在学习的过程中使学生独立、主动探求知识的欲望得到激发和培养。学生在集思广益的群体讨论中，直观地表达自己对问题的看法，经相互思维的碰撞，较好地理解了"平均数"的含义。如平均数其实是我们想的"一个数"、是"均匀下来的结果"等，都是孩子对平均数的直观理解。在这一讨论中，学生的疑问自然由他们自己找到了答案，体验到知识是由自己探索的，这种积极的体验对学生的影响将是终生的。

三、在多样的表达中理解数学

每个学生都是独特的个体，所以：

同样的学生，不同的背景；同样的学生，不同的风格；

同样的问题，不同的理解；同样的答案，不同的方式；

因而带来了：

算法多样化，表达方法多样化，解题策略多样化……

为此，我常常鼓励学生将自己对数学问题的"最真实想法"与大家交流，在真实当中寻找合理的与合适的。

正是在这多样的选择中，学生拥有了属于自己的数学知识。

《数学游戏——估计》

【教学思路】

这个内容取材于新世纪（版）九年义务教育课程标准实验教材·数学一年级下册第一单元《生活中的数》第二节中的实验活动，教科书中的题材是：抓一把小棒，先估计有多少根，再数一数。因为学生已经认识了 100 以内的数，这个活动，主要是培养学生的数感。在教学中，要给学生创设更多的具体活动，在活动中培养学生的数感及初步的估计意识；体验数学与生活的密切联系；初步体会估计策略的多样化以及进一步发展小组合作学习的能力。

在教学中，我准备了这样的一些资源，帮助学生建构知识。

材料 1：装满围棋子的小塑料袋若干个，1 号袋装 20 个围棋子、2 号袋装 50 个围棋子、3 号袋装 40 个围棋子。

材料 2：100 个围棋子，每组两份，共 14 份。

材料 3：60 本作业本一套，共 3 套；12 张印有一篇约 100 字小故事的文章。

材料 4：提供每小组所需的材料，如玻璃杯、尺子、塑料袋等。

活动一：

围棋游戏（在活动中让学生初步体会估计策略的多样化）

一、谈话

我微笑着走进教室，和学生轻松地进行交谈。

学生看到我拿着围棋子走进教室，禁不住轻声地议论：上数学课，怎么用围棋呀，围棋子是干什么用的。我笑眯眯地倾听学生小声的交流：有的学生说是学习数学用的；有的学生说可能和豆子（前面的一节课是"数豆子"）一样，是帮助我们估数的……

我认真地听着学生的谈话，并给予肯定。然后说："今天的数学课我们就在估一估、数一数围棋子的过程中学习数学，看谁会思考、会观察。在活动的时候，同学之间要会合作，互相谦让；数围棋子的时候，动作要轻、要快。听明白的孩子点点头。"学生微笑着点了点头，学生的情绪非常好，这节课就在这种轻松和谐的氛围中开始了。

【教学反思】

学生的合作意识和能力，不是靠说教能获得的，必须渗透在每节课每个活动中，让学生体悟怎样合作，数学教师正是通过学数学的过程潜移默化地传递给学生做人的道理。

二、活动材料1（1～3号袋）

（一）感知20个围棋子大约是多少

1. 教师拿出1号袋，让学生估计里面的围棋子有多少个。

学生七嘴八舌地开始估计，有的说大约是10个；有的说大约是30个……大家凭借着平时玩围棋的经验，说的数在10～30个之间徘徊。忽然有位学生说大约是40个，她的话音未落，有位学生插嘴道："不可能，一个围棋子很大的，你估计40个有点儿多了。"

2. 数数看，谁估计的最接近实际数。

学生开始数，发现是20个围棋子，有的学生欢呼；有的学生沉思……

3. 教师（手拿袋子）：这么多就是20个围棋子，你用手摸一摸，感觉一下。

学生用手摸一摸，感知20个围棋子有多少。这个时候我又让学生做了下面的工作，让学生添上或去掉一两个围棋子，感觉一下，这样大约就是20个围棋子。这样的活动就是让学生感觉到去掉或者是添上一两个围棋子是可以的，如果太多了就不行了。

【教学反思】

这个活动，主要是让学生凭借自己的生活经验来估计，教师不做任何评价。从学生的反应来看，可以感受到学生的经历不同，他们的生活经验是不同的。看来设计的这个活动是结合了学生的经验。教师让学生感知 20 个围棋子大约是多少，并且让学生增加或者去掉一两个围棋子再次感知，这是个课堂教学的细节。这个环节是很有必要的，它帮助学生建立一个标准，为下面的活动做好伏笔。

（二）初步体会估计策略

1. **师**：不用数，估计一下，2 号袋里大约有多少个围棋子？

这个问题给了学生之后，学生不像估计 1 号袋一样，匆忙说结论。学生沉静了一会儿，继而小声议论，有的是同桌讨论；有的是在小组交流；有的寻求教师的帮助……但是大家特别有秩序。当学生的声音有点儿高时，我轻声提醒大家注意降低声音，不要影响别人的思考。

2. 交流。

生 1（一手拿 1 号袋，另一只手拿 2 号袋，放在一起边比较边说）：我估计大约
是 50 个，我看了看 1 号袋，比较了一下，我发现：3 号袋里的围棋子比两个 1 号袋里的还要多一些，所以我和同桌讨论了一下，大约是 50 个。

生 2：可能是 40～50 个吧，我们也是按照 1 号袋来比较的，我们是把 2 号袋里的围棋子分开，分了两个多 1 号袋。

生 3：我同意生 1 的意见，但我和他的方法不一样，我是按层数的，一层大约是 10 个，5 层大约是 50 个。
　　……

教师反馈：大家很会想办法来估计，而且表达得很清楚。告诉你们，2 号袋里大约是 50 个围棋子，你们估计得非常接近实际数。（学生欢呼）

让学生感知 50 个围棋子大约是多少，学生用手摸一摸、掂一掂。教学活动没有停留在这里，而是让学生再次感知 20 个、50 个围棋子大约是多少，在比较的活动中，培养学生的数感。

从学生的表情来看，大家的热情很高，这个时候，提出了进一步学习的要求，学生积极行动。

3. 现在我们来估计 3 号袋里大约有多少个围棋子？不能倒出来一个一个地数，谁能很快地估计出，试试看。

学生稍微有一些讨论，但是这个过程比估计 2 号袋要快得多，大家就迫不及待地举手要求发言。

生 4：我和同桌讨论了一下，大约是 40 个围棋子，3 号袋里的围棋子比 2 号袋
　　　少了一点儿，我们大概比了一下，大约少一层是 10 个左右，所以我们估
　　　计的是 40 个围棋子。

生 5：我估计的也是 40 个围棋子，我是和 1 号袋比较的，（手拿两个袋子）3 号
　　　袋里的围棋子大约是 2 个 1 号袋那么多，所以大约是 40 个。

生 6：我们小组同意他们的意见，但是方法不一样，我们借助的是 1 号袋和 2
　　　号袋，3 号袋比 1 号袋多，比 2 号袋少一点儿，肯定比 20 多，比 50 少，
　　　我们仔细研究了一下，大约是 40 个围棋子。

……

教师反馈：这个袋子里大约是 40 个围棋子，你们真了不起，能用 1 号袋和 2 号袋来帮忙，在估数的时候做到了想办法来估计，不是胡乱猜，而是有根据的估数，所以你们估计的数才接近实际数。

下面我们一起感觉一下 20 个围棋子、40 个围棋子、50 个围棋子大约是多少？（学生感知，教师巡视）

【教学反思】

在这一组活动中，学生开始体会估数的时候有一个参照的标准，估计 2 号袋的时候参照的是 1 号袋，估计 3 号袋的时候，学生的参照物就是 1 号袋和 2 号袋。在整个活动中，教师不断强调学生的体验，以加强学生的感觉和认识，初步培养学生的数感，使每一次的活动更加有效。同时，教师也关注学生之间的合作与交流，学生在学习的过程中，从同伴、教师处可以得到帮助。教师注意走进学生，并且用积极的语言去评价学生，学生获得的是一种积极的情感体验，有兴趣继续下面的学习。

（三）借助经验，估计更多的数，发展学生的估计策略

1. 教师手拿一个塑料袋，装的是 100 个围棋子，对学生说：只凭眼睛看，估计一下，大约有多少个围棋子？

学生开始积极地投入到活动当中，因为有了前面的经验，学生估计的数都在 60 以上，明显的要比 50 多。但是这种知识的迁移，对于一年级的小朋友来说，还是有难度，想办法估计还是很有必要的。

2. 教师把围棋子倒入盆子里，你们看，就是这么多，借助你们刚才的学习经验，想办法估计大约有多少个围棋子？

学生开始用小组讨论方法，这个时候教师走进学生，倾听他们的方法。有的把围棋子平均分 4 份，数其中的 1 份，再加起来就行了；有的可以装 1 号袋，看看装几个 1 号袋，然后加起来就知道了；还可以用 2 号袋和 3 号袋……

【教学反思】

学生的思路很广，本来我是想以同伴的身份介入他们的活动中，给他们提供一些估计的方法，听了学生们的发言，我觉得没有这个必要了，看来留给学生思考的时间和空间，学生的创造是无穷的，我真为他们自豪！

3. 小组合作学习。

师：刚才大家讨论了许多估计的方法，现在每个小组可以自选一种方法来估计，还可以借助一些材料如杯子、袋子等，也可以不用这些工具。小组合作估计这个大袋子到底装有多少个围棋子？

说一说，小组合作时，注意什么呢？

生 1：要注意先说方法，再动手估计。

生 2：还要注意记录自己的方法。

生 3：大家不能抢，要有顺序地做，这样才能干得快。

生 4：讨论的时候声音要小，要不然会影响其他小组的学习。

生 5：还要有发言人。

根据学生的发言，进行了梳理，及时提醒学生。小组活动开始后，教师注意走到学生中间，及时地给予鼓励和帮助。

【教学反思】

一般的小组合作要求，都是教师提出来，学生去做。这样的小组合作会大打折扣。在这里，我让学生自己讨论、交流小组合作的时候要注意什么？主要的想法是，要求是由学生自己想的、提出的，这样要比教师直接给出来好得多，学生更容易遵守规则。但值得注意的是，教师要帮助学生梳理要求，使它简明易记，让学生明白怎么做是很重要的。

4. 全班交流，说说自己的做法及想法。

小组选代表发言，其他同学做补充。

其他小组方法一样的就不用说了，有不同方法的小组再交流。

小组 1：我们的方法是用杯子量，我们装了一杯，数了数是 25 个围棋子，一共装了 4 杯，25＋25＝50，25＋25＝50，50＋50＝100，所以大约是 100 个围棋子。

小组 2：我们是装了 5 个 1 号袋正好装完，一个 1 号袋是 20 个围棋子，20＋20＋20＋20＋20＝100，大约是 100 个围棋子。

小组 3：我们还有一种方法是装了 2 个 2 号袋，这样 50＋50＝100，还是 100 个围棋子。

小组 4：我们是装了 2 个 3 号袋，这样是 40＋40＝80，还余一些围棋子，我们数了数是 19 个，也就是大约 20 个，所以 80＋20＝100，结果和他们估计的是一样的。

小组 5：我们是用手量的，我一把大约抓 10 个围棋子，我抓了 10 次只剩下两个没抓完，所以大约是 100 个围棋子。

……

【教学反思】

学生思路很清晰，表述完整。我不禁惊讶学生的发现，这些方法太好了，这是学生思维高度运转的结果。学生只有积极参与课堂活动，教师注意了学生学习活动的有效性，学生的学习才能锦上添花。这种课堂意境正是教师所期待的。

教师反馈：大家非常能干，想出了这么多估计的方法，并积极地动手去做，很有创造性。我看到，大家在估数的时候，都有一个标准（举学生的例子，如某某小组是用手抓的，那么这一把就是一个标准）。在估计的时候，一定要有一个标准，这样，估计的数才比较准确。告诉你们吧，盆子里的围棋子大约是 100 个（学生欢呼）。同时提醒学生收好围棋子。

【教学反思】

在这里的教师反馈，我又提到了估计的时候要有一个标准，要有一个参照物，看似和前面的小结有些重复。我认为这不是简单的重复，而是非常有必要的，估计的一个核心就是要找标准，学生只有意识到了这一点，才能更好地进行估计，而且对学生数感的培养是很有必要的。

活动二：

一、让学生运用策略进行估计，进一步体会估计要有标准及估计策略的多样化。

每组放的活动材料不同，每组的任务也不同，个别的任务有重复。有的小组是一摞作业本，每摞大约 60 本；有的小组是一篇文章，字数大约是 100 个。

1. 师：大家那么开心地学习，表现很出色。下面，我们每个小组再来做一个数学游戏。我这里有一个"数学游戏魔袋"，每小组派一名同学来抽一张纸条，看看你们组的游戏是什么，然后根据你们组的活动材料和要求进行学习。

小组合作学习要求：

①讨论并确定方法。

②每人都分好工后，再动手操作。

③如果你还有别的方法，等别人说完了你再说。

2. 全班交流。（学生可以到实物投影仪前交流）

小组 1：我们小组是估计一篇文章大约有多少个字，我们先数一数一行大约有多少个字，数数有几行，这样加起来就知道了大约是 100 个字。

小组 2：我们是估计这样的一摞作业本大约是多少？我们分成一样高的 3 份，一份大约是 20 本，20＋20＋20＝60，大约是 60 本。

小组 3：我们小组也是估计一篇文章大约是多少个字。我们的方法是数 10 个字圈起来，这样圈了大约 10 个圈，10 个 10 个的数就是 100 个字了。

……

师：3. 想不到你们用了这么多不同的方法，真能干！

【教学反思】

每个小组放不同的材料，避免全班统一做一道题目，在同样的时间内获取更多的信息。在这一节课中，虽然面对的是不同的学生，寻找适合学生学习的最佳切合点，以学生熟悉的物体为媒介，让学生在具体的情境中感受数的意义，用数进行表达与交流。同时注意多种方法的交流，发展并丰富学生的数感。

二、说一说，通过今天的活动，你又有哪些收获？

生1：我觉得估计一些东西有多少个的游戏很好玩。

生2：我知道怎样估计一篇文章有多少个字了。

生3：我想我们会了这种方法，以后生活中遇到这些情况时可以先大体估计一下。

……

【教学反思】

围绕发展学生的数感，本节课设计了一系列的活动，从活动材料的选择，到情境的创设，都为学生有效地开展学习提供了很好的保障。我想，结合学生实际生活经验的教学情境就是好的情境。情境是为教学服务的，是为学生学习服务的，关键是学生能从情境中感悟到数学与生活的密切联系，体会到生活之中处处有数学，更为重要的是学生能学以致用，体验数学来源于生活，又高于生活。所以，每个活动中都注重了让学生从不同方面交流自己的认识，在个体充分交流的基础上，达到众人智慧的最大汇集，每个人都在交流与倾听，在多样与独特中，选择适合自己的策略，这应该是教师教学的一个重要目标追求。

《租车——混合运算》

【教学背景】

这是三年级下册教科书上的一道练习题。本来我是想让学生自己完成就可以了。上课前，一位学生拿着书本走到我跟前，很神秘地对我说，这一道题目非常有意思，我一看正好是租车这道题目。我们两人进行了简单的交流，原来是这位学生星期天和爸爸、妈妈去动物园玩，关于怎样乘车省钱的问题进行了讨论与交流。他说的有意思是因为教科书上也有同样的内容，他已经知道这样的题目怎样计算，他想让我在讲这道题的时候把机会留给他。学生的发现给我带来了灵感，我把这道题目进行了再创造，于是有了以下与学生的交流活动。

一、呈现问题

我先让学生理解题意，在学生理解题目的基础上，我宣布了学习任务。我把学生分为不同的学习小组，每个小组为一个"点子公司"，根据题目中的信息，设计一种以上的租车方案，并计算出各需要多少租金。比一比哪个小组设计的方案最多。

每辆120元
限乘客12人

怎样租车最省钱？

二、小组活动记录

学习小组开始了讨论与交流。我走进每个小组，倾听他们解决问题的策略。

情况一：有三个小组的学生是先把中巴车编上号码，先讨论怎么租车，找一个人做记录。大家说一个、记录员写一个，在大家七嘴八舌的议论中，寻找答案。

情况二：有两个小组的学生是先每个人想一种租车方案，然后大家进行交流，这样的学习方法让每个学生都有机会发表自己的意见。

情况三：其他的小组基本上是边讨论边写出自己小组的租车方案。

【教学反思】

走进学生、倾听小组活动的全过程，可以帮助学生成立互助的学习小组。在这个过程中，很显然，第二种情况的小组合作学习是值得推荐的，独立思考前提下的小组合作学习，能保证人人参与到学习中去。而其他两种的学习方式也能完成学习任务，但是长此以往，小组的学习将会逐步地被学习比较优秀的学生所代替，学习困难的学生将被忽略。

三、交流方案

在交流方案前，我让每个小组先交流自己小组是怎么做的，这样的交流可以使大家互相学习，逐步地推选一些小组活动的方法，使每个学生都能积极地投入学习当中去。

学生在交流各组方案的时候，我按照学生交流的顺序板演在黑板上。下面是学生交流的过程。

小组1：我们研究的方案是租5辆12座的中巴车，这样可以乘坐60人，即$12×5=60$（人），空余两个座位，租金是$120×5=600$（元）。

小组2：我们是租4辆18座的中巴车，可以乘坐$18×4=72$（人），空余的座位是$72-58=14$（个），租金是$160×4=640$（元）。

小组3：我们有两种方案，一种和第一小组的一样；另外一种是租4辆12座的中巴车，租1辆18座的中巴车，乘坐的人数是$4×12=48$（人），$48+18=66$（人）。空余的座位有8个，一天需要的租金是$120×4=480$（元），$480+160=640$（元）。

小组4：我们需要补充，还有一种方案，就是每种中巴车各租2辆，这样可以乘坐的乘客是60人，即$12×2=24$（人），$18×2=36$（人），$24+36=60$（人）。需要的租金是$160+120=280$（元），$280×2=560$（元）。

小组5：小组4的方法也是空余两个座位。

师：还有别的租车方法吗？（学生轻轻地摇头）有什么问题吗？

生1：我有个问题，我们是不是把所有的方案都找出来了呢？因为找不完所有的方案，我们就无法判断怎样租车最合算。

（生1的话音刚落，其他的学生就开始交头接耳）

生2：怎样才能把所有的方案都列出来呢？

生3：我们要有规律地计算，就能把所有的方案找出来。

生4：我们可以用列表的方法，这样就能很清楚地把所有的方案都找出来。

师：我赞成大家的意见。

于是师生一起用列表的方法找出所有的方案。

租车方案统计表

方案	12 座中巴车	18 座中巴车	人数（人）	租金（元）
一	5	0	60	600
二	4	1	66	640
三	2	2	60	560
四	1	3	66	600
五	0	4	72	640

【教学反思】

在寻找方案的时候，学生处于无序的状态，我的任务是帮助学生梳理思路，找出所有的方案，只有这样，才能进行判断，怎样租车最合算，运用表格的方法，找出了所有的方案。表格列出后，让学生进行思考，提出问题，进行质疑。学生发现真的漏掉一种方案，学生很是振奋。这种学习的体验对学生来说是非常可贵的。

四、合理选择

师：哪种租车的方法比较合理？

生 1：我觉得第一种方案比较合适，空的座位比较少，都是一种型号的车，比较好管理。

生 2：我不同意生 1 的意见，我觉得应该是方案三，空的座位和方案是一样多的，价钱比方案一便宜。

生 3：我同意生 2 的意见。（一部分学生附和生 3，同意生 2 的意见）

生 4：我有一个问题，租车合算是什么意思？

生 5：价钱最少。

生 6：空的座位要尽量少。

师（边听边点头）：租车最合算指的就是一人一个座位，空的地方要尽量少，方便管理，同时价钱最少。

生（异口同声）：选择方案三最合算。

师：如果你是旅游团的团长，正好有个 58 人的旅行团来租车，你准备怎么推荐你们设计的方案？

生 7：我准备推荐方案三，刚才我们讨论过这个方案是最合算的。

生 8：我不是这样做的，我会把所有的方案都推荐出来。

生 4：你为什么这样做呢?

生 8：因为我是旅游团的团长，我要推销我的方案，客人们的需求也不一样，所以我推荐所有的方案。

学生点头同意，我也笑着点头。

【教学反思】

学生必须明白什么是最合算的时候，才能选择方案，学生在讨论的过程中思路逐步地清晰了，就是空的座位少，价钱低。当我抛出第二个问题时，发现学生的思路不仅仅局限于推荐方案三，更为重要的是学生能从实际出发，这就是数学在生活中的应用。

教师给了学生自由的时间和空间，让学生在独立思考的基础上进行全组的讨论。在小组的讨论中，进行全班的分析与交流。从中我们听到了学生不同的声音，在多种的方案交流中，学生通过比较、分析、质疑，寻找解决问题的最优化策略，并在多种可能的策略中学会合理选择，增强学生应用数学的意识。这样的数学学习对学生而言是有趣的、有用的。

《套圈游戏——100 以内数的连加》

【教学思路】

本节课从一年级学生的生活经验和已有的知识背景出发，通过学生喜闻乐见的套圈游戏，将计算和解决问题有机融为一体，使学生感受到数学与生活密切相关，初步学会从数学的角度提出问题、理解问题，比较清楚地表达和交流解决问题的过程与结果。在解决问题的过程中让学生体验到解题策略多样化。通过多种算法的交流，学生从中选择适合自己的算法，使不同思维水平的学生在各自的水平上有所发展。

学生估算意识的养成不是一朝一夕所能奏效的，应该贯穿在我们的每节课之中。在本节课中，估算安排在整节课的始终，课的开始就有估计的内容，是让学生估计投中哪两只动物正好是 63 分；哪两只比 63 分多；如果投中的两只比 63 分多，哪一只根本不可能套上？在交流算法多样化时，同样有估算的内容，这样有利于学生养成良好的估算意识，对他们以后的学习生活有很大的帮助。

【教学目标】

1. 掌握两位数连加的方法，能正确计算。
2. 体验算法多样化，能够选择合适的算法。
3. 结合具体情境进行估算，并解释估算的过程。
4. 体会数学与生活的密切联系。

【活动过程】

活动一：创设情境，解决问题

在我们的生活中，只要你留心观察，就会发现许多数学问题。星期天，小红、小刚、小明三人在一起玩套圈游戏。

（投影出示图片）套中小狗是 29 分，小兔子是 26 分，小鸭子是 37 分，小鸡是 24 分，小猴子是 28 分，小鹿是 39 分，他们玩得很开心，并且他们在玩中还发现了许多数学问题，我们一起来看看。

1. 小红说：我两次一共套了 63 分，猜猜她套中的可能是哪两只动物？

（学生开始小声讨论，大家争先恐后地发表自己的意见）

生 1：可能是小鸡和小鹿，24＋39＝63（分）。

生 2：还可能是小兔和小鸭，因为 26＋37＝63（分）。

（在学生交流的时候，教师把算式写在黑板上）

24＋39＝63（分）

26＋37＝63（分）

2. 小红又说：如果我两次套中的比 63 分多，可能是哪两只动物？哪一只根本就不可能套上？

生 1：是小鹿和小鸭，39＋37＝76，比 63 分多。

生 2：还可能是小兔和小鹿，26＋39＝64，也比 63 分多。

生 3：还有可能是小猴和小鹿，28＋39＝67，67 比 63 分多。

生 4：我有一个好方法，可以算起来方便一些，套中小鸡的分数最少，加上最多的 39 分，正好是 63 分，这说明小鸡根本不可能套上，最多的 39 分可以和其他的分数相加，都比 63 分多，然后再找第二多的小鸭子和别的分数相加，这样就可以清楚地知道是套中哪两只小动物，比 63 分多了。

师：听出来你是一个有想法的孩子。下面继续，谁还有不同的想法？

生 5：我还有不同的方法。刚才我们讨论第一个问题时已经知道套中哪两只小动物得 63 分，可以利用前面的结果做这道题。比如，24＋39＝63，我们把 24 换成其他的分数就可以了，我们还可以知道 24 分不可能套上，因为 39 分是最高分。

【教学反思】

在讨论这个问题的过程中，学生的思路有三种情况：第一种是比较凌乱的，把两种小动物的分数相加，然后找到答案；第二种是比较有规律的，用分数最少的小动物加上分数最多的小动物的分数，依次相加，得出结果；第三种方法是借助第一个问题的答案，得出结论的。学生的思维处在不同的思维水平上，教师就要为不同的方法创设交流的机会，让学生从不同的角度调整自己的思路获益。

活动二：讨论交流算法

小明也是个爱学习的孩子，小红和小刚进行比赛时，小明把他们比赛的结果记录下来了。（填统计表，让学生有一个整理数据的过程）

套圈比赛结果统计表（分）

	第一次	第二次	第三次	
小红	24	29	39	
小刚	26	28	37	

1. 从这个统计表中，你能知道什么？

学生根据统计表，寻找有用的信息，提出了许多问题：小红三次一共套中多少分？小刚三次一共套中多少分？小红和小刚谁的总分多？等等。教师把学生的问题记录在黑板上，根据学生提出的问题，依次解决。

【教学反思】

让学生通过读统计表，从统计表中获取一些数学信息，提出数学问题，这种问题意识的培养是很重要的。我从学生的问题中筛选出一些问题让学生解决。解决自己提出的问题，对学生来说是一种成功的体验，能激发学生提出问题、解决问题的兴趣。

2. 估计一下，谁的总分多？

这个问题，学生在小组内进行讨论与交流，大家积极地表达自己的见解和意见。

小组1：我们小组估计的是小红的总分高。我们是分3次进行比较的，第一次小红得24分，小刚是26分，小红比小刚少2分；第二次是小红得29分，小刚是28分，小红比小刚多1分；第三次是小红得39分，小刚是37分，小红比小刚多2分。第一次和第三次的分数正好抵消了，所以是小红得分高。

小组2：我们的结果和第一小组一样，但是方法不同。先看小红的分数，我们把29看作30，把39看作40，这样小红的得分大约是：$24+30+40=94$（分）；小刚的得分是这样算的：把28看作30，37看作40，$26+30+40=96$（分）。虽然小刚的分数比小红的多2分，但是小红的得分是多看了2分，小刚的多看了5分，这样还是小红的总分高一些。

小组3：我们的方法是不看十位上的数字，只看个位上的数字，我们得出了小红比小刚多1分，我们说小红的分数高。

【教学反思】

估算意识的养成对学生来说是非常重要的，在计算问题的时候，让学生先进行估算，得出一个大概的范围，是件有意义的事情。学生对小红和小刚谁的总分高进行估算，从学生多样的估算策略里，可以为下面的计算埋下伏笔。

3. 计算一下，小红共得多少分？

教师给学生留下了思考的空间和时间，学生独立思考：怎样计算小红共得多少分？在这里，学生的讨论与交流经历了以下两个阶段。

阶段一：算法的交流

学生独立思考后，在小组进行算法交流，在此基础上，全班进行交流。

小组1：我们组的方法是：$20+20+30=70$，$4+9+9=22$，$70+22=92$。

小组2：$24+29=53$，$53+39=92$。

小组3：我们小组受刚才估计的启发，我们是把 29 看作 30，39 看作 40，这样 24＋30＋40＝94，多看了 2 分，94－2＝92。

小组4：我们小组是用竖式计算的。

教师请第四小组的同学到前面把竖式写在黑板上，并请他们讲一讲怎么用竖式计算。

第四小组的同学很投入地给大家讲竖式要注意什么：

在用竖式计算的时候，数位要对齐，要注意进位。

他们到黑板上板演的竖式有两种，即：

$$
① \quad \begin{array}{r} 24 \\ +29 \\ \hline 53 \\ +39 \\ \hline 92 \end{array}
\qquad
② \quad \begin{array}{r} 24 \\ 29 \\ +3_2 9 \\ \hline 92 \end{array}
$$

对于竖式的第一种表达方法，许多同学可以理解。对第二种表达方法，许多同学不是太理解，因为个位要向十位进 2，针对这个问题，学生开始质疑，大家七嘴八舌地开始进行交流，大家认为个位上的三个数加起来是 22，超过 20 了，所以要向十位进 2。

经过解释，学生明白了是怎么回事。这时，一个声音响起来，为什么写 2，不用两个点表示呢？一位学生回答得很妙，还举了一个例子，他说是为了方便，如果个位要向十位进 8 的话，难道你还要点 8 个点吗？数都数不清楚了，怎样算题呢？提出问题的学生恍然大悟，学生就在这样的交流中明白了竖式的算理。

阶段二：方法的讨论

经过大家的努力，我们刚才讨论了很多的算法，你比较喜欢哪种方法呢？说说你的想法。

学生开始说自己喜欢的方法。有的说喜欢第一小组的方法，是用大家以前学习过的方法进行分步计算，不容易出错；有的说喜欢用第三小组的方法，把接近整十数的数看作整十，然后再减去多看的数，这样算得比较巧和快；有的说喜欢竖式，比较清晰。

根据学生的想法，教师发表了意见，鼓励学生可以用自己认为合适的方法去计算。

【教学反思】

学生在交流的过程中，不断地发现新的问题。比如，学生用竖式计算，个位向十位进2这个问题，学生经历了为什么是2而不是两个点，看似简单的一个问题，经过讨论与交流，我们看到了学生的思路，感受到了学生的积极思考，这比教师直接告诉学生要有效用得多。

4. 用你认为适合自己的方法来计算小刚共得多少分。

这是一道基本的练习题目，是运用刚才的计算方法来进行计算，为了让学生对刚才讨论的算法有个更清晰的表达，教师让学生说说自己是怎样计算这道题目的。大部分学生是用刚才的第一小组的方法计算，还有的学生运用的是竖式。学生可以清楚地表达自己的算法了，我感觉很欣慰。当要进行下面教学的时候，一个学生说，我有一个方法不知道对不对，92－1＝91。听到这个学生的说法，一部分学生嚷嚷说是错的。教师微笑着鼓励学生，他怯怯地说：我们估计小红和小刚说的总分高时，已经知道小红比小刚多1分，这样从小红的总分里去掉1分不就是小刚的总分吗？听完他的解释，大家先是默不作声，然后自发地给这位学生鼓掌。

【教学反思】

学生的学习过程是一个潜移默化的过程，学生根据前面的知识和经验能计算出小刚的总分，但是开放性的课堂给了学生更大的时间和空间，学生在这里就有了很多的创造，比如利用小红的总分去求小刚的总分，多么有创意的计算方法，这种创造性在课堂上是多么可贵，学生能互相的容纳和欣赏给数学课增添了不少动人的色彩。

5. 谁的总分多？

学生对照计算的结果，发现就是小红的总分高，和估计的结果是一样的，教师和学生进行交流，说明估算可以帮助我们计算题目，还可以帮助我们验算题目。对学生进行鼓励，期望学生从中体悟到估算的重要性。

6. 小明也参加了这次比赛，他也套了3次，如果你是小明，你套中的可能是哪3只小动物？总分是多少？

这是一道练习题目，是放在小组内进行计算和交流的。同时，练习的题目和主情境是相联系的，而且是开放的，这样的计算学生是比较喜欢的，是有趣的。教师发现在交流的时候，每个小组 6 个人，就有 6 道题目进行交流，学生获得的不仅仅是一道题目的收获。

在交流的时候，选择一人的数据把统计表填写完整，在练习计算的时候，也初步地尝试了表格的填写。

【教学反思】

一说到计算题目的练习题，往往觉得是有一些算式，学生一道挨着一道计算，才算是算题了，练习了。其实不尽然，正如本节课这道练习题目，赋予其一些生活的情感色彩，学生算起来也许更有趣味，枯燥的数学计算会成为学生眼中美妙的数字之旅。

活动三：谈谈这节课对你以后的学习生活有什么帮助

生 1：我学会了两位数连加的方法。

生 2：我知道了一道题有多种算法，我还知道了哪种方法比较好。

生 3：我的数学学得比较好，以前总是认为自己的方法最好，通过今天的学习，我明白了别人也有好多好的方法值得我学习。我学习了别人的好方法，谢谢大家。

生 4：通过今天的学习，我知道了数学与生活是紧密联系在一起的，套圈游戏中就有数学，数学真是有趣。

生 5：今天上课，我不仅学习了一些解决问题的方法，而且我还提出了一些问题，我真是开心极了。

【教学反思】

学生在用最朴实的语言描述着他们对数学、对课堂的感受，这是学生与教师情感沟通的一个很好的方式。在这里，我可以了解到学生最需要什么，学生是怎么看待这节课的，也是教师进行教学反思的一面镜子。

教学评析：

长期以来，在人们的眼中，计算是单调、呆板、无味的。数学计算的教学是一种灰色调，学生学起来索然无味，有的学生甚至拒绝学数学，教师虽费尽心思，却也没有太大改观，这是数学课堂残留在人们心目中的模样。在刘老师"套圈游戏"这一节100以内数连加的计算课上，我们却找不到灰色的影子，它是丰富、生动、有趣、富有生命力的，学生学得很快乐，我感动之余，还有一些想法与同仁们交流。

一、计算的题材是从生活中来的

计算是因为生活中需要才产生的，这样的计算才有它自身的意义和价值。而创设一定的合理的生活情境，是产生计算需要的条件，可以使学生体验到数学的真实，吸引他们主动地探究数学问题，挖掘数学知识之间的联系，积极地投入学习活动中。"套圈游戏"一课从学生的生活经验和已有的知识背景出发，创设了学生喜闻乐见的套圈游戏这一生活场景，师生在一种非常和谐融洽的气氛中开始了数学学习，教师积极地鼓励学生从中提出问题，并对他们提出的问题给予肯定，这样不仅避免了纯计算题目的出现，而且也使计算变得生动有趣，吸引学生积极主动地进行研究。在练习题的设计中，也充分体现了这一点（即避免纯计算题目，而是因为需要才去计算的）。教材中是以小红和小刚两人参加比赛呈现出的统计表让学生进行计算的，而在设计练习时，对教材进行了创造，设计了这样的题目：小明也参加了比赛，套了三次，他套中的可能是哪三只小动物？总分是多少？让学生根据自己的意愿选择三次的分数，并加以计算。这样，看似学生每人只做了一道题，但在小组交流时，学生的信息就不止一个，而是6个（每组6人），在进行全班交流时，学生获取的信息会更多，既激发了学生算的愿望，利用了我们教材本身的资源，又创造性地利用了教材，发展了学生的思维能力。

二、重视计算为生活服务，发展学生的估算能力

数学教育的最终目的，是帮助学生解决生活中遇到的问题，学生学习数学的价值就体现在能自觉地运用数学的思想和方法解决生活中遇到的问题。在我们的日常生活中，有时产生了计算的需要，并不是必须要求精确计算的，往往需要先大概估计一下，比如，我们去大街上买东西，需要买什么，先大概估计一下带多少钱，然后去买就行了，并不要求把钱计算得很精确。由此可见，估算在我们的日常生活中是很重要的，一个具有良好数学素养的公民应该具有良好的估算意识，而培养学生的估算意识不是一朝一夕所能奏效的，应该贯穿在我们的每节课、每个环节中。

在"套圈游戏"一课中，估算的内容安排在整节课的始终。在课的一开始，教师设计了这样的问题：估计一下，套中哪两只小动物正好是63分？紧接着，又提出

这样的问题：套中哪两只比 63 分多，如果套中的两只比 63 分多，哪一只根本就不可能套上？这两个问题，是教师从教材中挖掘出来的信息，学生选择有用的信息进行估计和猜测，对问题进行优化和组合，初步体验到估计的合理性。

在交流多种算法的时候，也有估算的内容，即不用计算，估计一下小红和小刚谁的总分多？在进行交流的过程中，教师充分地肯定他们的不同想法，培养了学生良好的估算意识。

三、计算方法多样化，留给了学生足够的探索空间

学生需要的计算，应该是动态的，符合学生发展需要的，不同的学生由于自身思维方式的不同，对同一个问题的解决方法可能不同。如在计算小红共得多少分时，教师先让学生在小组内交流自己的想法，这样就给学生提供了一个心理相对安全的环境，有利于学生之间的交流。接着，在全班进行算法的交流，学生的思维非常活跃，出现了多种方法。

在教师的积极放手中，学生们讨论了在竖式计算时要注意的问题。更妙的是，在计算小刚的总分时，有的学生运用小红的总分和估计的结果去计算，即 92－1＝91，在我为学生积极的思维创造喝彩的时候，我也非常钦佩教师运用教育智慧，善于抓住教育契机，让学生在民主、和谐的氛围中获得发展。

刘老师摒弃"讲例题，套法则（公式）、仿考题"的计算教学思路，而是挖掘教材中更多的信息，由学生本人把要学的东西自己去发现并创造出来，师生一起去进行这再创造的工作，即由生活中出发产生计算的需要，在估算的基础上进行精确的计算，选择适合自己的方法，并应用到生活中去，指导自己的生活，这样的数学课堂真正体现了每个学生的全面发展。

（北京师范大学教授　张春莉）

四、带着生活的体验走进数学

我们要让数学背景包含在学生熟悉的事物和具体的情境中，呈现在学生的面前，学生会惊奇地发现生活中处处有数学！

通过这些熟悉的话题的讨论，让学生主动地将自己的知识和个人经验带入数学问题的讨论中，学生会惊喜地感到数学学习真有趣！

在探索问题解决的过程中，及时引导学生将获得的这些经验运用于现实生活，学生自然又会体会到学数学真有用！

在"有趣""有用"和"看得到""学得会"的学习体验中，他们保持着学习数学的热情和信心，我们携手一同走进数学！

《生活中的大数》

【教学思路】

本节课学生的认数范围将从百以内扩展到万以内的数。学生已有的生活经验将是他们学习更大的数的重要基础。教材上提供了一些生活中常见的大数，我依然觉得离他们的生活太远。所以，我先了解从一个班级的人数，到一个年级的人数，再到一个学校的人数，让学生体会到数与他们周围生活的联系，然后再鼓励学生自己寻找一些生活中大数的例子，在一个具体的背景下，进一步丰富学生对数的认识，初步感受大数的意义。接着利用正方体这一几何模型的实际操作，结合具体情境，让学生实际感受"千""万"等数的实际意义。这样学生在有趣的活动和讨论中，理解了"生活中的大数"的实际意义，促进了学生数概念的形成。

【教学目标】

1. 通过实例，体会生活中有大数，感受学习大数的必要性，激发学生学习数学的兴趣。

2. 通过数正方体等操作活动，认识新的计数单位"千""万"，并了解单位之间的关系。

3. 通过"拨一拨""摆一摆""估一估""比一比"等活动，对大数有具体的感受，发展数感。

【活动过程】

活动一：创设生活情境

我走进教室，学生们用期待的目光望着我，我心中装满感动，今天的学习就从和学生的谈话中开始了。

师：咱们二（2）班有多少人？

生：28人。

师：二年级有多少人呢？

生：我们知道。我们二年级的学生一起开过集会，二年级一共有117人。

师：我们建华小学全校大约有多少人，你们知道吗？

学生开始嚷嚷，有的说是200人，马上有学生反驳说不可能这么少，我们二年级都117人，我们学校6个年级呢，大概是600人左右。

有一个学生说："我们刚刚开过队会，我听到校长说是726人。"有学生接着说726人大约是700人。

师：大家真是有心人，能在平时的活动中发现数学问题，真不错。我们小学的人数就是700多人。怎样把刚才说的这些数记下来？

学生开始在纸上写数，然后大家一起交流。28这个数是十位上写2，个位上写8；百位上写7，后面加两个0就是700这个数；117这个数是百位和十位上都写1，个位上写7。"我觉得726这个数可以这样表示。"这位学生边说边走上讲台，在黑板上这样表示726这个数，7个大圆圈表示7个百，2个中圆圈表示2个十，6个小圆圈表示6个一，这是学生在用自己的方法表达对数的认识，我表示同意。大部分学生对这样的表示方法表示赞同，但有的学生认为有点复杂，我们暂时存疑，开始了下面的学习。

师：通过刚才的学习经验，你们估计一下，和我们一起学习的初中、高中的学生大约有多少人呢？

生1：大约是1000人吧。

生2：我觉得比1000人多，我们小学都有700人了，初中、高中合起来才300人，这不大可能，我想一样多的话也比2000人多了。

生3：我估计是个大数，6000多人。

生4：大约8000人，我去过高中的班里，他们一个班的学生比我们的多，人数肯定也多。

生5：我和生2的意见差不多，就算他们每个班的人数比我们的多，也不会有8000多人，最多3000人吧。

师：的确像你们说的那样，是个大数。在我们这个校园里大约有5000名学生。

学生听到我的话，表示很惊讶，在这种轻松的氛围中我们开始下面的学习。

【教学反思】

生活中到处蕴藏着数，从一个班的人数到一个年级再到学校的人数，学生的思考在不断递进的过程中，开始调动原有的知识经验，对问题进行估测，尽可能地找到估数的依据，这是非常可贵的。学生们在用各种方式表示数，因为学生有百以内数的经验，有的学生可以借助前面的经验在数位表上表示数，有的学生则是用自己的方式表达对数的认识，这些都是学生学习数的体验。我不表示自己的喜好，期望通过下面的学习使学生进一步体会数学的意义。

活动二：联系生活实际，找一找身边的大数

师：在生活中，你们还遇到过哪些大数？

（短暂的平静后，学生开始交流了）

生1：我妈妈说每学期给我交的学费是10000多元，还让我好好学习呢，我想这是大数。

生2：我家新买的电脑花了9900元，是大数。

生3：我看数学书上面说珠穆朗玛峰的高大约是8848米。

生4（举着一本语文读物）：我这本书有450页。

学生情绪高涨，大家纷纷说自己在生活中遇到的大数。面对学生的热情，我让学生把还想说的大数在小组内说一说。我走进每个小组，听听他们的想法。

一个小组的学生拿着一张报纸，在上面找到了大数，兴奋地给我汇报。我趁机说在报纸、电视上都可以找到大数的。

一小组的学生已经打开了书本，在看书上提供的资料，我让这个小组的学生讲一讲这些资料中的大数，并且鼓励他们介绍给其他的小组。这样，在小组的学习中，不同小组的经验得到分享，学生非常开心。

【教学反思】

让学生寻找生活中的大数，是进一步丰富学生对书的认识。从学生的交流中，不难看出，学生的生活经历很丰富，能从不同的角度发现生活中的大数。在小组活动中，有的小组从报纸上找大数，有的小组是读数学书，不同经验的介绍可以使学生获取更多的信息。这样的学习对学生而言是受用的。

活动三：初步感知"千""万"

师：我们在生活当中经常遇到很多大数，你们看刘老师这里有一个魔板，你能想办法知道它是由多少个小正方体拼成的吗？

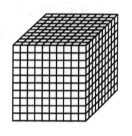

我用实物投影展示这个大正方体，学生一看"哇"地叫起来。有的学生喊："这么多，怎么数呀！"马上有学生说："不用数，先猜一猜吧。"有的学生猜大约是 600 个；有的学生猜有 900 多个；有的学生猜大约 1000 个。这时，有的学生开始不满足于猜测了，要求数一数到底有多少个。根据学生的要求，提出了下面的学习任务。

师：到底有多少块呢？我们要亲自数一数，请你们静静地思考一下，等会儿把你的好办法讲给大家听。

（教室里很安静，有的学生在轻声地数；有的是两个人在交流；有的在皱眉思考；有的在小声地争执着什么；有的在用学具边搭边数。当学生笑眯眯地看着我的时候，我们开始交流了）

生1：我先看第一个面，一行是 10 个，有这样的 10 行。10 行就是 100 个，有这样的 10 个面，10 个 100 就是 1000 个，所以我知道了是 1000 个。

生2：哪有那么多的面呀？

生1（走到讲台边指边数）：不信你看呀，就在第一个面的后面还有 9 个面呢，一共是 10 个面。

生2：（点头）我明白了，是 10 个面。

师：大家听懂他的数法了吗？我们一起来数一下吧。

师生一起轻声数，先一个一个地数，知道了一行是 10 个小正方体；接着看第一个面有几个 10，大家十个十个地数，数出有 10 个十，也就是 100 个；最后大家数有几个这样的面，学生数了数有 10 个这样的面，一个面是 100 个小正方体，学生通过一百一百地数，数出一共有 1000 个小正方体。

（大部分学生表示同意这个结果，教室里欢呼声一片）

师： 还有其他的数法吗？

生 3：（上讲台指着看到的大正方体的上面，前面和右侧面）和他们的不一样，我数的是 600 个。因为一面是 100 个，看见的三个面是 300 个，还有看不见的三个面，所以我想应该是 600 个。

（听到生 3 的想法，我观察其他同学的反应，一些学生开始附和生 3 的想法，点头表示同意。教室里很安静，大家在思考。短暂的安静后，大家开始议论）

生 2： 应该是 1000 个，你把它看成是空心了，应该是实心的，要不就倒了。

生 3： 倒不了的，这样的六个面是粘在一起的。

生 4： 刘老师的问题是由多少个小正方体拼成的，是实心垒出来的，不是六个面粘在一起。所以应该是 1000 个。

生 5（拿着学具在实物投影下面摆）：就像这样，每 10 个是一排，这样摆了 10 排，一排一排地数，数 10 排就是 100 个，也就是一层有 100 个，2 层就是 200 个，3 层 300 个，4 层 400 个，5 层……10 层就是 1000 个。

学生们点头表示认可，我们一起讨论了生 3 的方法，我表示生 3 的方法也有合理的地方，把大正方体当作实心的，我们用生 3 的方法也能数出有 1000 个小正方体，鼓励下课后同学们可以试一试。接着我和学生一起用刚才生 5 的方法一起数了数，并用简单的动画演示了刚才生 5 的方法。

【教学反思】

数出魔板由多少块小正方体搭成的，对学生来说是个挑战。学生在学习的过程中，经历了知识构建的过程，是每个学生静心思考后想法的呈现，展示了学生的思考状态，表现了学生的思考水平。生 1 的空间想象能力强，他是一面一面数的；生 3 的结果是错的，但是想法也有合理的地方；生 5 是动手搭一搭，让大家看到这个过程，确实是由 1000 个小正方体组成的。生 5 的做法其实很好地验证了前面学生的讨论和疑问，我用课件演示也是一个再认识的过程。

师：通过大家动手做，动脑思考，有的同学一面一面地数，有的一层一层地数，知道了这个魔板一共有 1000 个小正方体搭在一起。现在请同学们闭上眼睛，想象一下，一个魔板有 1000 个小正方体，5 块魔板有多少个小正方体呢？

生（齐答）：5000 个。

师：9 块魔板呢？

生：9000 个。

师：10 块呢？

生（一起兴奋地喊出）：10000 个。

师：谁能说说一千是多少？一万呢？

生 1：1 块魔板有 1000 个小正方体，10 块魔板就是 10000 个小正方体。

生 2：我们的数学书一本大约是 100 页，10 本大约是 1000 页，100 本大约是 10000 页，差不多是我们二年级所有学生的数学书摞起来那么高。

生 3：我们整个学校大约有学生 5000 人，两个这样的学校就有 10000 人，也就是说两个五千是一万。

生 4：我的这本书大约有 500 页，10 本大约是 5000 页，20 本就是 10000 页了。

生 5：10 个一百是一千，10 个一千是一万。

【教学反思】

一千、一万这个数，离学生的生活还是远了一些，学生需要借助实际的物体来体验。在教学中，我尝试让学生用自己的语言描述一万到底有多少，学生的描述是非常丰富的。可以说，学生在多样的数学描述中已经很好地感知了"一万"这个数，有助于学生对数的意义的理解。

活动四：摆一摆，读一读

师：我们来做一个摆数的游戏。在你们的学具盒里有好多表示 1，10，100，1000 的卡片，我们可以用这些卡片来摆一些大数。

游戏一：我说你摆

我说一个数 3200，走到学生中间巡视答疑，发现有的同学是上下摆的；有的同学是左右摆的；有的把卡片摆出来，发现是 3200 了，就把它们合在一起了。从学生的拼摆中，很难看出学生的真实想法。我让学生讨论一个问题：怎样摆会让别人一眼看出你摆的数，而且看起来，读起来比较方便呢？

生：应该左右摆，因为平时写数的时候都是从左往右写，读起来也方便。

（上下摆的学生马上进行调整，把卡片堆在一起的学生也把卡片重新散开）

师：第二个数2140，摆好后同桌互相欣赏。

师：为什么有的同学摆出的数一眼就能看出是2140，而有的数别人要看半天才能读出来呢？

生：因为我摆的太密了，太拥挤了，中间应该有一点空隙。

（其他学生表示赞同）

师：看你们摆得那么高兴，我们一起摆一个数，这个数是3310。（师在黑板上摆）

数位：	千	百	十	个
	1000	100	10	
	1000	100		
	1000	100		

师：那这两个3表示的数一样吗？

生：不一样，第一个3是表示3个千，第二个3表示3个百。

根据学生的回答，我在我摆的数的上面，板书计数单位个、十、百、千，学生认识新的计数单位，并填写书上的数位顺序表。

这时，一学生走上讲台，指着前面学生用圆圈表示的726说，他和我们刚才摆的数是一个道理，只不过他是用圆圈表示的，这也是一种表示方法，我想给他提个建议，我们学习了数位表以后，直接表示就可以。那位学生表示接受建议，大家开心地开始了第二个游戏。

游戏二：我摆你读

这是个小组活动，活动的要求是每个人心里都想一个4位数，摆出来，请同桌读一读。

【教学反思】

这两个游戏学生很喜欢做，在游戏中学生有很大的创造空间，激发了学生读数的兴趣，学生在游戏中进一步感受数的意义。

活动五：涂一涂

师： 在这张方格纸上，你能很快涂出 238 个小方格吗？

　　　（学生开始完成题目，教师巡视，接着交流）

生1： 我是先数了一下，一个大方格里有 100 个小方格，我快速涂出 2 个大方格，就是 200 个，接着涂了 3 行，因为一行 10 个，3 行 30 个，最后涂了 8 个，合起来就是 238 个，所以很快就涂完了。

生2： 我是 1 个 10，2 个 10，一直数了 28 个 10，就是 280 个。

生3： 我是竖着数，一列有 20 个，5 个 20 是 100，再数 5 个 20 又是 100，这样就是 200 了，接着涂一个 20，一个 18，就是 238 了。

师： 你们的办法可真多，而且涂得那么快，那我一个一个地涂够 238 个，可以吗？

生： 太麻烦了，要找简单的办法做事的效率才高。

师： 谢谢你们告诉我这么好的做事方法。

【教学反思】

在这个活动中，学生热情高涨，大家都在积极地寻求一种快捷的方法涂出 238 个小方格，学生的思路是敏捷而广阔的，不同方法的交流使学生有了更多的思考空间。当我说数一个涂一个的时候，学生们开始笑我，然后给我出主意，找简单的方法办事情效率高。学生们在涂格子的时候，很好地理解了位置制，对万以内的数有了具体的感受。同时，学生在这里不仅仅是涂了 238 这个数，还感受了怎样很好地完成这个任务，这是对学生良好数学品质的养成。

《千克的初步认识》

课堂实录

【教学过程】

一、认识重量，初步建立重量观念

1. 感知轻重。

师： 请同学们闭上眼睛，做实验：

师：（1）一手拿数学书，一手拿练习本，掂一掂有什么感觉？

生： 数学书重些，练习本轻些。

师： 交换一下，有什么感觉？

师： 还是数学书重，练习本轻。

师：（2）一手拿小石块，一手拿空纸盒，比较一下，有什么感觉？

生： 我感觉石块比空纸盒重点儿。

2. 认识重量单位。

师： 刚才我们通过掂东西，比较出数学书和小石块重些，练习本和空纸盒轻些，说明物体是有重量的。到底重多少，轻多少呢？这就需要有一个单位。今天，我们一起认识一个常用的重量单位"千克"。（板书课题）

师： 回想一下，在日常生活中，你听到过哪些有关重量的语言？

生： 和妈妈上街买菜，经常听妈妈问："西红柿多少钱一斤？"

生： 爸爸粮店里一袋面粉重 25 公斤。

生： 听爷爷说，一头大象重 5 吨。

生： 我爸爸的大卡车能装 10 吨重的货物。

生： 阿姨实验室里的砝码有的是 1 克，有的是 5 克，还有的重 100 克。

生： 一袋精盐重 1 千克。

……

师： 我们平时说的"公斤"就是"千克"。"公斤"和"斤"是我们中国人常用的一种重量单位；而"千克"是国际上通用的，它们的关系式是：1 公斤＝1 千克，1 公斤＝2 斤。表示物体的重量一般用千克作单位；千克用字母表示 kg（板书）。我们重点认识有关"千克"的一些常识。

二、介绍重量的称量工具

师：同学们都知道，要想知道物体的长度，需要用尺子来量；如果要想知道物体的重量，需要用什么工具呢？

生：秤。（齐答）

师：你们都见过什么样的秤？

生：在商店见过那种电子秤。

生：卖菜用的杆秤。

生：粮店卖粮食用的那种叫磅秤。

　　……

　　（利用投影介绍常用的秤）

师：天平也是一种秤，称比较轻的物品，实验室里都有。

三、建立1千克的重量观念

1. 介绍1千克的物体。

师：通过刚才的学习，我们知道了一个重量单位"千克"，还认识了各种各样的用来称重量的秤。那1千克的物体到底有多重呢？

2. 学生汇报课前的调查。

生：这一袋精盐的重量就是1千克。

生：这一袋洗衣粉重200克，五袋就是1千克。

生：我家有一瓶花生油上面写着重1千克。

3. 感知1千克的重量。

（1）以小组为单位，每个同学掂掂1千克沙子的重量。

（2）以小组展开活动，估量1千克重的物体。

师：每个小组都准备了一些物品，请以1千克沙袋为标准，估量一下1千克大约是多少个？看看哪个小组估计得准确。

　　（学生动手操作，教师巡视）

4. 各组汇报，用秤检验各组结果。

得出：

生：4个大苹果的重量大约重1千克；

生：8个不大不小的橘子约重1千克；

生：5个中等个的土豆重1千克；

生：3个大梨约重1千克；

……

四、总结全课

1. 这节课，我们有哪些收获？

生：通过学习，认识了一个新朋友：千克。它是一个重量单位，1千克就是1公斤。

生：一袋精盐重1千克，五袋洗衣粉重1千克。

生：通过估量和检验，我知道了4个大苹果就是1千克。回家我要告诉妈妈，今后买苹果就不怕别人少给了。

生：通过学习，我还认识了各种各样的秤及它们的作用。

……

2. 介绍克、千克和吨，将学生的兴趣引向课外。

生：千克只是重量单位的一个，如果我们称这个小粉笔头的重量，用"千克"作单位；如果称一头大象的重量，很显然，用"千克"作单位有些小。因此，今后我们学习比千克大的重量单位：吨；比千克小的重量单位：克。

3. 讨论。

师：1千克棉花和1千克铁比较，哪个重些？

生：1千克铁重。

生：一样重。

师：为什么？

生：因为铁比棉花重。

生：不对，铁和棉花都是1千克，所以一样重。

（全班达成一致：一样重）

五、布置作业

师：到商店调查一下，哪些物品重 1 千克？

【教学反思】

过去学生能够很好地完成复杂的单位换算，却不能与生活实际相联系，以至于发生了"小明体重 30 克"的笑话。究其原因，还是教师认为数学是靠老师讲出来的、是靠学生做题做会的。我们固然不排除有效的讲和练，但并不是所有的内容都适合于讲，学生数学观念的形成正是在丰富的感知中一点儿一点儿积累起来的。新课程提出了许多过程性的目标，经历、体验、探索、交流，等等，正是为了避免单纯地"讲数学"。

学生重量观念的获得不是靠老师告诉的，是在丰富的活动中慢慢体会和建立的，它不是一节课所能完成的。教师需要引导学生积极主动地运用于生活，正是为了达到这个目的，本节课通过多样化的活动方式，调动学生的手、眼、脑多种器官，去充分体验"重量"的内涵和"千克"的实际意义；同时，结合日常生活中的常见物品，让学生丰富"重量"的背景知识，为学生有意义的学习创造条件。这样的课堂教学其实透射出一种新教育思想，即教育（包括数学教育）的根本目的之一是为了儿童积极而高质量地适应日常生活和社会生活。

《加减法简便运算》教学设计

【教学思路】

我们认为，好的数学教学应该是从学习者的生活经验和已有的知识背景出发，提供给学生充分进行数学实践活动和交流的机会，使他们在自主探索的过程中真正理解和掌握数学知识、思想和方法，同时获得广泛的数学活动经验。本节课通过"问题情境——建立模型——解释应用——拓展提高"的基本教学环节，较好地体现了上述策略。

一、创设问题情境

出示一幅"商店一角"图。

书包76元

铅笔盒14元

足球44元

球拍36元

师：在这幅图中你看到了什么？可以想到哪些数学问题？

师：小明拿出压岁钱100元要给"手拉手"的小朋友买一些礼物，这100元都可以买哪些物品呢？

师：如果只买两件礼物，可以买哪些？如果有余，还剩下多少元？

【教学反思】

问题情境的创设要立足于儿童的现实生活，贴近儿童的知识背景，形象直观而又蕴含一定的数学味。在富有开放性的问题情境中，学生思路开阔了，思维的火花闪现了，他们调动了原有的知识结构去探究该情境中存在的数学问题，并积极地从多角度去思考问题、发现问题，达到了很好的教学效果。

二、建立模型

师：如果用100元钱只买两件礼物，可买哪些？如果有余，还剩多少元？

（学生列出所有算式）

$$100-44-14=42 \qquad 100-(44+14)=42$$
$$100-76-14=10 \qquad 100-(76+14)=10$$
$$100-44-36=20 \qquad 100-(44+36)=20$$

观察：这些算式有什么特点？你有哪些发现？

（学生先在小组内交流自己的看法和观点，然后全班交流）

师：我们再写几道连减题目，算一算，是不是都符合这个规律？

（学生通过几组题目的计算，验证了这个规律）

师：想一想，我们用一个什么样的形式，能把这个规律表达出来呢？

（学生思考、议论）

生：我用图形表示：☆－○－□＝☆－（○＋□）

生：我用符号表示：¥－※－♯＝¥－（※＋♯）

生：我们可以用字母表示：A－B－C＝A－（B＋C）

（学生也有用其他字母表示的）

【教学反思】

教师要考虑怎样使学生从朴素的问题情境中，通过观察、操作、思考和交流，体会到一种数学思想。强调学生建立符号感、数字感、空间感、度量感及鉴别结构和规律的能力。教师应是"观察者""参谋"和"鉴赏者"，即教师只是提供一些建议或信息，并不代替学生做出决断，同时要鼓励学生有创造的想法和做法，留给学生学习和运用数学的生动场景。让学生在思考、交流的过程中，逐步建立了 a－b－c＝a－（b＋c）的数学模型。

三、解释应用

师：结合你对这组算式的研究，你能找出生活中符合这样特点的事例吗？

生：有一次我和妈妈去买衣服，一件毛衣是 138 元，一条裤子是 52 元，我们给了 200 元，我就先算 138＋52，再用 200－190，这样要比先减去上衣的 138 元，再减去裤子的 52 元要快得多。

师：真好，看来生活中你很注意训练自己的数学眼光。

生：有一次我跟爸爸买半只酱鸭用了 14 元 4 角，买一斤鸡翅用了 15 元 6 角，我们付了 50 元。爸爸让我算该找多少钱，我半天都没算出来，今天我发现这个规律后，我就先把花的钱加起来恰好是 30 元，就能很快知道该找多少钱了。

师：像这样的事例生活中随处可见，我们可以用今天的发现处理一些生活中的问题。

例如：食品店运进 150 箱鸡蛋，上午卖出 36 箱，下午卖出 54 箱，还剩多少箱鸡蛋？

怎样算更快一些呢？

【教学反思】

结合这组算式的研究，让学生寻找生活中符合这样特点的事例，使学生在自身体验的基础上，获得了今天这个发现（即模型）可以使一些计算简便的经验。

在师生交流、同学之间交流的过程中，学生体会到了数学在生活中的价值，体验到了思考数学是很有乐趣的，知道遇到问题试着运用数学方法去解决是明智的。建立一个数学模型不是目的，重要的是学生能用这些"数学化"的东西，解释生活中的一些现象，解决生活中的一些简单问题。让学生明白数学处理的长处，体会到数学是从普通的人类实践中发展起来的，并引导学生能自觉地把数学知识和方法运用到生活实践中，鼓励学生把生活中碰到的实际问题带进课堂，尝试着用数学方法解决。

四、拓展提高

练习：怎样简便怎样算，并在小组内交流你的想法与算法。

①$745-645-28$

②$745-378-122$

③$369-(270+30)$

④$369-(269+47)$

学生在交流算法与想法时，把学过的知识进行了迁移，如 $745-645-28$ 这道题，学生说不必要把后两个数加起来，因为 $745-645=100$、$100-28=72$，如果先算 $645+28$ 反而不简便了，再如，③不必去掉小括号，而④则要去掉才简便。

【教学反思】

经过学生讨论研究，发现在计算时，要先仔细审题，弄清怎样计算才简便，必须根据题目的特点而灵活地选择解题策略。这一点，学生在实践中已深刻地体验到了，对学生而言，这种经验的获得将是无价的。

五、交流收获

师：通过本节课，你有什么收获？

生：我知道了做题时不一定非按运算顺序计算，而是要找简便方法。

生：那也不一定，你还要看是不是合理，也不能随便换顺序。

师：对，具体的问题要具体分析。

生：这节课我过得很快乐，体会到了数学在生活中很重要。

【教学反思】

可以说，学生在与同伴、与老师的交流中，获取了对数学最深的感受，体验到了创造之乐，增强了学好数学的信心。同时，也让学生体会到了不少数学问题是从实际中来的，知道数学与生活紧密联系，它来源于生活，又高于生活。

《搭配中的学问》

【教学思路】

《食品搭配》是北师大版小学数学实验教材六年级上册的内容，教材中的主情境是"食品超市的报价单"。通过这一情境活动的逐步深入，训练学生有序思考的能力，培养学生学习数学的兴趣和用数学方法解决问题的意识。学生都有去超市购物的经验，这个情境学生还是比较熟悉的，于是情境的展开就利用书中的材料进行，主要是帮助学生综合运用已有的知识和经验，经过自主探索和合作交流，解决与生活经验密切联系的、具有一定挑战性的综合性的简单排列组合问题，以发展他们解决问题的能力。同时，让学生有与同伴合作解决问题的体验，初步学会表达解决问题的大致过程和结果，获得一些解题策略，并体验解题策略的多样化。

【教学过程】

活动一　创设生活情境，提出问题

1. 在实物展台前出示食品超市中的价目表。食品超市中列出了所售食品的单价。

单位：元

糖		面包		零食		饮料	
巧克力/千克	26.20	切片/装	3.20	瓜子/袋	2.50	果汁/听	1.50
水果糖/千克	17.40	果酱/袋	2.60	花生/袋	1.80	可乐/听	2.80
奶糖/千克	19.80	果料/袋	2.40	话梅/袋	2.90	椰汁/听	3.20
花生糖/千克	22.40	椰蓉/袋	3.00	怪味豆/袋	4.50	暖茶/听	2.50

2. 请同桌仔细观察，利用上面的数学信息提出数学问题，并解答。

要求：一人提出问题，一人解答，交替进行。

学生根据要求开始提出问题，并进行解答。学生提出的问题涉及了加、减、乘、除，能很好地运用以前学过的知识进行解答。教师发现在学生的问题中，少了估算的内容。于是提出了这样的问题：丽丽有 20 元钱，她想买 500 克巧克力和一袋怪味豆，她的钱够吗？计算方法有以下几种：

（1）$26.20 \div 2 = 13.10$（元），$13.10 + 4.50 = 17.60$（元），$17.60 < 20$，所以够；

（2）$20 - 4.50 = 15.50$（元），一千克巧克力的价钱是 26.20 元，比 30 元少，所以 500 克巧克力的价钱比 15 元少，所以够。

3. 红红想买一种面包和一种饮料，有多少种选择？

【教学反思】

当我把食品超市的价目表放在实物展台的时候，因为大家有购物的经验，学生还是很感兴趣的。学生在提出问题、解决问题的过程中，一方面熟悉了每种食品的价格；另一方面增强了问题意识。学生提的问题很广泛，我及时将孩子们的注意力引导在搭配食物的问题上，保证了本节课的研究主题。

活动二　合作交流，解决问题

1. 请你拿出图片摆一摆，看看你能搭配出多少种？

要求：

（1）在个人独立思考的基础上摆一摆。

（2）组内交流，说说你是怎么摆的？

（3）推选你们小组的发言人。

2. 在小组合作的基础上全班交流。

要求：

（1）请小组发言人到前面边摆边说自己小组的方法，其他同学补充和帮忙。

（2）其他小组有不同的请补充。

学生在小组交流的基础上，进行全班交流，在这个过程中，学生积极思考，表达自己的想法。其中有一组学生是在讲台上面边摆边说：

我们的方法是切片面包对果汁、切片面包对可乐、切片面包对椰汁、切片面包对暖茶，这样有四种选择；接着是果酱面包对果汁、果酱面包对可乐、果酱面包对椰汁、果酱面包对暖茶，又有四种选择；然后是果料面包对果汁、果料面包对可乐、果料面包对椰汁、果料面包对暖茶，又是四种选择；最后是椰蓉面包对果汁、椰蓉面包对可乐、椰蓉面包对椰汁、椰蓉面包对暖茶，也是四种选择。和在一起就是16种。

学生在黑板上面摆的图片是：

切片面包	切片面包	切片面包	切片面包
果汁	可乐	椰汁	暖茶
果酱面包	果酱面包	果酱面包	果酱面包
果汁	可乐	椰汁	暖茶
果料面包	果料面包	果料面包	果料面包
果汁	可乐	椰汁	暖茶
椰蓉面包	椰蓉面包	椰蓉面包	椰蓉面包
果汁	可乐	椰汁	暖茶

（说明：学生是用图片表示出来的，这里为了表示方便，用汉字代替，以下同）

当学生的思路摆在大家面前的时候，教师及时地询问学生有没有重复的，学生摇头表示否定，又问有没有人摆出第17种，学生笑着说没有。在这里让学生初步体会到了不重复、不遗漏。接着在学生摆的基础上，教师用线把每一种连起来，这样16条连线就表示有16种套餐。

接下来，有小组的同学说，我们有更简单的方法，教师让学生把不同的思路展示出来。学生的思路主要经过了以下几个步骤：

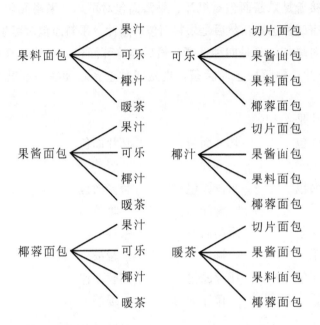

在学生通过减少图片出现方法①的时候，马上有学生用方法②来表示，我们比较了这两种方法的不同，方法①是一种面包分别去搭配四种饮料。方法②是一种饮料分别去搭配四种面包。方法③则是把前面两种方法综合在一起的表示方法，更具有思考力。学生一起来分析这三种方法之间的联系，他们的思路更加清晰，思维更加敏捷。

当学生在积极思考的时候，教师又提出了一个更具有挑战性的问题：不用这些图片摆，你怎样表示也可以让别人很清楚地看出有 16 种选择？教师当时想让学生尝试用符号去表示，问题一出来，学生开始思考，教师没有急着让学生回答，而是放在小组中，让学生边讨论边思考，学生的思路更加清晰了。学生的想法非常丰富，有的学生是用文字的形式表示；有的学生是用学过的不同图形来分别表示汉堡和饮料；有的学生居然想到了用不同的字母分别表示汉堡和饮料……学生的思维非常流畅和活跃。

学生有以下的表示方法：

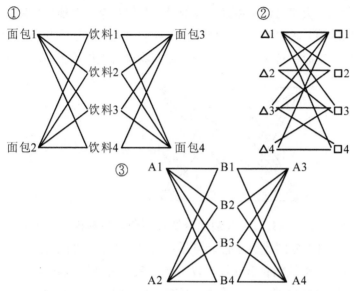

（注：方法②中的△1、△2、△3、△4分别代表四种面包，□1、□2、□3、□4分别代表四种饮料；方法③中的A1、A2、A3、A4分别代表四种面包，B1、B2、B3、B4分别代表四种饮料。）

【教学反思】

结合学生的生活实际，"在四种面包、四种饮料中选出一种面包和一种饮料会有几种不同的方法"。这个问题很具有挑战性，我在教学中把探究解决问题的策略作为重点，由此展开教学，并且积极鼓励学生独立思考，在学生独立思考的基础上，进行小组合作学习，然后进行全班交流学习，给学生留了学习的时间和空间，给学生创设了一个宽松、民主、和谐的氛围，学生积极地参与研究与学习，我特别注意走进学生，和学生一起去探究、交流，在学生有疑问的时候，帮助学生排除障碍，合作学习体现得比较充分。当学生积极思考，勇于表达自己不同的想法的时候，学生把不同的表示放在我面前的时候，我诧异了，我为学生的积极思考所感动了！在这里，学生通过用图片摆到抽象化的符号，学生的思考过程其实经历了实物到抽象的过程，学生数学化的思考过程非常明确。

3. 如果红红有 5 元钱，可以买哪种面包和饮料？

这个问题呈现给大家，大家纷纷出主意。有的说，我们一个一个地计算就可以，马上有学生质疑，如果漏掉一种怎么办？有的学生说我们已经知道了一共有 16 种搭配的方法，不会漏掉的。这时一位学生走向讲台，在实物展台上展示了他的方法。

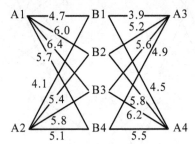

他解释说：如果 A1、A2、A3、A4 分别代表切片面包、果酱面包、果料面包、椰蓉面包，B1、B2、B3、B4 分别代表果汁、可乐、椰汁和暖茶，我把它们每一对的价钱标在连线上，这样一眼就能看出红红可以用 5 元钱买哪种面包和饮料了。比如，上面图中买 A1（切片面包）和 B1（果汁）要花 4.7 元钱，比 5 元少是可以的。也就是说图中超过 5 元的都不行，比 5 元少的可以，数一数，一共有 5 种可以买的，他还让其他同学说说都可以买什么。其他同学听完他的解释，纷纷表示赞成，认为这种做法是可取的，自发地为他鼓掌。

【教学反思】

学生的学习就是在不断地交流中丰富起来的，一个问题有多种思路，通过交流和质疑，学生们在欣赏中会逐步学会怎样去解决问题。

活动三：联系生活，解释应用

刚才我们研究的问题就是搭配中的数学问题，在我们的生活中有很多这样的搭配问题。我们来看一个菜谱的问题。

学生打开书，完成第 12 页练一练第一题。

今日盒饭		
荤菜	素菜	主食
丸子	白菜	米饭
排骨	油菜	
鱼	豆腐	

如果一份盒饭包括一个荤菜、一个素菜和一份主食，一共有多少种不同的搭配方法？如果主食有两种，一共有多少种不同的搭配方法？

在教学中，教师先让学生独立完成题目，在学生独立思考的基础上，进行小组的交流和全班反馈。教师发现大部分学生没有困难，只有极个别的学生，从两种物品迁移到三种物品搭配有困难，在小组交流和全班交流的时候也解决了此问题。有趣的是学生在交流各自想法的时候，是按照一定的顺序走的，学生在实物投影仪前展示自己是怎么搭配盒饭的时候是这样描述的：我用 A1、A2、A3 分别表示荤菜丸子、排骨和鱼；用 B1、B2、B3 分别表示素菜白菜、油菜、豆腐；用 C 表示主食米饭。先确定一种荤菜 A1，这样 A1—B1—C，A1—B2—C，A1—B3—C，就是 3 种搭配的方法了；接着确定荤菜 A2，又有 3 种搭配的方法，最后确定荤菜 A3，又是 3 种搭配的方法，合起来是 9 种。另一部分学生是用线段图表示的，但是都非常有顺序。在此基础上，教师加了一种主食馒头，称为 C1，问题是这时候有几种搭配的方法？学生竟然脱口而出是 $3 \times 3 \times 2 = 18$，学生还解释为什么是 18 种搭配的方法，学生说：荤菜 A1 分别去配三种素菜和两种主食，有 6 种搭配的方法，荤菜 A2 也有 6 种，荤菜 A3 也有 6 种，这样就是 $6 + 6 + 6 = 18$，也就是 $3 \times 6 = 18$，其实就是三种荤菜、三种素菜和两种主食相乘，就是 $3 \times 3 \times 2 = 18$，学生自己悟到算式的过程是多么令人兴奋呀！

【教学反思】

学生通过配盒饭这一生活情境，再次体会一个数学化的过程。由于学生拥有的基本是感性体验，部分学生能够悟到用算式，也是水到渠成。在这个教学过程中，主要是让学生把前面学习的经验运用到生活实际中去，在学生学习的过程中，学生知识的迁移是比较好的，数学的学习很重要的就是学习方法的指导，当学生的思维到达一定高度的时候，思维的火花就像一个水泵一样，源源而来，关键的是教师要相信学生，让孩子的灵感在宽松民主的氛围中有一个涌动的空间。

我看老师的课

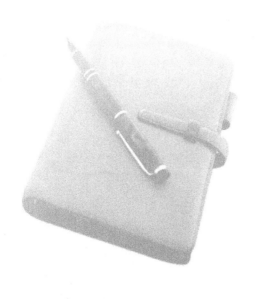

一、不同的风格，一样的追求

2001 年 4 月，教育部基础教育司、北京师范大学基础教育课程研究中心和义务教育阶段国家数学课程标准研制工作组联合召开了"第一届全国小学数学课程与教学改革研讨会"。当时，新的课程标准已经定稿，秋季全国将要有 38 个县区进入国家级课改实验区，课程改革就要正式启动。会议地址虽然在祖国的南疆——南宁，但路途的遥远却没有影响人们对课改的热望，人们从新疆、黑龙江、江苏等遥远的地方，带着自己的经验、困惑汇集在一起，共同讨论新世纪我国基础教育数学改革。上千人的会场给天气已经很热的南宁，又添了许多热浪。很多前期进行实验的学校还带来了凝聚众人心血的研究课供大家观摩学习，受会议组织者的委托，我应邀对其中的三节课进行评析。当时，我一个最强烈的想法，就是我们应该重新思考"教师需要什么样的评课"，我们的评课是三七开式的，还通过让听课者也置身其中与教师共同讨论课堂中遇到的问题以及改进的方法，目的是能够给老师们带来一些思考，听完这三节课后，我把自己一些最真实的想法坦诚地与与会的老师进行了交流。

在听完"可能性""认识更大的数""观察物体"这三节课，特别是最后这节课"观察物体"之后，我有些话想跟大家说一说。刚才的这节课引发了我的回忆，因为两年前，我也上过这样一节课：观察物体。我的那节课设计得没有刚才这节课这么饱满，这么丰富。当时，学生也是分成四人小组坐在桌子周围，中间放着一些物体让学生画，听课的人也很多。下了课以后，听课的老师对这一节课产生了较大的反响或者说是冲突，有一位专家说了这样两句话：你这节课是数学课还是美术课？你的课乱糟糟的，像什么？

把当时的情形与今天的课做一个比较，我的感触很深。我们应该给学生一个什么样的数学？过去，我们常常把数学描述成计算加证明，好像公式、计算、法则就是数学。其实，数学是非常饱满丰富的，像"观察物体"就是很好的培养学生空间观念的课例，但是，有人认为它不是数学。我们这套新教材有很多课，像观察物体、设计图形等，与美术有很密切的联系，但这些课是教学生们用数学的眼光重新去看待世界，与纯粹的美术要求，运用一定的艺术手法表现世界是不一样的。我们的数学就是要让学生有这样一个丰富的数学学习经历，使他们对世界的认识更加全面、更加完整。数学可以给学生提供丰富多彩的知识，不像过去，只是单一的计算加证明。《数学课程标准》对原来的数学知识删减了很多，也增加了很多内容来扩大学生的视野，给他们更多接受数学，尤其是现代数学的机会。我欣喜地看到，今天的这节"观察物体"课，学生离开了座位，在课堂上有了更大的活动空间。而传统的课堂上，学生是规规矩矩坐在座位上的，老师是绝对的权威，老师可以背着手到处巡视，但是学生是不可以动的，甚至有的学校还要求学生上课时小手背在后面。这应该引发我们的思考，在课堂中，我们究竟应该关注学生什么？哪些是非本质的东西，我们应当把它淡化？《数学课程标准》颁布之后，随着大家的讨论、交流，给我们带来了许多观念上的变革，尤其体现在教学方式、教学方法上。我们在座的每一位老师，都有一个共同的心愿：通过我们的努力，为学生提供一个幸福的学习数学的环境。这也是每一位数学教育工作者共同追求的目标。

今天这三节课，由于三位老师的辛勤劳动，使我们觉得有所感悟。这些课都是研究课，不是评优课。既然是研究课，有一个片断也好，有一个话题也好，或者积极的地方也好，不足的地方也好，只要我们因此有所感悟，就说明我们老师的劳动是非常有价值的，非常有创造性的。应该看到，现在学生的发展不应该再沿用我们那时的模式了。老师讲，学生听；老师讲例题，学生模仿、练习，这是过去的一个最基本的学习方式。但是在信息时代，再沿用这样的学习方式已经不能适应社会的发展了。所以，《数学课程标准》中非常强调通过变革教师的教学方式来改变学生的学习方式和观念。也就是说，让学生在学习的过程当中，更加具有主动性、创造性、探索性，更加具有合作与交流的意识。过去我们将学生获得知识的多少作为评价教学质量的一个重要标准，而今天我们更强调学生在课堂中的一种社会化的发展，这也是当今社会更加关注的一个方面。

我们要处理好教师、学生与教材之间的关系。这三个要素之间相互依托的关系如何处理呢？不同的教育观念带来了不同的处理方法。我们首先应该思考一个问题：教师是什么？新大纲写得非常清楚：教师是合作者、鼓励者、指导者，等等，定位很多，这些话说起来容易，在实际操作中却非常困难。这三节课都较好地体现了教师的这种角色转变。正是由于这种转变，我们的课堂开始变得生动有趣，学生在课堂上表现活跃，这说明他们喜欢上数学课了。首先喜欢上课，才能喜欢学数学。这三节课都非常贴近学生的生活，这体现了我们一再强调的现实性，这个现实不是我们成人眼中的现实，而是学生眼中的现实，这个现实既有与我们成人相同的，也有学生所处的特定年龄阶段的，如童话故事、游戏等。在"可能性"这节课中，学生做了很多游戏；"观察物体"中，让学生用手势表示自己看到了茶壶的哪个方位。这些游戏都会吸引孩子的注意力，引起他们的兴趣，学生会觉得学习数学并不是高深莫测的，有时就像玩耍似的。有人提出这样的观点：不要老是谈课堂教学，应该把课堂教学规范为一个词，叫课堂生活。如果我们用课堂生活的观点来看待课堂教学的话，传递给学生的东西就会更贴近他们的现实心理。

这三节课，老师都注意在课堂上给学生留下更多的探索空间。在传统的教学中，万以内数的认识讲完以后，再讲多位数的读写，老师就会觉得没有什么讲头，学生跟着老师学，跟着老师读就行了。从"认识更大的数"这节课可以看出，老师在设计上很动了一番脑筋，让学生去读数，去分级；在感受大数时她也创设了很多让学生积极参与学习和探索的机会。如：想一想，你是怎么读的？怎么能读得更快？"可能性""观察物体"两节课在这方面做得也很好。如：想一想，他是站在哪个方位上看到的？再想一想，如果要求一个黄球也摸不到，应该怎么设计？在低年级时就给学生提供这么多主动探索的空间，为学生今后的发展打下了一个非常好的基础。

这三节课，都比较注重学生的经验积累。过去，我们不太注重学生的经验积累，只要把书本上的知识教给学生就行了，充其量再让学生把书本上的知识运用于生活就行了。这样，就造成学生的生活世界与书本世界相分离。我们看到，今天的课从一开始，学生的生活世界和书本世界的界限就在渐渐地靠近，也就是说，数学应与学生的生活密切联系起来，学生在学习知识的过程中要借助于他已有的生活经验的积累，而他们学到的数学知识也要有助于他们的生活经验的积累。比如"可能性"，这一节课是新教材增加的内容，它把统计的内涵扩大了，学习"可能性"是为了让学生在实际生活中运用这一知识解决遇到的困难。作为一名未来的社会公民，要有一定的数学素养，在与人交流的时候，能借助于学到的数学知识有效地表达出自己的见解，这是未来社会公民必须具备的基本素养。当我们教给学生知识的时候，我们创设一些情境，让学生亲自体会到这些事情在生活中是可能发生的，学生有了这种体会以后，就会非常自然地理解所学知识的含义，自觉地把学到的知识运用于他们的生活中。我们不能老是像过去那样让学生背一些定义性的、要领性的语言，学生上完一节课之后，问学生什么叫"可能性"，学生还是表达不清楚。今天的课在这些方面做了很多的尝试和探索。

1997年，我在沙市听了一位天津老师的语文课《海底世界》，学生在课堂上争论海参的蠕动。什么是蠕动？大家在课堂上讨论得非常热烈，提出了许多有价值的问题，老师不忍打断学生的发言，因此，这一节课的最后一个环节没有讲完。听课的老师对这节课的争议很大，一方面，有些老师说："课都没有讲完，怎么能评优质课呢？"另一方面，也有人说："我们的课堂教学就是要让学生在主动探索知识的过程中获得知识，这节课很好地体现了这个思想，是好课。"

时隔4年，我们仍然可以看到，老师站在讲台上的时候，还是想按照事先设定好的程序，把自己的教学设计一环一环完美地展现出来。我们已经习惯了这样的课堂程序：上课铃响之前，学生唱歌，铃声不响，学生唱完歌也要一直坐着；每一节课，讲不完是不会下课的，即使下课铃响了，老师也要赶着把剩下的内容讲完。我们在这样做的时候，有没有考虑到学生的因素？如果我们眼中有学生的话，也许就不会再追求这种形式上的完美了。现在，西方一些发达国家提倡残缺教育，就是在一节课结束的时候，让人感觉课似乎还没有上完，老师还有很多问题要学生思考。我刚才提到这三节课虽然注重了学生的经验积累，但做得还远远不够。如果充分利用学生的经验积累的话，那我们上课就应该是水到渠成的了。我们总是想在40分钟的时间里尽可能地把我们所知道的东西都塞给学生，让学生获得更大的知识量，而留给学生的时间却是太少了。

过去，我们强调用算式加语言来表达数学思想。其实，表达数学思想的方式有很多，还可以用符号来表达，也可以用动作来表达。比如，"观察物体"一课，当学生站在房子前面、右侧，看到房子的前边和右边的时候，学生能准确地说出他站的方位，这样很好。如果有学生不能说出自己所处的方位的话，老师是不是应该为这一个或者几个学生提供另外一种方式来表达自己的想法呢？比如说，用语言表达有障碍的时候，可以引导学生画一个方框表示房子，用×表示小人，站在哪里看的，就在图上画出这个小人大概站在哪个位置就可以了。我们要给学生提供表达自己看法的机会，要淡化最优化，给不同的学生提供适合自己发展的不同空间。

　　要想突出学生在课堂中的主体地位，老师就应该积极创设活跃的课堂氛围，让学生活动起来，这样，老师就可以走下讲台，走到学生的身边，和学生一起共同学习。我非常欣赏一句话，就是老师应该成为学生学习过程中的一个伙伴。在这里，结合"可能性"的教学，我有一个想法，在"可能性"这节课的教学中，老师的设计非常到位，一步一步、一环一环非常清晰，但是我想，如果这样来上课，是否还是让学生跟着老师走呢？是不是可以把机会放手交给学生，让学生自己去学习呢？假如我去上这一节课，我会这样做：采取分组游戏的方式，让学生做摸球游戏，放入袋子里的球是不一样的，可以是1个黄1个白，也可以是2个黄1个白，还可以是4个黄的或是4个白的。学生们不知道分给自己小组的袋子里装的是什么，每次摸出一个球后随即把结果记录下来，小组成员每人多摸几次。游戏做完之后，让学生汇报摸球的结果。由于各组学生汇报的结果是不同的，学生就会产生疑问：他们组摸出来的都是黄球，而我们组一会儿黄球，一会儿白球，这是怎么回事？由于有了疑问，下面的学习就更具有效性。这时，再组织学生交换一下各组的袋子，还可以让学生看一看袋子里的内容，让学生再做实验，去猜测自己可能摸出什么颜色的球。如果有这样一个过程，学生学习的思考性就会更多一些，主动性会更大一些。接着可以联系学生的生活，让学生想一想身边有没有这样的事例。过去，我们往往把数学知识分成很多的知识点，让学生去学习，对这些知识点进行考试和评价。其实，只要让学生体会到了一种数学现象，并能在他们的实际生活中加以运用，一节课也就达到了目的。

　　过去，我们都把教材视为"圣经"，教材上的东西都要记，教参上的东西都是对的。在严格遵循教材进行教学的过程中，教师的灵性与创造性没有了。课程改革，强调教师要有自主意识，教材只是进行教学活动的一个重要依据，但绝不是唯一的依据。我们应该结合学生的实际状况，创造性地使用教材。这三节课中，在课程资源的开发上都做了许多有益的尝试。把一些教材上没有的内容融进了自己的课里，这是一个很大的进步。要想体现课程改革的理念，把这些理念渗透每一节课中去，靠的不是专家，不是教研员，不是学校领导，而是各位老师。老师们应该有这样一个意识，不管是平时上课也好，或是讲公开课也好，都应该遵循《数学课程标准》

中的基本理念，按照自己的理解和当地的实际情况，充分考虑学生的需求，组织自己的教学。如果每一位老师都这样做了，那么，达到课程改革的目标将是非常有希望的。

当时，老师们反映，喜欢听这样的评课，他们认为很朴实、很贴近，又有一定的高度，"听起来很解渴"。会后应《小学青年教师》杂志社的邀请，又对其中的两节课进行了书面的评析。

再评《可能性》一课

这是江苏省的一位年轻的优秀教师执教的课，虽然学习内容是新增的内容，但看出来老师的教学设计将这部分所蕴含的内容尽可能地呈现给了学生。教师力图通过"创设情境、激发兴趣，猜想验证、探索新知"使学生对随机事件有一个初步的感受，最后又通过一种转盘游戏，使学生进一步体会生活中很多事情的发生是不确定的。

我看这节课：

《数学课程标准》在课程内容里增加了"统计与概率"的内容，而概率已成为未来公民应该掌握的重要知识，它是培养学生以随机观点理解世界的重要内容。

数学教学是数学活动的教学，是师生交往、互动与共同发展的过程，教师要根据学生的具体情况，对教材进行再创造，为学生提供充分从事数学活动和交流的机会，促进他们在自主探索的过程中，真正理解和掌握数学知识技能。执教老师在"可能性"一课中，设计了猜想实践验证推测学生学习活动的主线，为学生提供了自主探索、合作交流的空间。

比如，袋子里装的是3个白球1个黄球，猜猜摸到哪种球的可能性大。学生通过猜测，有了一个初步的感知。接着，教师让学生小组合作进行摸球游戏，在具体的操作活动中体验可能性的大小，并通过比较，得知摸到白球的可能性比较大。这种结论的获得是学生通过自己动手操作、积极动脑研究获得的，比教师单纯地给出一个结论要重要得多，这种学习方式是值得提倡的。《数学课程标准》中强调数学学习要贴近儿童的现实生活。本节课通过一些游戏活动，引导学生投入学习，这不仅有利于提高学生学习数学的兴趣，而且可以帮助学生体验可能性大小的合理性。值得指出的是，这种游戏不是简单地闹一闹、玩一玩，而是通过学生自定标准、自行设计、自己操作完成的。本节课游戏活动的设计是成功的。

当然，本课如果在设计上能够多给学生一些探索、猜测的空间，学生的主动性会发挥得更好一些。比如，可以先让学生小组活动，每个小组的袋中放入黄、白球的个数各不相同，学生按组依次摸球并做记录。通过交流，他们自然发现各组的结果不相同，原因是每组袋子里装的球的颜色与个数不一样。然后再组织学生进行摸球游戏，由学生根据装入袋子里黄、白球的个数，猜测摸出哪种球的可能性大。如果有这样一个过程的话，学生学习的思考性、主动性就会更大些。应该意识到，像"可能性"之类的教学内容，不应简单地作为一个知识点来教学，不应在教师的带领下一步一步地，仅仅为获得一个个的结论而教学。教师首先应该思考，怎样才能为学生提供更大的思考与探索的机会。

再评《观察物体》一课

这是广西的一位年轻教师执教的课。整节课从设计到实施，"活动"贯穿了课的始终。通过观察事物，现场模拟，使学生感受站在不同的方位，看到的物体形状是不一样的。课的最后一环节还巧妙地设计了一组电脑画面，让学生根据物体的一个侧面想象这个物体的全貌，学生不仅学得有趣，而且也有助于发展学生的空间观念。

我看这节课：

《数学课程标准》倡导自主探索、合作交流、实践创新的数学学习方式，强调从学生的生活经验和已有的知识背景出发，为学生提供充分地从事数学活动和交流的机会，促使他们在自主探索的过程中真正理解和掌握基本的数学知识技能、数学思想和方法，同时获得广泛的数学活动经验。本节课为学生提供了现实而又有趣的数学学习内容和学习形式。具体体现在以下几个方面。

1. 游戏是一年级学生学习数学的一个重要方式，不仅可以激发学生学习的兴趣，而且有助于学生更好地理解和运用知识，本节课在这一点上体现得较为突出。比如，观察茶壶的活动中，不是让学生单纯地看一看、说一说，而是设计了游戏，让学生用自己的肢体语言表现出来。学生通过肢体的表现、猜测、述说，在一种轻松快乐的氛围中解决了问题。他们不仅获取了知识，更为重要的是获得了学习的快乐。

2. 给学生提供了直观的、形象的学习材料，注重了让学生动手操作，让学生自己体验观察的方法。比如：每组都有一个实物汽车，让每个学生从不同的方向观察汽车，体验从不同的位置观察同一物体时，形状是不一样的。鼓励学生离开自己的座位，自由地观察小房子，并且把看到的画下来。这一操作活动，充分体现了教师的民主作风，为学生提供了更大的探索空间。学生要考虑从什么方向观察，物体的主要特征是什么，怎么才能把这些特征表现出来，等等。这看似简单的问题，却蕴含着丰富的教育因素，这是一种有价值的数学活动。

3. 多媒体教学的运用给孩子的思维带来了火花。比如，运用反例（手提电脑）让学生思考这是一个什么物体。学生猜得五花八门，展现了他们丰富的想象力，这种猜测有助于学生空间观念的发展。然后，通过多媒体动画的演示，验证学生的猜测，学生也从中体会到要全面地观察一个物体，才能真正地认清此物体，不能犯"盲人摸象"的错误，这有助于培养学生良好的思维方式。

二、数学课的数学味

2004 年，新课程已经在更广泛的区域推进，课堂教学有了很大变化，实验教师有很多丰富的经验，主动期望与人交流。2004 年 3 月，《人民教育》编辑部的余慧娟老师约我，为两篇教师课堂案例写个评析。我欣然应允，不为别的，一是从中学习学习，二来也想借这个平台与更多的老师进行交流。

从"千米的认识"和"面积和面积单位"两节课的文字中可以看出，师生的体验是愉快的，尤其是学生，在感到很好玩的过程中主动获取知识，教师的教学是成功的，学生的学习是有效的。这两节课还有着共同的特点：让学生在活动中动手"做数学"，从而形成数学概念。但也有需要进一步思考的问题：新课程倡导要注重学生的生活经验，在学生经验基础上进行教学的真正含义是什么？新课程强调自主探索、合作交流的学习方式，"活动"更多地进入了我们的课堂，哪些活动是有效的，活动的数学意义到底在哪里？这些都是我们面对的新课程中的新话题。

新课程实施以来，创设问题情境、注重与学生生活相联系，使课堂教学越来越充满着活力。但也有教师反映，由于活动的展开和情境的创设把握不好，使得预定的教学任务无法完成。结合这两位老师对课堂的认识以及我在实验区了解的一些情况，我写下了《还需要从生活回到数学》的思考。文中我集中谈到了对两个问题的认识。

（一）有效的教学诞生于儿童的现实生活

以往的数学教学对书本知识及运算关注比较多，缺乏与生活的联系。学生很少有机会通过自己的活动与实践获得知识与发展，也很少有机会表达自己的理解和想法，原因之一就是教师过于关注知识点的传授与学生的熟练度，而忽略了学生作为一个有灵性的活生生的个体在学习中所具有的能动性，丰富的数学学习成为寻求一个唯一正确答案的枯燥的解题过程。教师的教学设计往往也仅从知识点出发去安排一个又一个的环节，一切遵循着"熟能生巧"这一古训，丰富的数学学习变成了习题、证明、计算的过程。

比如，认识长度单位、面积单位等，大都是由教师示范、讲解，通过反复比较使学生记住这些单位，然后通过大量的单位换算练习题，使学生扎实地掌握。这种做法就是从知识点之间的联系入手的。

虽然学生可以非常熟练地进行大量的计算，却并不一定拥有这些观念，学生普遍缺乏用数学眼光看待周围事物的意识和能力。这两节课已经走出了以单纯知识传授为主的教学思路，使数学的学习置于丰富的背景之中。

我们认为，有效的数学教学应该是从学习者的生活经验和已有的知识背景出发，给学生提供进行充分的数学实践活动和交流的机会，使他们在自主探索的过程中真正理解和掌握数学知识、思想和方法，同时获得广泛的数学活动经验。"找一找，生活中你见过的哪些物体的面近似1平方分米？闭上眼睛想一想，1平方分米该多大？再伸出手来比画一下，1平方分米是多大？然后剪出一个面积是1平方分米的正方形；与1平方分米正方形放在一起一比——再剪一次"。课堂变得有趣、活泼，教师们为学生的学习创设了丰富而又形象的学习场景，洋溢着浓厚的生活气息。另外，课堂还充满着很强的探索性，从上课的开始就吸引着学生、引导着学生进行积极的思考，使得知识的学习与学生的现实生活有机地融为一体。加之教师较好地把握了教学契机，"再剪一次"进而有效地调整了教学，使得学生对"1平方分米"建立了清晰的认识，学生在反思调整中建构了属于自己的知识。

事实上，学生并非上学后才接触数学，也不仅仅是在数学课上才接触数学，他们在日常生活中会碰到各种数学问题，从而形成属于自己个人的数学知识，虽然这些数学知识是非正规的、不系统的，有的概念是模糊的、不清楚的，甚至是错误的，但在新的数学课程中，这样的经验和知识成为学生进一步学习数学的出发点。可以说，强调数学教育要与学生的生活联系，是目前国际数学教育界的一个重要观点。"将学生的个人知识、直接经验和现实世界作为数学教学的重要资源加以开发"这一重要观点，正为广大实验教师所接受并努力体现在自己的教学实践之中。"1千米究竟有多长"对学生而言是很抽象的，绕学校操场跑5圈，这样一种直接感受，有助于学生建立"千米"的长度观念，在此基础上，老师及时组织学生进行交流、比较不同的长度单位，使学生在交流中明白"度量不同的物体时怎样正确选择合适的长度单位"，而这正是学生空间观念的重要组成部分。

（二）数学课要上出数学味

除了要将数学与学生的生活经验相联系，还应该将生活经验与数学相联系，也就是说，只有通过"数学化"的途径来进行教学，才能使学生真正获得富有生命力的数学知识、思想和方法，获得良好的数学品质来帮助自己更好地生活。因此，教师要善于引导学生把生活经验上升到数学知识。从这个意义上看，就不一定非要让学生在数学课上先跑5圈，也可以先让学生在课前有意识地记录一下"在操场上走5圈（在常态下获取的经验更有助于运用于生活），大约用多长时间，用这样的速度，从学校到家里用多长时间"，然后在课堂上组织学生交流对"1千米有多长"的不同感受，并推算"从家里到学校大约有几千米"，课后再进一步实践，查阅东方明珠有多高，家乡到北京有多远，等等。这样的学习不仅充满趣味，而且又富有挑战，我们所说的数学味也许会更浓一些。

没有一个万能的方法适应所有地区的所有学生。同一个内容，不同的学生会有不同的理解方式，不同的老师也会选择不同的教学方式。如果学生认为所学的数学是好玩的数学，那么，教学就应该是有效的和成功的，教师应根据教学内容灵活选择适合本班学生的学习方式，使好玩的数学课同时又散发着很浓的数学味，而不是简单理解为把数学课变得好玩。

《数学课程标准》提倡在教学中创设贴近学生生活的情境，让学生感受数学与生活的密切联系，其目的并不仅仅是帮助学生理解数学知识。学生的学习活动，与其说是学习数学，不如说是学生从现实出发，经过反思，达到"数学化"。在这一过程中，"数学现实"和"反思"是十分重要的。对于小学生来说，"数学现实"就是他们的"经验"，因此，"经验"这个概念在小学生学习数学过程中具有重要意义。学生已有的生活经验对于他们理解数学知识十分重要，同时，在学习数学知识过程中的经验积累又有助于他们进一步学习。所以，课程标准在描述学习目标时更多地使用了"经历、探索、体验"等过程性的目标。这说明，我们的数学教学不仅要基于儿童的生活现实，同时还要在学习数学的过程中提升和丰富学生的经验，让数学背景包含在学生熟悉的事物和具体情境之中，动手、动脑"做数学"，在多样的方式中不断获得丰富的学习数学的体验。这种过程的形成会在很大程度上改变数学的面貌，改变数学学习的过程和结果。

三、校长听课看什么

曾经有人问我，作为特级教师的校长，听课时更看重什么？这的确是一个很难回答的问题，因为影响一节课的因素太多了。

我曾经走入一个班级听了一节非常普通的常态课，教师没有任何特别准备，如果用公开课的标准来衡量这节课的话，是无论如何都难以被选拔出来的。

但是，我发现，课堂上，这位老师非常注意对学生的学习状况进行即时评价，每一个环节的要求都能够清晰地告知学生。尽管是很普通的一节课，班里的学生却几乎没有走神儿的，尽管这节课的内容也没什么挑战性，可是，学生的学习积极性却又很高。突然间，解开了我一直以来不解的一个问题，就是经常有学生反映很"怕"这个老师，因为她"太厉害了"，但是又很希望这个老师能够继续教他们，因为"有时我们管不住自己，老师这样要求对我们学习有利"。家长也说，把孩子放到这个老师的班上更放心。

原来，这个老师把课堂上的每一分钟都"盯"得很紧，每一个关键知识点的学习都有配套的练习，不是走过场。课堂上，能够把每一个学生都放入自己的视野，结合教学内容的进行，时刻提醒那些走神儿的孩子，这不就是当今课堂中最需要的吗？

《螺丝钉和螺丝刀》是一节科学课，老师让学生用手中的材料设计一个基本模型，事情并不复杂，但是却用了较长时间。

一个男生拿起纸要发给小组内每一个人，一女生着急说道："为什么总是你拿，人家没长手啊！"

小男生一时愣住了，不知如何是好？犹豫间，女生一把把纸抢过来，"我们自己不会拿吗？"这位小男生一脸无奈。

虽然，学生的这种表现与教学内容并没有直接关系，但它会影响着教学的正常进行。

这样看来，影响一节课效果的因素确实太多了。

上好一节公开课很难，上好每节常态课更难。因为，公开课上，是师生双方高度投入的四十分钟，包括现场听课的老师们，汇成了一个"气场"，加上之前集众人智慧设计的教案，所有的人都调到了兴奋点，一上课就进入了最佳状态。

可是居家过日子的课堂中，学生可能会因没有新鲜感，而松懈；学生可能还在想着下课的事，而不能进入状态；学生也可能没有约束，而会挑战基本的课堂秩序。这时，对老师的考验更大。

但是，平常日子里的课，是上好公开课的基本色，这个基本色调好了，才能保证公开课上的色彩饱满透亮。

那么，构成居家过日子的课堂，到底有哪些基本色调呢？

一是对学习气氛的调节。不论什么场合，好的老师，都会首先与学生有个交流，一些激励性的语言，一些富含思考的话题，帮助学生把学习情绪调到最佳状态。

二是自然不做作的教态。这种自然又不失严谨，学生的学习过程是紧凑的。老师的语言不做作，就像课下的语调一样亲切自然，没有戏剧腔调。老师不是知识的拥有者，也不是学生学习的评判者，而是就在学生之间，与学生一同学习的人。

三是语言富有启发和激励。其实，教学的大体环节并没有什么突出的变化，只是一些老师在细节上做了一些语言"装饰"，让学生产生了"试一试"的愿望，在老师恰到好处的点拨和激励下，学生获得了成功的体验，课堂充满了灵动之美。

四是扎实的学科基本功。无论如何，教师的学科素养，是每节课最重要的，影响着每节课的质量。一手规范的粉笔字，依然是吸引学生眼球的，教师声情并茂的诵读，激情中渲染着感染力，语言的幽默、亲切、严谨、精练、清晰，可以帮助学生快速进入思考状态。

　　总之，教师自然而然的教态，在具体场景中不断调节学习的气氛，扎实的学科基本功配上极富启发和激励的语言，就构成了一节课的基本色调，有了这些，足矣！

四、教育素养与教学机智

　　应该说，每一个老师在上课前都会有这样一种向往：期盼这节课能设计出那样的精妙的环节，学生又是那样的"配合"，而此时的"我"也调整到了一个最佳状态，对学生表现出了积极的期待和宽容的微笑与鼓励……啊，这样的课堂难道不是我们每一个老师所追求的一种境界吗？

　　但是现实中的课堂却往往难尽其意。

　　教学中互动性增强，面对不同学生的不同观点，老师感到从没有过的对课堂的失控感……

　　课堂注重了开放性，上课时经常会遇到学生就某一问题争论不休，既定的教学内容常常讲不完，老师在"收""放"之间犹豫不定……

　　尊重学生个性，但他们缺乏对纪律和秩序的约束。面对"活"与"乱"，老师会更多地感到不知所措……

　　所有的孩子都在专心听讲，唯有小雨似乎不能集中注意力……

　　我吸引了班上绝大多数学生的注意力，可就是小丁显得无精打采……

　　小浩经常提一些刁钻古怪的问题，惹得大家哄堂大笑，真是苦恼……

　　不经意间，小洁同学说了一段似是而非的话，使即将形成共同结论的问题又引到了千里之外……

　　……

　　这样的问题，在教学中随处可见，却又时时困扰着我们，当然也直接影响着我们做教师的职业感受。教学看似一种重复性很强的工作，却处处充满着挑战，课堂中有太多的不可预见性，有太多的不可掌控，当然也存在着太多的生成性的资源……也正是因为这些矛盾与平淡同在、紧张与松弛并行、快乐和烦恼交织的课堂状态，拷问着教师的教育智慧和教学机智。

答案出来了，怎么办?

曾经与一位老师共同备了一节《桌子有多长》，并在一次较大规模的会上做公开课，这对一个初次登台的年轻教师而言，无疑是一个挑战。应该说，这节课是比较顺利地上了下来，但是听完课，总觉还有些不够"味"。究竟缺了什么，课后我与这位老师又对其中的几个环节做了——分析，试图从中去寻找一种期待中的精彩。

片断回放一

师：桌子的长在哪呢? 我们一起来摸一摸。这个长边就是桌子的长。你认识它了吗?

生：认识了。

师：我们不仅能摸出它的长度，而且还可以把两只手卡在桌子两边，这样就可以比画出桌子的长度。（学生跟着比画着桌子的长）

师：要想知道桌子到底有多长，只是摸和比画是不行的，需要我们亲自量一量。我们都可以利用我们身边的哪些工具来量呢?

生：尺子。（我原以为学生会顺着回答用书本、铅笔、橡皮、拃量等工具）

师：尺子是个不错的工具，带了吗?（我试图堵住学生）

生：没有。（但是仍有三四位同学高兴地边举手边说：我带来了。捣乱! 唉，本来课前跟孩子说好了，不带尺子嘛，我只好采取了冷处理，这时我的心里就有些紧张了）

师：那还有没有其他的工具也能帮我们量出桌子有多长呢?（回避这几个学生）

生：铅笔、橡皮、手、数学书……（这才是我期望的呢，赶紧写在黑板上吧，就是没有写尺子。而此时，说自己带尺子的几个同学，一脸的诧异，我怕影响既定的程序，也只能是视而不见。真是的，课前明明要求不要带尺子的，可偏偏这几个学生不听，一上来就打乱了我的预设。在接下来的教学中"这把尺子"一直晃来晃去的，这几个学生也没有起初大胆发言的积极性热情了，真没想到）

从与老师的谈话中，可以理解课前安排不让学生带尺子，是怕影响学生"面对用什么东西量桌子长"这一问题的多样化策略的出现，课上学生直接拎出"尺子"来，这堂课就没什么上头了，学生体验统一工具、统一单位的过程就不突出了。所以，想通过让学生自己动手制作一把尺子，让学生在做尺子的过程中建立"厘米"的长度观念。

其实带没带尺子并不是问题的关键所在，既然有孩子说带来了，教师就不能视而不见，或者着急埋怨，怕影响下面的教学。因此，这位老师采取有意回避的方式不是上策，这也是在后来的教学中，教师始终感到有几个人总游离在教学之外的起因。"明明能用尺子量，我带了尺子，老师怎么反而不高兴了呢"这种纳闷，极容易造成孩子学习的不专心、不投入，因为我们面对的是只有7岁的二年级的学生。

不妨直面问题，当学生高兴地答出用尺子量，教师马上反问：带了吗？孩子小手高举"带来了"的同时，首先要给予肯定，再说课堂刚刚开始，学习的积极性刚刚发动，尤其需要不断升温。

    师：很好，想到用尺子测量的孩子，这不错，说明你在生活中很用心，会观察。

    师：还有别的妙招吗？（这是鼓励性的语言）

因为学生对尺子并不陌生，不让学生带尺子，他们也会想到用尺子量的，这就是学生的生活经验。不如顺势而入，学生也因得到鼓励会产生进一步学习的积极性。"还有别的妙招吗？"又使学生的学习进入一种思考状态，这句引导的话语是最为关键的，不仅将学生的思维集中在关键问题的思考上，而且也是教师教育价值观的最直接的反应，它的教育价值在于推动学生打开思路，在于帮助学生寻找"柳暗花明"的感觉，在于激励学生积极寻求与别人不一样的答案，而我们追求的课堂中的精彩也往往都是蕴含之前，萌发在后。

    片断回放二

    学生各自选用工具测量书桌的长度后汇报

    师：好了孩子们，你们看，我们所有人的桌子都一样吗？

    生：一样。

    师：那我们所有人桌子的长一样吗？

    生：一样。

    师：为什么我们量出来的数据不一样呢？（我想引起孩子们的思考，但给的思考时间不够）

    生：工具不一样，工具的长短也不一样。（早早地把答案都说出了）

    师：谁听到了。（我只好找一名同学重复一下，以加深印象）

（没有想到孩子会说出工具的长短不同，这是下一个环节才让孩子去体会的，可在这儿孩子就说出来了，那下一个环节怎么办？我有些紧张，但又不能多想，不能让自己的思绪变乱了，我内心告诉自己要稳住）

师：那要想得到相同的数据有什么好办法吗？

生：我们都用尺子。

生：我们都用数学书。

师：他们说得特别好，在说的时候都用了一个"都"字，也就是我们所有人都用相同的工具来量，对吗？

生：对。

师：那我们试想一下，如果我们所有人都用曲别针来量，结果会是一样吗？

生：会。

生：不会。（又跟我想的不一样，难道下一个环节真的无法继续吗？我是不是应该把下一个环节变动一下，变成用同样长的曲别针量，让孩子体会到工具相同，还要长度相同，这样结果就相同了，但是交流起来还是不方便的，所以需要长度单位厘米。可是我已经给每组准备了不同的曲别针，可以怎样处理呢？算了算了，这可是全国做课，还是打稳仗吧，按照原计划进行吧。不想了，不能再想了）

我们先看一下老师的教学设计。首先，让孩子用不同的工具（数学书、铅笔、手拃等）测量，结果不好统一，从而感受到统一测量工具的必要性；然后再让孩子们用相同的测量工具曲别针量，但教师又有意地提供了两种不同规格的曲别针，让学生体悟到仅仅工具相同还是不行，更重要的是长度单位要统一。

可是在教学中，学生却有了小插曲，学生竟然将"工具不一样，工具的长短也不一样"一下子超前"体悟"出来了。与老师课前的想法产生了不一致，"充分"感受统一单位的必要性，还没等充分呢，怎么就把答案说出来了呢？难怪老师会产生"怎么办"，为了求稳只好按既定的教学程序进行，而事实上又感觉我们的课堂缺了点什么。

我们不妨分析一下，当一个学生出乎预料的回答出了："工具不一样，工具的长短也不一样"，老师虽然让另一位学生重复了一遍，但却没有进行深入地追问，更没有引起多数同学的思考。

在课堂上我们经常会遭遇各种意想不到的回答。一般而言可分为三种情况：一种是对后续学习产生积极影响的，老师通常都会大做文章；另一种就是产生消极作用的，把握不好可能就会离题太远，通常也可以淡化处理，比如：这个问题挺有意思，但与我们今天的内容不一致，暂时先不谈，下课再说等；第三种情况就是要探究的问题或结论直接说出来了，搞得老师不知所措。显然，我们的问题接近第三种情况。

在课堂上，我们首先关心的不应是标准答案或正确答案何时出来才是恰当的，其实什么时候出来都是好的，关键是要看学生对问题的理解和认同程度，老师依据学生的现场反映，对学生自主活动时的观察了解，快速做出判断：对这个问题本质的认识，是水到渠成，还是个别学生理解的超前？进而做出下一步的教学选择。

所以，教师的引导重点应该放在诱发多数学生的思维上，而不应过多地去想：答案都出来了，我怎么办呢。

运用一下我们既有的教育经验，不妨重现一下当时的现场，做一个推断：

师：为什么我们量出来的数据不一样呢？

生1：工具不一样，工具的长短也不一样。

师：其他同学是怎么想的？（把生1的回答暂时搁在一旁，引导其他学生用具体的语言描述对问题的理解）

生2：因为有的用铅笔、有的用手拃量的，所以不一样。

生3：我是用数学书量的，如果别人也用数学书量，数据可能就一样了。

生4：可能是量错了吧。（这也是不应忽略的一种想法）

师：同学们都在积极思考问题，这很好。（随着课的进行，老师要不断地真心地鼓励好的行为，而不是让一个学生替代或阻碍大家的思考）

师：刚才生1说，工具不一样，工具的长短也不一样，你们同意他的观点吗？
（再次引起学生对这个问题的回应，引导学生朝着更为抽象地描述靠近）

师：这位同学很会想问题，我们选用的不同的工具量桌子，它们的长短当然不一样了。
（教师采用示范性的语言，不用再让学生重复刚才的话语，只是引起思考就够了）

师：那要想得到相同的数据有什么好办法吗？

生：我们都用尺子。

生：我们都用数学书。

师：也就是我们所有人都用相同的工具来量，就会得到相同的数据。

师：比如都用曲别针量呢？（短暂地停顿一下，给学生时间思考，在这里可能还会有两种不同的声音）

师：都有自己的道理，我们再一同量量看。（对学生的争议，不置可否，让学生用不同长度的曲别针测量后再交流，可以更有说服力）

　　学生小组操作后，再次组织交流，使学生认识相同长度的曲别针量出来的数据是一样的。对于个别数据出入较大的，教师恰好提醒同学，测量时的认真与仔细，这是学习测量时的最可贵的品质。这样，在既保证按既定的教学程序进行，又促使学生对问题思考的深入，同时有效地避免了少数几个同学替代多数学生的思考现象的发生。在此基础上，引导学生：用有21个曲别针那么长表示桌子的长，人们交流起来还是不方便的，这就需要有一个统一长度的规定，学习长度单位厘米，就显得很必要了。

　　课堂上，往往需要教师做出判断是按既定程序还是略加改变；需要教师做出决定是及时介入还是适时退出；需要教师做出判断是小题大做还是不予理睬……教师在处理突发事件时表现出来的判断能力与行动能力就是一个教师的教学机智。它不仅体现在课堂上意外的事件之中，更体现在教师与孩子相处的点点滴滴中：面对上课开小差的学生，教师要运用教学机智，把学生从神游中吸引到学习上来；面对潦草的作业，教师要运用教学机智，使学生改变不良的书写习惯；面对上课铃声响过了还闹哄哄的课堂让他们归于平静，课堂上不能回答问题的孩子鼓励他们自信……都需要教师教学机智的参与。

　　教学机智贯穿在整个教育生活中，它是教师与学生之间的交往方式，是成人与孩子相处时瞬间知道该怎么做的临场智慧。

简单的错，不简单的处理

　　说来也怪，我们当老师的，有时怕学生说出来答案，下一步的教学显得多余。而有时，千讲万讲，以为学生都会了，叫上一个来，却出错了。一看，马上要下课了，还有设计好的一个压轴题目，把错误纠正过来吧，又会耽误时间，不得不改变既定内容，把设计的精彩环节去掉，真的又很不情愿。

我们每一个老师都经常会在这样的两难之中选择。

曾经上过一节《辨认方向》，课进行得很顺利。通过交流，我看学生对八个方向掌握得非常好，看来可以顺利地下课了，接下来的既定程序就是让学生自己做个方向板，两人合作介绍上课现场的方向，这也是这节课想有的一个高潮。没想到，问题出来了。

片断回放三

生1：老师，这个方向板上漏了东北和西北两个方向。

生2：老师他的也错了，东和北之间的方向应该是东北，而他写成西北了。

　　（此时其他同学正准备拿着方向板交流呢，听见他们的争执，其他学生也开始忙乱，我急忙走近一看，果然是错的，我快速地做出反应，将错就错，让同学们有一个交流，也许可以更好地加深认识。于是有了下面的对话）

师：每个同学都观察一下自己的方向板，是否有问题，想一想怎么会出现这些情况呢？（我试图先引起每个人的注意）

生3（有点脸红）：我的方向板上只有六个方向，我制作的时候，就是随便写的，想到哪个方向写哪个。

生4：我的方向板对了。按照一定的规律写就不会出错了。

生2（怯怯的）：我有一个问题，在制作方向板时，怎么确定各个方向呢？

（真有不懂的人，看来停下来反思很有必要了）

师：问了一个很好的问题，谁来把你的密招儿给大家分享一下。

（对有问题的学生千万不能埋怨，否则他会闭上自己的大脑，再也不敢开口问问题，教师应该做的是鼓励，并将问题抛给大家，引起共同的思考，达到互动学习的目的）

生1：先确定一个主要的方向，根据这个方向确定其他的方向，就可以制作方向板了。

生5：我同意生1的意见。我们看图的时候，都有一个方向标志，制作方向板也是这样的。

生2：我明白了。我举个例子，比如先确定方向北，根据北就知道南、东、西面了，然后再确定东北、东南、西北和西南。有规律地写出各个方向，就不容易漏掉了。

（大家开心地笑了，自发地给生2鼓掌）

师：谢谢大家。这些生病的方向板给我们提供了一个讨论的话题，我们现在请小医生把病人带回去，把病治一治。然后借助方向板，回家以后跟你的父母交流。

在学习东南西北四个方向时，学生已经会制作四个方向的方向板了，所以，这并不是一个全新的问题，我也没想到学生会出问题，因此，课堂上，处理这样的问题可以很简单：告诉他错了，改过来。但是，对于学生错误的原因，往往因简单的处理，而无暇得知，往往许多的错误都是一点一点类似于这样的错误积攒起来的。显然，我不太习惯这种做法。我及时抓住生2的问题，给予肯定，并加以放大："问了一个很好的问题，谁来把你的密招儿给大家分享一下"。这样就因一个简单的问题，而引起学生之间的真实的对话交流。简单的错误也因此没有简单化的处理。

通过这个讨论，学生自己明白要先确定一个方向，然后再确定其余的方向，这样就不容易出错了，这就是一个简单的学习策略的交流，那样及时，使得孩子们感到易于理解和接受，这要比教师简单地告诉深刻得多。而且在这种交流中学会了怎样与人交流，怎样去质疑，怎样调整自己的思路。这些学习品质的养成对学生而言是非常重要的。学生们在讨论中调动一切感官去积极思考，力求用自己的观点，去说服别人，同时获得一种合理的、正确的结论，来自觉改进自己的学习。

可见，课堂上学生出现的错误，和同学之间的争吵，就可能蕴含着一些教育的契机，教师的责任就是把问题转化为学生发展的机会，虽然讨论费了些时间，使原定的现场辨认方向延续到家里，但这个过程中对学习的体验确是积极而有价值的。

没有一个万能的秘方能告诉我们：什么时候可以下课再交流，以保证既定的教学程序。什么时候又该及时抓住，以免生成性的资源，在不经意间流失。

究竟做出何种取舍，就是一个教师教育价值取向的集中反映，只有教师的教育素养的不断积淀才能够面对课堂上的种种挑战，从容自如，酿造课堂上的精彩连连。

我关注的话题

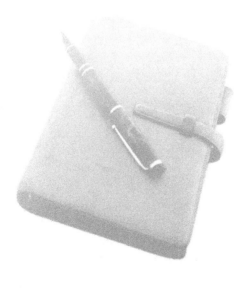

话题一：课堂中的"活"与"乱"

经常听到关于新课程的课堂有些"乱"的议论，一些实验教师也常常因此困惑，让学生自主、探究学习时感到难以控制课堂。可以说，新课程实施以来，我们的课堂正在渐渐地变化，孩子们活动多了、交流多了、自主性强了，教学活动中整齐划一的成分少了，小组活动多了，当学生与老师的观点不一致或认为老师讲得不对时，有的会当场表示异议，老师的权威经常遇到挑战。如果依旧用传统的眼光看今天的课堂教学，尤其是那些秩序有些"乱"，教室里的"噪音"有点儿大的课堂，确实很难让人接受。也有人认为在中小学的课堂上"教"创造是根本不可能的事情，等等。

其实，每一位教师都在积极地实践着新课程所倡导的理念，在引导学生独立思考、自主探索、合作交流等方面，做了许多有意义的尝试。但是，当理念与实践发生冲突时，却又很少去反思或寻求有效的教学行为，很容易在困惑面前选择一种"教师主宰下的、安安静静的、按部就班的教学"，以求得现状的暂时改变。这种认识和实践的反差，时时困扰着每一位教师。

历来我们的教师都是教学的绝对支配者。在课堂上，老师站在讲台上耐心细致地讲解和示范，学生坐在位子上认真听讲和做笔记。老师讲授知识，学生接受知识，教师讲、学生听，课上练习、课后作业是通常的数学教学模式。课堂里的一切基本都围绕老师的教学计划进行。一切教学活动都由老师主导，没有这个主导，几乎学生的任何考试都肯定要失败。这种方式的长处是，学生能按知识的逻辑序列比较系统地接受课本知识。而且整个教学过程都是按教师的意图展开，即使偏离也会被教师迅速纠正，有助于教师实现既定的教学计划。但是在这个过程里，学生付出的精力主要用于消化理解教师所讲的知识，学生头脑中复制的是教师的思想和语言，因此，不利于学生积极主动地学习，也不利于学生创新思维的发展。这与新课程所倡导的重活动、重合作、重实践、师生互动的教学理念之间存在相当大的距离。

实际上，学生是学习活动的主体，教学过程是学生对有关的学习内容进行探索、实践与思考的学习过程。所以，教师要引导学生开展多种形式的活动。创造的确是"教"不出来的，但是"活动"可以埋下发现的种子，形成创新的意识，有了这样的种子和意识，我们的学生早晚会有人站到发明创造的第一线上去。

改善学生的学习方式，实现教学方式多样化，对教师是一个挑战。教师进入新课程规定的新的课堂生活方式，暂时有一些不适应或不知所措，也是正常的，这是挑战，更是机遇。恰恰需要教师的创造，需要通过多次、持续的调适，不断使自己的教学方式更适合学生发展的需要。这一过程是一个使教师自身得到发展的过程，教师未来的成长之路在很大程度上，应该伴随着对自己的教学实践进行反思和研究，围绕如何适应课堂教学的组织者、引导者与合作者的角色进行。其中，了解学生的真实情况作为学习的实际出发点，就有可能为学生的学习活动提供一个良好的环境；鼓励不同的观点，并恰如其分地切入学生的争论，使组织的过程成为教师参与学生讨论的过程，就有可能实现在合作的过程中引导；特别是课堂心理环境，包括情感环境、思考环境和人际关系等多个方面主要是通过教师来营造。

在自主探索、亲身实践、合作交流、师生互动的氛围中，使学生更清楚地明确自己的思想，同时也有机会分享其他同学的想法。学生在合作交流、与人分享和独立思考的氛围中倾听、质疑、说服、推广而直至感到豁然开朗，这是学习的一个新境界。虽然教室里还是要有些"乱"，"噪音"还要有，小组活动要更多，还会有越来越多的学生会对教师的观点当场表示异议，但这种"氛围"的形成会在很大程度上改变数学教学的面貌，改变数学学习的过程和结果。

中关村三小每年一度的篮球联赛

话题二：浓厚的兴趣与扎实的基础

经常听到一些教师反映，使用新教材的学生有着很强的学习兴趣和热情，自信心和创造性也比过去的学生明显提高。但是，就是写不到卷子上，故而有"双基"不落实之嫌。

随着新课程改革的不断进展，新课程提倡的师生平等对话、师生互动、多样化的学习方式，改变着师生关系和课堂的生态环境，课堂不再是死气沉沉，而是充满活力，学生们表现出了极强的学习和探究的热情。一个新的问题也随之而来，即如何评价我们的教师和学生。课堂是灵活多样的，而考核却是单一死板的，很难真正测出学生的创新能力和创造性思维。应该认识到，目前的评价还只是着眼于考核学生掌握的基础知识和基本技能，我们对学生学习评价的基本取向是关注作业、测验和考试的分数，对其他评价方式关注不多。

新课程强调"三位一体"的教育目标，在具体实践中，对于知识与技能目标，比较容易规划，可以对目标进行分解，做出明确的划分。而讲到能力、情感态度和价值观这些长远的教育目标时，我们则会感到无从下手，不好把握。不要说每一节课要达到什么目标，我们甚至无法规划在一个学期或一个学年内，将学生的创新能力、实践能力提高到一个可以表述的程度。其实这方面的目标需要的恰恰是整体规划，整体的含义就是将这些目标渗透到每一节课中，使每一节课都成为追求这些目标、落实这些目标的过程。正是基于这样的考虑，新课程提倡：评价不仅要关注结果，更要关注过程；不仅要关注共性，更要关注个性；不仅要关注学业成就，更要关注情感、态度和价值观。不同的学生，评价的内容、标准、方法应有所区别，评价不只是为了甄别，更重要的是为了促进学生的发展，在整个教学过程中具有导向、调控、激励、诊断等功能。

新课程特别关注的经历、探索、体验、交流、合作、访问、考查等体验性和过程性的目标，很难通过一次考试来衡量，这些目标的实现是一个长期渐进的过程。所以，区别于以往，评价的方式也应从单一走向多样。一方面，对传统的纸笔考试，在命题形式上要逐步走向开放，关注学生解决问题的策略，而不是技巧和速度，也不应一味追求所谓知识点的覆盖面，导致试卷量大、繁难。另一方面，在非学业评价中应更多地采用质性描述，用简洁的描述支持并激励其进一步的发展。如通过学生完成实际任务，来表现学习成就的表现性评价。

表现性评价是通过学生完成实际任务，来表现学习成就的评价。包括学生在完成任务中的多种方式和多种答案。表现性评价的教育价值在于其评价的整体性和深刻性。通常的测验与考试更多地关注某一个学科的知识点，把评价的重点放在学生在知识技能上的表现，评价的范围受到很大限制。而表现性评价是在学生完成具有一定情境的任务过程中的评价，是对学生解决一个具体问题过程的考查和评价。因此，表现性评价可以全面了解学生的发展，评价学生多方面的表现。例如，学习了平均数，可通过下面的专题活动，考查学习情况。

·在你班级里至少问 4 个同学他们掉了几颗牙。并记下你掉了几颗牙。一共多少颗掉的牙？你这组里平均掉几颗牙？你是怎样知道的？解释你的想法。与其他组的结果比较。你学到了什么？

为了完成这个任务，你应该：

·确定收集信息的方法；

·想办法表示每一个掉牙的数；

· 想办法描述小组里的掉牙数；

· 计算出你组里同学掉牙的平均数。

通过以上活动，教师可以观察学生多方面的表现，包括合作性、创造性以及在这个活动中的投入程度、发展上的差异，等等。当然，多数表现性任务是学生共同完成的，但在完成任务的过程中，学生可以有不同的表现，分析每一个学生完成表现性任务的过程和结果，就可以了解不同学生表现出的不同水平。

成长记录袋是表现性评价的又一方式。现在很多老师都在尝试为学生建立成长记录袋，指导学生反思自己的学习情况和成长历程，如有的老师围绕知识与技能掌握情况、作业情况、解决问题能力的发展和合作交流意识等方面进行考查和记录。让学生了解记录袋的目的和如何有效地运用，这样做的目的是多方面的：①可以保留你在数学学习中取得进步的足迹；②你留下了可以用不同于通常测验、小考和家庭作业的方式，向我们展示你知道什么和在数学课上学到了什么；③也可以帮助你发展阅读、写作、绘画等非数学学科课堂上获得的技能。成长记录中的材料应由学生自主选择，材料内容可定期更新。对于选择和更新材料，学生要给予一定的说明，实现了哪些目标、获得了哪些进步、还需要在哪些方面努力等。可以组织学生在班上展示和交流，让学生不断感受自己的成长和进步。

话题三：遵循教材与创造性地使用教材

记得 1999 年国庆节刚过，教育部组织召开了来自不同方面的约 100 位数学教育工作者，在北京讨论即将起草的国家数学课程标准。当时，我作为一线教师的代表在大会发言，反映了一个强烈的心声：现行的教材和教学评价制约了教师的发展，在严格遵循教材的统一标准下，教师的教育灵性给磨灭了，教师们只能视教材为"圣经"，教材上的例题不能变，教参上写的都是对的，禁锢了教师的创造性，影响着教师对教学生涯的幸福感受。因此，课程改革势在必行。时任基础教育司的李连宁司长对我的发言给了很高的评价。提倡做反思型的教师，教师可以创造性地使用教材，也成为新一轮课程改革中一个重要的声音。新课程无论在课程设置上还是在课程内容及教材编排方式上的更新，都给教师提供了广阔的创造空间，带来了教学观念、方式的巨大改变。

　　但是，如果把创造性使用教材，仅等同于"更换内容"或"活动形式的变化"，把注意力放在调换教材内容或活动设计上，而忽略了自主开发、利用课程资源等其他因素，是对创造性地使用教材的狭隘、片面的理解。应该说，实验教材既是《数学课程标准》理念的载体，也是课堂教学的依托，教材是教师上课的重要依据，但绝不是唯一的依据。长期以来，我们习惯于照着教材去教，不敢越雷池一步。在推进新课程的进程中，教师不仅要研究教材，更要研究自己的学生，了解他们的生活经验，熟悉他们已有的知识背景。新课程倡导教师要成为研究者，实验教材的编写也有意识地给教师留下研究和拓展的空间。可以说教师创造性地使用教材是实验教材的重要组成部分，教师能根据自己的实际情况去创造性地使用教材，才能更好地体现新课程精神，实现教材所体现的课程目标。

　　我认为，创造性地使用教材可以在以下方面得到体现：当教材中呈现的问题情景与当地学生生活实际相差较远时，教师可以将其换成学生熟悉的事物；当教材提供的学习内容、数据信息等与本班学生实际状况有差距时，教师可以做适当调整；当教材安排的课时对本班学生来说过快或过慢时，教师可以结合本班实际调整自己的教学进度。当然，这些调整与变动是建立在对教材的研究与对学生的了解基础之上的。创造性地使用教材主要表现在对教材的灵活运用和对课程资源的综合、合理、有效的利用，这需要教师具有较强的课程意识，准确把握教材编写意图和教学目的，要避免形式化的倾向。创造性地使用教材是教学内容与教学方式综合优化的过程；是课程标准、教材内容与学生生活实际相联系的结晶；是教师智慧与学生创造力的有效融合。

　　例如，10以内的加法表，过去一般的方法是给出现成的加法表，让学生找规律，然后进一步练习10以内的加减法，其教学着眼点放在了计算技能的训练上。实验教材大都立足于引导学生自己整理，发现规律，在整理的过程中自主地有所发现。教材一般只提供整理的方法："得数是10的算式有……""得数是9的算式有……"但考虑到全国的情况不同，学生年龄小，又是初次接触，教材仍给出了整个加法表。而我们学校的杨丽君老师就根据实际情况进行了大胆创新，她利用分类的思想，放手让学生自制加法表，采用小组合作的方式，每组发45个算式卡片和一张横条方格纸，让学生合作"为这些加法宝宝排排队"。开始时，小组内有些沉闷和不知所措，老师启发他们要先讨论按什么顺序排队。大家独立思考两三分钟后，气氛开始活跃了，有的组是按共同商量好的顺序排队，有的组在排列的过程中不断尝试发现的规律，还有的组是在一两位同学排列的过程中自己悟出来后，所有人参与到小组的活动中去的。在这一过程中，全体同学都积极地参与，有的挑算式，有的抹胶水，有的贴卡片。在全班交流时，竟出现了 5 种不同的排队方法，小组代表对自制的加法表进行解释，其他同学做补充。由于排队方法各异，大家都很好奇，聚精会神听各组的发言，个别排错队的算式也在交流中得以更正。整节课学生都很投入，他们用分类的思想建构了一张有规律的、各不相同的加法表，经历和体验了寻找加法规律的过程与方法。在小组的操作与交流中体现了分工合作的团队精神，在挑算式的过程中又自然地进行了口算练习。学生获得了成功的体验。教师也因学生的出色表现而掩抑不住心中的喜悦。应该说，这种成功得益于学习内容、学习方式与学生的最近发展区有效地连接，正是教师创造性地使用教材的结果。

话题四：运算技能与培养数感

新课程特别强调学生数感的发展，而对计算的速度则有所降低，尤其是大数目的繁杂运算和牺牲很多时间训练得到的计算速度。其目的就是要加强学生对数据信息的掌握和运用，使学生拥有良好的数学素养，而不是机械快速的运算技能。

《数学课程标准》在关于学习内容的说明中，描述了数感的主要表现，包括"理解数的意义；能用多种方法表示数；能在具体的情境中把握数的相对大小关系；能用数表达和交流信息；能为解决问题选择适当的算法；能估计运算的结果，并对结果的合理性做出解释"。建立数感是提高学生数学素养的重要标志，应该在学习过程中逐步体验和建立起来。

比如，过去在认识百以内数的教学中，一般的程序是认识数位——读数——写数——比大小，这样的教学，学生只能获取单一的知识点目标。如果我们能把思路放得更广一些，这节课可以融入更多的东西：让学生通过猜自己的一把豆子大约有多少，先获得一个直观感觉；然后再数一数一把究竟能抓多少；这样均匀地抓几次，数一数，获得一个较稳定的"一把大约抓多少"的直观感觉。由于每个学生每次抓得都有差异，才使得学生读数和写数变得自然而贴切，数、读、写有机相融，不仅较好地完成认识上的目标，更重要的是发展了学生的数感。接下来让学生讨论"怎样知道一小杯豆子有多少，怎样能得到 100 粒豆子"时，学生的策略也会丰富而又多样。

数感的培养是一个渐进渐行的过程，不可能靠某一节课来完成，但又必须贯穿于一节又一节课来落实。教学中应注意将估计、估测、估算随时渗透在数的认识、物体的测量、数的运算和实践活动中。

也经常能听到这样的疑问，新教材怎么不设应用题了？这是因为，《数学课程标准》突破了以知识块为主线的特点，强调以基本的数学思想方法为主线来选择和安排教学内容，注重培养学生数的意识、空间观念、统计观念、推理和应用意识。强调从运算意义出发进行思考和教学，强调密切联系学生的生活。目的在于让学生通过基础知识和基本技能的学习，学会从数学的角度提出问题、理解问题、综合运用所学的知识和技能解决问题，发展应用意识。在这个意义上，新教材不再专门设置应用题的教学单元，那些人为编造的应用题在新教材中没有了位置，但应用意识的培养将贯穿学生学习的全过程，可以说是无处不在了。

例如，新教材一般是将计算融入问题情境之中讨论算法，应用与计算紧密结合在一起，不再把应用题人为地分成若干类，而是让学生在现实背景之中，探索解决问题的方法。实际上，计算本身就是从实践背景中来的，每当要进入一个新内容的时候，首先要创设一个情境，这个情境本身就是一个应用题，将这一情境抽象化，使学生经历一个建立数学模型的过程。新课程不再强调把一些名词抽象出来，如工作效率、总价、速度和，等等，更不赞成让学生记忆套用这些公式解题，注重在具体背景之下，进行数学思考。我们希望学生看到一个题目时，能够将这个情境与头脑中的数学知识对应起来，寻求一个解决问题的方案，这个过程正是学生思考的过程。在这个过程中，学生解决问题的能力会逐步得到提高。

新课程对传统应用题的处理，将有助于改变长期以来数学教材脱离现实生活、脱离实际的状况。这样的数学学习将使学生越来越充满自信，越来越清楚数学与个人、与生活以及与周围的社会之间的联系。学生在数学学习过程中的主体性将表现得越来越明显。他们喜爱数学，是因为数学是现实的、有趣的和有用的。他们学习数学，是因为数学课程提供给他们越来越充分的自主探索、合作交流、积极思考和操作实践的机会。现实的、有趣的和探索性的数学学习活动，成为贯穿整个数学课程内容的有机组成部分。

话题五：算法多样化与优化

算法多样化是建立在学生个体差异的理念之上，为不同风格的学生提供发展适合自己学习策略的途径，着眼点在独立思考和自主探索，而不是让每个学生都能掌握多种算法。

算法多样化教学的关键，是教师创设的问题情境要能激发学生主动观察、动手操作和简单推理，充分调动学生已有的计算经验，发现、探索新的算法。提倡并鼓励算法多样化，有利于"不同的学生学习不同的数学"。

传统的计算教学有相对稳定的教学程序：教材设定算法——教师讲解算法——学生模仿算法——巩固强化算法。教材设定的算法往往是教材编者（成人）认为比较简单的、好的算法，而且通常只有一种算法。教师主要负责讲解、示范算法，然后安排大量的练习，帮助学生巩固、掌握算法。显然，这样的教学缺乏学生的主动参与和理解，学习是被动的、单纯记忆性的。提倡算法多样化的课堂教学，应该建立在让学生独立思考的基础之上，通过交流与反馈，鼓励学生对这些算法的质疑或认同，以促进对算法的理解，这样学生自主选择的算法才会是一种更高层面上的、理性的"扬弃"。

教学中，教师不要为了多样化而刻意追求多样化，算法不是越多越好，而是要看这算法是否真正经过学生的独立思考探索出来的。至于学生的方法又多又杂的问题，尤其是在学习之初，教师不要急于评价，而要引导学生通过比较各种算法的特点，选择适合于自己的方法。即使是一种最好的方法，也应允许学生有个认识过程。我们要引导学生去体会、去交流，在比较同伴的方法的基础上调整和改进自己的方法。

经常有教师问：在提倡算法多样化的同时，要不要指出一种最优的解法介绍给学生？所谓最优是相对的，考虑到学生的个性和学习水平上实际存在的差异，其实是没有适合全体学生的最优方法的。每个学生的学习方式、思维方式都有其独特性，我们要尊重学生自己的选择，不能以一个学生或一批学生的思维基准来规定全体学生必须掌握的所谓最优解法。正如解决"3＋9"这样的问题时，学生提出各种方法后，作为教师，当然有责任推荐一种自己认为最好的方法，然后作为与学生处于平等地位的一员，参与到各种算法的讨论中，大家在交流的过程中选择适合自己的方法，找到自己的基本方法。与以往不同的是，学生在合作交流的过程中，是自己的主动选择，而不是被动式地接受。

在学生交流完多种算法后，听到老师说得最多一句话就是：选择你最喜欢的方法。应该意识到，孩子们往往把独特的或是自己的视为最喜欢的，尽管他们有时也认可同伴的方法，但由于心理因素，在老师"选择你最喜欢"的前提下，拒绝对自己的方法进行反思或调整，这就影响了算法多样化本身具有的教育价值的发挥。如果我们换一种角度，让学生自主选择"适合自己的方法"，而不是"你喜欢的方法"，可以促使学生在交流与倾听中，不断调整自己的算法，从而达到适合于个体的最优。

我们要把握好"学生的个体特殊性"与"数学活动的规范性"两者之间的关系。尽管我们应当充分尊重学生自己的选择，允许学生在方法的选择上有一定的自主权，但是，学生的个体差异不应成为教师"无所作为""听之任之"的理由。我们也不应将学生的主动性与教师的指导作用绝对地对立起来。恰恰相反，这应被看成教师的一个重要责任。随着时间的推移和学习的深入，教师应从不同的角度或层面，不断对相关的各种方法做出比较，从而有效地促进学生对自己所选择的方法，做出积极的反思与必要的改进。

有一种观点认为：学生用什么方法来解决问题，这是学生自己的事情。学生的方法对于他自己来说是最好的方法。这句话值得我们认真思考。

当然，在算法多样化的前提下，如何保证每个学生都能获得必要的方法，是需要认真考虑的。每个学生的家庭背景、生活经验、思维方式各不相同，每个学生的知识积累也有差别。教学中不能回避的一个问题是算法的确多样化了，可是有些学生却一种算法也没有掌握。我们首先需要搞清楚，是不是因为算法多样化，反而使这些学生无所适从了？显然不是。问题可能缘于学生对算法的认同和理解上，算法多样化的底线是让所有学生都能从中接受一种自己喜欢的、适合的算法。所以，在教学中应采取有效策略，帮助学生理解不同的算法。除了建立在常用的操作和比较的方法之外，教学中尤其要注意的是，当学生介绍了自己或小组的算法后，教师不必急于评价，而是让学生发表意见，或肯定，或补充，或以"你听懂了吗？"之类的问题让学生叙述自己的理解，学生的表达较之教师会更易于同学接受。一些关键的环节，教师也可以加以重复，及时弥补学生表达能力的欠缺，促进其他同学的理解。

每一种算法都是学生独立思考的结晶，教师应注意保护学生的自尊心和自信心。课堂上，学生随时可能会闪现出与众不同的想法，这些想法有些是比较常规的，有些确是"特异"的。当受到表达能力所限，不能把自己的想法完全表达清楚时，教师应给学生留下一定的时间，作为一个平等的倾听者，细心倾听每一个学生的发言，这样才可能理解学生的真实想法。否则，就有可能忽略学生的创新思维，泯灭学生的创造意识。尤其要认识到，在教师自己也没有完全理解的情况下，要相信学生的潜能，请小组内其他同学帮助解释，充分发挥小组合作的作用。需要指出的是，一些常用的基本的计算方法（如竖式计算）的掌握，也应放在算法多样化的背景下，一些题目可以明确要求学生用竖式计算，以使学生获得基本的练习保证。但更多的时候，教师仍应鼓励学生选择自己喜欢的算法。

提倡算法多样化是新课程着力倡导的计算教学改革的一个理念。我们不能用成人的观点去看学生的方法，而是要站在学生的角度，尊重学生的个体差异，营造一种宽松、平等的学习气氛。让学生以自己的方式方法去解决问题，这样就会给他们带来成就感，渐渐地对数学产生兴趣，主动地去学习更多的数学知识。

应该认识到，每个人心目中的基本方法是不同的，在不同的阶段，基本方法也是在发展变化的。教育的价值更多的是体现在教学的过程中，而不是体现在具体的结果上。让每一个学生有选择适合自己方式的空间，这看起来是一件微不足道的事情，其实学生在合作与交流的过程中，能够学习到许多课本上无法反映的知识，并逐步确立自己的个性，提高判断能力，学会与人交流合作，得到全面发展。

第三届"在研究中成长"教学研讨

专家评说

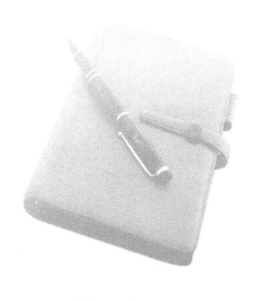

一、可贵的教师气质

——我对刘可钦的印象

顾明远

很难说得清，什么是人的气质，但人们能够感觉到它的存在。每个人都有一种气质，有的高雅，有的粗俗。教师应该有特别的气质，因为教师是人类灵魂的工程师，他是知识的传播者、智慧的启迪者、心灵的陶冶者。教师育人，不仅要把知识传授给学生，更重要的是以自己的人格魅力去影响学生，使他们成为高尚的人，有智慧的人。因此，教师的气质很重要。教师的气质不仅应该是高雅的，而且应该是睿智的，并有亲和感，使学生见到老师，就愿意向老师学习，愿意把自己的心里话和老师交流，得到老师的帮助。

刘可钦老师就是有这种气质的教师。我认识刘可钦，是在1992年她在河南安阳人民大道小学开展学生主体性教育实验研究的时候，听了她教的数学课。课讲得很好，这是大家在评课时公认的。但是我更欣赏的是她的气质。她那一种高雅、睿智、亲和、自信的气质，感染着每一个学生。在课堂上可以看出，教师对每个学生充满着爱心和信心，学生们则不仅积极主动地参与，生动活泼地学习，而且和教师配合默契，表现出对教师充满着敬爱的感情。教学达到这种程度，可以说到了较高的教育境界。这不是一名简单的教学能手所能达到的。我们的学校中有许多教学能手。他们能把书本知识很好地传授给学生，能使学生考出好成绩，考上好学校，但并非就是最优秀的教师，至少在我的眼里是这样。我曾经遇到过一些特级教师，和他（她）们交谈过，有的还听过他（她）们的课。讲的课当然无可挑剔，但总觉得缺点儿什么，这就是气质，缺少一种高雅、亲和的气质。有个别的特级教师，可能因为教学质量较高，有一种傲慢的神气。局外人尚且有这种感觉，肯定会给学生带来深远的影响。这样的教师，即使课讲得很好，也算不得是优秀教师。刘可钦的可贵之处就在于不仅课讲得好，而且给人一种高雅、亲和的感觉。

刘可钦的成长不是偶然的，她是在对教育的理解，对教师职业的领悟中成长起来的。据她自己讲，她虽然课讲得不差，但一年一年，每天上课，面对一群孩子，面对教材，曾经产生过一种职业倦怠感。但是，当她理解了教育的本质，看着一个个孩子的成长，她逐渐感到自己生命的价值。过去常常有人把教师比喻红烛："照亮了他人，毁灭了自己"。其实这是一个很不恰当的比喻。任何职业都要为他人服务，社会就是在人们互相服务中组合起来的。当然，在阶级社会里有剥削、有压迫，但在平民百姓中总是互相服务的。教师是在育人过程中既照亮了他人，又使自己的生命价值生光。一个人的生命价值在哪里？就在于他（她）对社会做出了什么贡献，对他人做出了什么贡献。自我存在，自我享乐是没有价值的。教师，通过自己的劳动，看到一个个孩子成长为人才，就像辛勤的园丁看到一棵棵幼苗长成参天大树，其内心的喜悦是难以言状的。刘可钦1990年曾在北京师范大学校园中进修，使她在这所有着悠久历史的高等学府中受到校园文化的熏陶，领悟到教育的真谛，培养了自己优秀的气质。

刘可钦也是在她对教育教学工作的不断研究和实验过程中成长起来的。任何一种职业，如果没有创新，是容易使人厌倦的。但教育是一个最有创新的领域。教师面对的是一个个生动活泼的个体，他们个个互不相同。教师只有用灵活的、创造性的劳动才能促进每一个个体的发展成长。这就要求教师有钻研精神，要研究学生，研究教材，研究如何把教材中的知识教给学生，研究每一个学生如何通过教育教学既获得了知识，又增长了智慧，又发展了能力。如果能钻研下去，就会发现我们对教育的理解尚很肤浅，教育教学中有许多许多问题需要我们去研究。刘可钦就是在20世纪90年代初开展主体性教育实验研究中成长起来的。在这次实验研究中，刘可钦也是充分发挥自己的主体性，不是被动地接受专家们的实验方案，而是积极主动地参与实验方案的制订，亲自在第一线实验。在实验研究中不断反思自己的教育行为，使她逐渐成为一个善于思考、重视研究的优秀教师。

刘可钦是在不断学习中成长的。教师是一个需要不断学习、终身学习的职业。只有不断学习才能不断提高。当今的时代是一个不进则退的时代。即使是一个优秀教师，如果不再学习，也不能永远保持优秀。刘可钦重视学习，喜爱学习，在学习中求发展。这也是一个教师可贵的气质。2001年，她参加了教育部小学校长培训中心举办的小学校长高级研修班，为期一年。在这一年中听了许多著名学者的讲演，交流了各地各学校的办学经验，读了教育名著，最后撰写了论文。这对刘可钦来说是一次理论学习，也是她的一次教育理念的升华。我有幸在这个研修班上讲过课。我觉得他（她）们都是十分优秀的小学校长。而刘可钦更具有教师可贵的气质。

2004 年 7 月 29 日于北京求是书屋

（作者为中国教育学会原会长）

二、我所认识的刘可钦老师

周玉仁

我认识刘可钦老师已逾十年了。我教过她的课，听过她的课堂教学，与她共同进行《少年儿童主体性发展》的实验……在我的心目中，她是一个孜孜不倦的进修生，一个深受孩子喜爱的数学老师，一个勇于探索的"研究型"的新型校长。

（一）孜孜不倦的进修生

1990 年秋，我在北师大教育系为三年级本科生讲授"小学数学教学论"时，接收了一位与众不同的直接来自小学教学第一线的青年进修教师，她就是已有八年教龄的河南安阳人民大道小学的刘可钦老师。听课时，她总是那么全神贯注，听得入神时，还会心地报以微笑和点头，她一刻不停地听着、记着，生怕丢失一字一句。她那充满喜悦、渴望的目光，如饥似渴的学习精神，至今历历在目。作为一个步入大学殿堂的小学教师的她，一走进高校校门，就深深地被师大那种浓厚的学术氛围所吸引。她在主修"小学数学教学论"的同时，还抓紧时间听了"教学论""教育心理学""儿童心理学"等课程，积极主动地参加了一系列大学本科生的教育实践活动，去北京知名小学观课、评课、参观学习，旁听硕士生的论文答辩会，聆听外国专家的学术报告。她一有空隙便一头扎进图书馆看书，并把师大图书馆中与小学教育有关的书目从头到尾地翻了一遍，摘录下来，以便日后购买。课下，她主动找我的研究生徐艳等相互切磋，交流提高；时常和我谈谈她的学习心得，对不少教育中的一些现实问题，均有自己的独立见解。在北师大进修的一年，确是刘可钦教育人生的一个转折点。

（二）孩子们喜爱的数学老师

1992 年，北师大教育系与河南安阳人民大道小学合作开展了"少年儿童主体性发展教育实验与研究"项目（国家教委"八五"人文社会科学规划博士点重点研究项目，简称"主体性发展"项目）。我作为课题组的主要成员，经常去安阳与实验学校教师共同开展项目工作。刘可钦老师作为该校副校长兼实验班数学教师，直接承担这次实验工作，我们俩的接触自然就多了起来。

刘可钦老师充分信任每一个学生，尊重每一个学生，把"诚心诚意把小学生当作小主人"（本项目的实验宗旨）融会贯通地转化成自己的教育行为。记得我在一次翻阅刘老师的备课本时，发现后面的反思栏中有"我很内疚……"等字样，这是怎么回事？不禁引起了我的好奇。经刘老师说明，原来里面有一个感人的案例。刘老师班上有位小男孩，上课时每次都积极举手发言，可是每次站起来就不知所云，久而久之，也就不再举手了，老师也把他淡忘了。一次偶然的机会，刘老师关心地问他："你是听不懂吗？"孩子不语。"是听懂了，说不出来吗？"还是低头不语。刘老师耐心地走到他的身旁，亲切地说："咱俩说悄悄话好吗？以后你听懂了就举右手，不仅听懂，而且又想明白会说了就举左手，你一举左手，我就请你……"孩子腼腆地点点头，师生感情沟通了，达成了默契。谁知刚一下课，这位男孩走到讲台前，两行眼泪直流，小声地对她说："刘老师，谢谢你！"这一声道"谢"深深刺痛了刘老师的心，"真没想到，我一时的疏忽，竟带给孩子心灵上这么大的创伤！"于是在备课本上写下了自责的"反思"。此后，小男孩一举左手，就请他发言，孩子终于一次又一次地以成功者的面目出现在群体面前，自信心增强了，最终以中上水平毕业离校。平视学生，善于了解孩子的心底世界，"不让学生在公开场合暴露自己的无能，让每个学生都能体面地坐下来"，这就是刘老师的学生观。

面对这一案例，我想了很久很久。像这样胆怯内向的孩子，哪所学校哪个班内都有，如果都是习惯性地目中无"人"——语文老师不请"他"，数学老师不看"他"，自然老师不理"他"，六年来，"他"自然成为被人遗忘的角落，他怎能成为新世纪需要的既能竞争又会合作的创新人才？我暗暗为这小男孩能遇上这么好的老师而感到幸运，也为我有这样好的"徒弟"而感到自豪。

数学是高度抽象的，而儿童的思维却又是处于以具体形象思维向抽象逻辑思维为主的过渡阶段。因此，根据儿童认识规律设计数学教学历来是教育界研究的焦点。刘老师的数学课恰恰较好地解决了这个问题。她教学的特点是"在活动中学数学，鼓励学生去探索创新"。数学课中的活动与其他活动是有区别的，她是借助于手的动作来实现头脑中的思维活动。因此，并非所有的活动都能有利于数学学习，必须依赖于教师的精心设计。

现以刘老师与马丽娜两位老师设计的"圆的周长"公开课为例，他们为孩子提供的物质材料是丰富而又典型的。有直尺、线绳和大小不等的几个圆形，有的圆是用硬纸做的，有的圆是用软布做的，有的只在纸上画而没有剪下的。"想一想，怎样用各种方法测出这些圆的周长是多少？"通过小组合作，硬纸圆可以用滚动法、绕线法来测量，但是软布剪的却不能，怎么办？孩子们相互揣摩，终于想出先量出圆的 $\frac{1}{4}$，$\frac{1}{2}$……周长，再推算整个周长。接着，面对纸上画的圆不能直接测量，他们又被"逼"到必须研究圆周长与直径关系的问题上，这正是本节课的重点。整个活动充满了挑战，课堂教学波澜迭起，每个学生积极参与，有协作、有讨论、有交流、有争辩、有困惑、有惊喜……由于给学生留有足够的思维空间和活动余地，把有限的 40 分钟向"无限"扩展，使学生经历了一次探索圆周长公式的过程，实行了数学学习的"再创造"。时隔半年，美国教育代表团赴京访问时，看到了这节录像课，称赞不已，说："你们的课上得这么好，还要改些什么？"

（三）勇于探索的"研究型"校长

"科研"，现在对刘可钦校长来说已经不是很陌生的了。十多年前开始与北师大合作的"主体性发展"实验项目时，她就以副校长的身份负责该校的科研工作。这些年来，她从不敢碰科研到敢于承担科研项目，从不会到逐步学习做科研工作。由于刻苦钻研，她在从事日常的管理、教育教学工作中，已产生了浓厚的科研兴趣和科研意识。

"主体性发展"实验开始时，为了使实验工作有序有效地开展，北师大王策三教授、裴娣娜教授、刘秀英教授和我分别从理论构建以及学科教学中主体发展的目标、策略、评价等做了探讨。我曾对人民大道小学的所有实验教师将"小学生数学学习主体性发展的目标体系""低、中、高年级的分段目标以及 35 种行为表现"做了系统说明，同时还提出实验主体性发展的 6 条教学策略和评价方法。在以后漫长的实验过程中，作为负责具体实验工作的刘校长，她不仅是实验者、执行者、管理者，而且也是研究者。她根据全校实验的结果，对原来提出的评价方法做了必要的补充，从而使之逐步完善，为实验成果的取得做出了积极的贡献。

科研实验是要验证理论的，同时还可以发展理论。"实践出真知"便是这个道理。十多年"主体性发展"的实验，的确培养出了一批又一批德、智、体、美全面发展的新一代，也确实培养出了一大批骨干教师，实验取得了显著的效果。

真是——

江山代有人才出，各领风骚数百年。

我祝愿她成功！

（作者系北京师范大学教授

教育部中小学教材审定委员会审查委员）

三、勤学、善思、创新

姚文俊

有一次我和刘可钦同时应邀讲学。她在讲到教师专业成长时，列举我对她的影响，为她的发展营造的外部环境。这引起了我对可钦专业成长的思考。

前日可钦给我来信说："您是我的恩师，在我的成长过程中，您一步一步扶持我和一批教师的成长，您给了我们做个好老师的决心，竭力创造条件送我们去深造，虽然在您手下工作很忙，但静下心来想一想，正是当初您的严格，才使我们积累了一些做教师的智慧，坚定了我终身从事小学教育事业的决心。'因为有了你，我才喜欢当老师。'记得当初在解读这句话时，我们都说这个'你'里既有学生，也包含我们尊敬的校长。这是我第一本专著，我是您看着成长起来的，您就我的专业成长写几句话吧。"

可钦的来信，又一次引起了我对她的专业成长的回忆与深思。

正如可钦信中所说，我是看着她长大的，看着她一步步成长、成名、成家的。她在小学读书时，我是那个学校的革委会主任。她聪明伶俐、活泼可亲，被师生推选为红小兵团团长。后来我调到省重点小学河南省安阳市人民大道小学任校长兼书记。1981年刘可钦师范毕业又被择优分配到该校任教，一干就是20年，并从一个普通教师一步步成长为河南第一流、全国有影响的研究型、专业型名师。我退休后，她又被调到北京得到了更快、更成熟的发展。在小学教师专业成长的道路上，刘可钦头上先后戴上了"全国模范教师""全国十杰教师""享受国务院特殊津贴专家"等许多被人们称为顶级类的光环，靠的是什么？

毛泽东同志说，事物的发展变化，外因是条件，内因是依据。可钦成为名师的确有很多优越的外部条件，但个人因素起了决定性作用。回顾与刘可钦在人民大道小学20年相处的教育教学、科研生涯，我认为可钦的专业成长中的个人因素主要有三方面。

第一，天资聪慧，悟性高，有灵性。

记得1996年全国第一届主体教育年会在天津召开，刘可钦所作的"长方形面积的计算"一课获全国一等奖。这一传统教材让刘可钦不仅上出了新意，更上出了精彩。她一改多年来长方形面积公式的传统教学模式，先让学生围绕两个问题展开讨论：①长方形面积除了用数方格的方法以外，还有其他更简便的方法吗？②如果有，猜想一下，长方形的大小与它的什么有关系？在这两个问题的引导下，学生积极思维，大胆猜想。利用学习材料，通过合作学习小组探究公式。每个学习小组有20个$1cm^2$的小正方形，用这些面积单位去量一组图形，并记录出每个图形的长、宽和面积。当学生面对长8cm、宽6cm的长方形，而手中只有20个$1cm^2$的小正方形时，全部的脑细胞都被激活了，"不够摆，怎么办呢？"面对问题，通过小组同伴的合作探究，互相启发，不仅提出了老师预案中的一些解决方法，而且想出了十几种听课老师都想不到的方法。这一教学设计成为该节课的一大亮点，而作为设计者、执教者的刘可钦体现出的是她积淀而成的教育的智慧。

课堂上，可钦有冒不完的火花；生活中，她常常有教育的灵感。记得那是一个春天的午后，可钦和同伴们漫步在校园，当她看到花圃里、砖缝中萌出的抑制不住的绿色时，她说："今天的教师就像春天滋养万物，其主要职责是为学生提供、创设良好的氛围、环境，焕发起学生的内在动力，使其得到主动、生动的发展。"而后，可钦的这一感悟成为实验班老师的共识和大家进行教育教学的一条准则。

可钦的聪慧还表现在她善于借鉴。作为主抓学校教科研的副校长，借鉴西方学术沙龙形式，可钦发起并组织了"主体漫谈"。每周三下午学生放学后，主体教育实验教师聚集一室，围绕一个话题，各抒己见，展开酣畅甚至激烈的讨论，大家相互启发，共同提升，从论题的征集、到招募主持人，再由主持人选定嘉宾，每一个细节她都注意鼓励更多的教师参加，创造了促进大道小学教师快速专业成长的一种重要形式和有效途径。它增强了实验教师合作的意识，又凝聚了实验教师的团队精神，为实验成果的取得，做出了重要贡献。今天当这种"论坛形式"的教师培训已成为校本培训中教师成长的有效模式时，有谁会想到，十年前的"主体漫谈"已在大道小学深深扎根。

第二，刘可钦刻苦勤奋，好学善思。

可钦最大的嗜好就是读书。每次出差，只要有时间必逛书店，利用会议间隙或返途之时便可把所买书籍阅览完毕。回来之后又将所购书刊推荐给同伴们传阅。她博学多才，好问善思。实验班的老师们常常相互拷问一个问题，大道小学待遇不高，工作压力却很大，为什么许多人会放弃升迁改行的机会，痴心在大道当老师？回答有无数种，而可钦朴实真挚的回答却道出了大家想说却没有表达出来的心声："因为有了你，我才喜欢当老师。"是的，因为喜爱学生，所以热爱教育事业；因为爱教育事业，所以不懈追求与探索，不断实践和创新，这是大道人的一种境界和价值取向。张熙博士还专门写文透视这种"安阳现象"。后来，可钦的这句话作为教师的话与"全面发展打基础，个性发展有特长——校长的话""我要成为最佳的我——学生的话"一并镌刻在逸夫教学楼上。

作为数学名师，几乎每节课都有青年数学教师听她的课，这不足为奇；不可思议的是常常有语文、音乐、科学等学科老师调课后自带凳子挤在教室后排听可钦上课。李霞老师在实验札记中这样写道：听刘老师的课，感受到的是教育的智慧，创造的乐趣，工作的幸福。

第三，有人乐为她搭台引路。

在可钦的成长道路上，我的确帮助过她，也为她做过一些事，但那是作为长辈、校长应尽的职责。然而可钦到全国各地讲学，几乎都在讲她在安阳成长过程中我对她的影响巨大。每当这种信息反馈于我时，我都要说三句话：那是过去的历史了。现在是青出于蓝胜于蓝，以后就要蓝出于青了。可钦是一个师德高、业务精、能力强，融理论研究与实践探索为一体的优秀人才。在她身边还有一大批像黄济、王策三、顾明远、滕纯、陈孝彬、周玉仁、马振海、刘坚、郭华等有志之士、有识之士在不断关注她的成长进步，也愿为她的成长成才给予帮助和指导，大家都愿为她搭台子，而且是能翻多大筋斗就搭多大台子。可见，她的人格影响力也是她走向成功的一个重要因素。

1998年她被评为中国十杰教师载誉归来，一下火车便直奔学校，进了课堂。享受了孩子们经久不息的掌声后，可钦把荣誉证书、奖牌送给学生们说：这不属于我个人，这属于我们大家。她又说："一个人，当他取得成绩时，应该去感谢那些给予他帮助的人，要学会感谢别人。"她把未拆封的一万元奖金悉数交给学校，可钦当时还对我说："姚校长，把这笔钱作为奖励优秀教师的第一笔资金吧。"可钦的崇高品格使我感动，使老师们更加钦佩。青年教师赵丽萍看到刘可钦获得一个又一个殊荣，一篇又一篇文章发表在国家核心期刊时，不无钦羡地说："可钦大姐，怎样做才会发展得这么优秀呢？"可钦平静地答道："在我做工作的时候，从来没有想过要得到什么，只是尽力去把工作做好，当你投入地做事时，就会有收获。天道酬勤，用心积累，你一定也会成长起来的。"是啊，她从来都是喜欢静悄悄专心地做事，特级教师，多少人梦寐以求的称号，两次她都主动放弃，中国是个官本位文化很重的国家，很多人一旦做出成绩就想从政做官，难能可贵的是可钦给官不做，淡泊名利，她生活得高雅纯洁。

我退休后，可钦先是走出安阳，继而走出河南，调到北京。每年春节初一早上，她都要来给我拜年。今年春节，她重任在身未回安阳，让爱人驱车千里赶回安阳，送上一盆我十分喜爱的珍贵花木，并在缎带上写着"师恩难忘，可钦敬上"。

可钦之所以能成为名师，的确有很多优越的外部条件，但她个人的素养起了决定性作用。然而她总是说："我能有今天，得益于遇到一个好校长，有一批可爱的学生，生活在一个优秀的群体中。"所以，她真挚地对我说："因为有了您，我才喜欢当老师。"她亲切地对学生说："因为有了你，我才喜欢当老师。"她一心要在小学教育这个岗位上研究探索、体现自己的人生价值。用她自己的话说，一个人只要干一行、爱一行、专一行、创一行，行行都能出状元。她是这样说的，也是这样脚踏实地在实践自己的诺言。

我期待并相信可钦会做得更好。

2004 年 7 月 31 日于蓝天书屋

（作者系河南省安阳市人民大道小学原任校长

中国教育学会小学教育专业委员会原理事长）

四、教师专业成长的典范

刘 坚

我是在 20 世纪 90 年代中后期认识刘可钦老师的。当时，她在河南安阳人民大道小学担任副校长，与北师大裴娣娜教授合作开展"主体性教育"（河南安阳人民大道小学是"主体性教育"项目的发起单位之一）研究，数年研究所取得的成果令国内同行瞩目。1998 年前后，刘可钦老师参与了国家义务教育数学课程标准研制组，作为研制组内唯一的一位小学教师代表，她发挥了极其重要的作用。其后，刘可钦老师积极响应教育部的号召，参与了由数学课程标准组组织的新世纪小学数学教材的编写，并作为分册主编，做了大量卓有成效的工作，为推动我国新一轮小学数学课程改革做出了积极贡献。

"教育是培养人的事业，做一名小学教师是神圣而光荣的。我不仅要做一名一般意义上的好教师，而且要做专家型的教师，让自己生命的价值在教书育人中得以体现。"刘可钦老师不满足于仅仅上好每一堂课，她在教学实践中积极探索、深刻反思，与同行广泛交流、密切合作，不断突破自我、锐意创新，实现了从教学新手向教育专家的飞跃，堪称实现教师专业成长的典范。

记得刘可钦老师在接受一位记者采访时说过：

"人最痛苦的是否定自己，去北师大进修前，我已经是一个很不错的老师了。进修学习的过程是一个自我否定的过程，但这是积极的否定，把自己不好的东西扬弃了，好的东西得到了弘扬和升华。"

"一个工匠型教师认为自己的天职是传授知识，要像春蚕那样'到死丝方尽'，要像蜡烛那样'燃烧自己，照亮别人'；而一个专家型的教师认为学生的头脑不是需要去填充的容器，而是需要被点燃的火把，教师应该是火种，在点燃学生的生命火花时，映照出自己生命的灿烂。"

"以学生为主体的教学，关注的不仅仅是学生是否接受了某方面的知识，更重要的是关注学生接受知识时的情感、态度，让学生自主学习的精神贯穿始终。'这是怎么回事？真奇妙！''我要试一试！''我想应该这样做！'学生在这样的情况下学习，获得的数学知识和经验将逐步转化为一种数学信念。"

……

这些只是其中的只言片语，却折射出作为一个教育工作者的理性光辉和实践智慧。

历史是值得记忆的。1998年我邀请刘可钦老师参与国家数学课程改革前期启动的有关研究工作。第一次合作是在吉林省农安县为教材做培训工作。当时接受培训的教师有三百多人，其中包括一些乡村教师。在培训会上，刘可钦老师做了关于"教师教学经验与教育理念"的报告，她凭着自己在一线教学中的多年探索与积累，把新课程的理念与课堂教学进行了有机融合，报告给与会教师。

同年我们展开了第二次合作，此次合作主要是邀请刘可钦老师加入新世纪版小学数学教材编写组。期间，她承担了大量的教师培训工作；同时在针对教材的一些讨论中，在一些激烈的争论中，她凭着丰富的教学经验，发挥了理念与实践的"翻译"作用，在许多新旧理念争执不休的时刻，她多次从教学实践中找到切入口，结合自己亲身的教学体会，对新的理念给出了鲜活的佐证。

1999年，刘可钦老师正式作为义务教育国家数学课程标准研制组核心成员参与工作。在同年10月的一次围绕数学课程标准研制的大型研讨会上，刘可钦老师的一番即席发言，得到时任教育部基础教育司司长李连宁同志的高度赞赏。这期间，她先后发表了三篇文章，在国内引起了强烈的反响。其一是《学生需要什么样的数学》，在这篇文章中，刘可钦老师通过对《求比一个数多几的应用题》《除法的初步认识》《两种分法的对比》《两步应用题》等四个有代表性的案例的具体而深刻地剖析，勇敢地对传统教育中所谓"经典"而非精华的思想与行为提出了质疑。

她在文章中指出，在传统教学中，教师常用的例题、示范、讲解的教学方式，学生习惯的听讲、记忆、练习的学习方式以及人们为了严密、完整、不产生歧义，常用大量的文字来表述每个概念的处理方式，使得数学被人们普遍看作枯燥、抽象和难学的。为广大教师所效仿的所谓"经典之作"制约着学生的发展，是应该加以革新的。只有当多数人认识到以往中小学的数学内容体系，尤其是教学方法对于促进学生发展是多么不利、甚至在一定程度上起到阻碍作用时，新课程追求的理念才能逐渐成为广大教师的共识，化为广大教师自觉的行为，这种变革才能实现。

这篇对不合理的教育思想予以破除的文章发表之后，在业界顿时掀起了巨大波澜，有拍手叫好的，更有愤然指责的，来自四面八方的不同声音附着极大的压力。然而，为了促使更多的教师觉醒，为了21世纪中国教育的振兴，她在所不辞！

大约又过了一年左右的时间，《为学生的发展需要而教》《21世纪，我们怎样教数学》两篇文章又在刘可钦老师的笔下诞生了。在这两篇文章中，刘可钦老师进一步展现了自己先进的教育理念，并为前面的案例提供了崭新的设计思路。她在文章中指出："随着社会的发展，'终身学习'和'人的可持续发展'等教育理念进一步得到人们的认同。传统的教和学的模式正在酝酿重大的突破，数学教育面临着有史以来最为深刻的变革。即将颁布的《国家数学课程标准》对教育价值观以及数学的教学内容、教学方式、教学评估等多方面都提出了许多新的要求。无疑，我们每位数学教师都要置身其中去迎接这种挑战，我们怎样教数学，我们应给学生什么样的数学，是每位教师必须重新思考的一个重要问题。努力创建一个有利于学生主动探索的数学学习环境，使学生在获得作为一个现代公民所必需的基本数学知识和技能的同时，在情感、态度、价值观等方面都能得到充分发展，应该成为教师教学改革的基本指导思想。"

为此，刘可钦老师提出了她所倡导的数学教学模式：营造学生喜爱的课堂生活；增大探索空间，鼓励学生思考与创造；关注学生个人体验，满足多样化的学习需求、允许不同的学生借助不同的方式去理解数学；强化积极情感，使学生不断获得成功的体验；注重学生直接经验的获得等。

系列文章的发表在小学数学教育界，乃至整个基础教育领域产生了重要影响，带动了无数中小学教师热切关注并实践新课程，为无数少年儿童带来了幸福而快乐的学习生涯。可以说，在新一轮课程改革中，刘可钦老师发挥了重要作用，成为数学教育工作者中的杰出代表。

她是一名教师，她不断追求教育的本质和终极目标，她坚信：每个学生都是特殊的个体，都需要得到充分的理解、尊重和关怀。相信所有学生都能学会学习，因而应给每个学生提供思考、创造、表现及成功的机会。每个人都有不同的智力优势和潜能，教师应当尊重差异，实施有特色的教育。

她是一名数学教师，她让数学课堂成为引导学生走向光辉人生的平台。她在努力把数学课程变成"思考的数学"，而不是"操练的数学"；变成"有趣的数学"而不是"令人生厌的数学"；变成"学习者获得不断成功的数学"而不是"可怕的，使人失去信心的数学"；变成联系学生生活的"现实的数学"，而不是脱离学生生活实际的抽象的数学体系。

她虽然仅仅有 20 多年的教育实践，但却拥有 20 多年的教育智慧，她用 20 多年的教育追寻，跨越了人类几千年来对教育的不断探索。我衷心地祝福她在理想的教育王国里自由地翱翔，期望有更多的青年教师能够像刘可钦老师那样，在新课程的实践中成长为专家型的杰出教师！这是我的心愿，更是共和国的希冀！

（作者系北京师范大学教授）

五、教师的成长期许与教育的图卷写生

——观察刘可钦

周作宇

作为大学里从事教育研究和进行教学活动的学者，关注现实场景中的教育故事同在浩瀚的书海中采撷一样具有专业上的意义。关注故事中教师的成长已有不少的切入途径。一些庞大的研究计划已经就教师的专业发展周期提供了直观的描绘。通过观察一群人的发展轨迹而推导教师发展的一般逻辑，是颇有一些实证主义色彩的研究取向。近来教师个人生活史的视角开凿，从一个相对比较个别化的角度进行更为深层的挖掘，丰富了教师发展的研究技术。每一个人的成长和发展都是独特的，这是不争的事实。一个人的成长轨迹是唯一的，不可重复。但人所具有的通感和移情的特性，使移位的观察和体验成为可能。从而由个别体会一般，虽存在归纳上的障碍，终不失启示价值。这或许可以成为我为刘可钦画像的一个理由。

其实，将刘可钦编入我的教育故事，与其说是作为一个观察者为他人画像，不如说是通过对彼此交往的追忆与反思，探索共同的成长期许，因为在永远展不全的教育图卷中，故事的主人公很难区分彼此。大家都是画中人，也是画家。我是你的观察者，你也是我的观察者。你身上有我的影子，我身上也有你的元素。这就是真实的绘画场。

我知道刘可钦的名字比我们实质上的交往要早得多。早先还在攻读博士学位的时候，就通过我的学友王本陆知道"主体性教学实验"在安阳落户，人民大道小学模模糊糊地从谈话中掠过。随后，好像偶尔听得刘可钦的名字，但并无太深印象。几乎过了近十年，首届国家小学骨干校长高级研究班在北京师范大学教育管理学院（教育部小学校长培训中心）举行，刘可钦入选全国 30 名骨干校长，从而拉近了我们的观察距离。我的"有效教学策略"在报告阶段和校长们遭遇，在时间的格式化裁剪下无由判断其"有效性"。但随后的论文指导则大大增加了深度交流的可能。

正是在这样的研修安排下，我成了刘可钦的论文指导教师。我们的交往从她的论文选题开始。当时，学习型组织在企业界推广正热，教育界在文献中的反应也已呈现，但在实践中的尝试还未成气候。此时，她在小学数学教学研究中的"资格"已不浅，而主体性教学改革实验的参与也使其熟悉了教学研究中的新潮话语。但在研修班上她放弃了自己驾轻就熟的领域，在学校管理的问题领域中，独相中学校学习型组织建构的论题，足见其研究的勇气。等到答辩的时候，她论文又增加了研究型学校的语词。而这个时候，她已离开了河南，来到北京建华学校发展。此间，她给我最深的印象是"变化"：在工作关系上，由河南安阳人民大道小学副校长到河南实验小学校长，再到北京建华学校任校长；在研究主题上，由小学数学教学到主体性教学，再到学习型组织研究型学校。从成长的期许来看，无疑，变化是成长的度量。由教师到校长、由河南到北京，或许是她成长的写照，但成长肯定没有这样直白裸露，称号和空间的变化，一定是随着更深的变化而动的。那份深藏心底的、甚至是彻骨的变化，才是成长的真正内涵。

如果我的任务是通过刘可钦的个人生活史来推演教师成长的逻辑，那么显然，我还不具备这样的条件，比如说，我没有直接翔实的口述史材料，也没有深度的访谈，更没有实施"影子观察"。但反过来，如果不只是一项任务，而且是和我亲近的人之间的一场敞开的交谈，我缺少的还有什么？我对她究竟了解多少？我了解她什么？更进一步，我究竟有多少去了解她的企图？过去，在我们之间围绕论文选题和写作的几次交流中，行色匆匆的我们之间除了任务之外还有什么？现在，同在教育的画布上涂抹，我们在哪里、用什么语言、在什么时候交流？当我静静地在大脑中搜索所有能够记起的她的画面和故事的时候，我发现，其实我们离得很近，也很遥远，像写意画：既有又没有，既在也不在，若即若离。对教育的研究，难道不也是在涂抹一幅永远看不清的写意画吗？作为大学里的教育研究者，当我们在游弋不定的主题、界定不清的概念、反复不断的观点、隐而不宣的方法等色板上调色的时候，眼里飞扬的更多的恐怕是符号化了的人物，而在教育的画布上绘制工笔画如她的人们，却在视野中消隐。所以，作为大学校园里的观察者，通过刘可钦的成长看教师的专业发展，我失语了，觉得汗颜。

为了弥补失语症给我带来的局限，我从刘可钦那里索要一些材料，进入她的和关于她的文字世界，发现原来和我想象谈论论文的那个人那么平常，也那么与众不同。参与大学教师主持的课题而得到研究的启蒙进而成为实践中的研究者；不断的学习欲求招来一次又一次的进修机会进而创启学习型组织、研究型学校的实验；个人发展远景的不断升级助推个人生活环境的不断变迁，结果承续更大的压力进而助推学校的持续变革。这或许就是我能读懂的刘可钦：不断成就自我、发展自我，从而成就学校、发展学校！与个人的成就动机和成长欲求比起来，新理论的学习、新方法的尝试、新思想的生成，都属于第二层面的派生性元素。但如果没有行动，所有这一切，则都归于虚无。这是最浅显的成长定律：对教师，也对教育。强烈的动机和踏实的行动，这是否是对她的发展写生也未可知。但至少，我以为这是教育必须要关注的成长元素。

带有人文性质的研究，需要大量的沟通和交流。日常生活经验告诉我们，沟通是一件复杂的事。沟通的前提是尽可能进入别人的世界，由无视到观察，由了解到理解，由传递信息到心灵感应。离你越近的人，往往越容易从你的视野中消失，正像我们常常忘了自我观察一样。在大学校园里观察远远不够，我们需要到场，需要进入，需要填补任务外的人性关怀的空缺。

（作者系北京师范大学教授）